옛사람 72인에게
지혜를 구하다

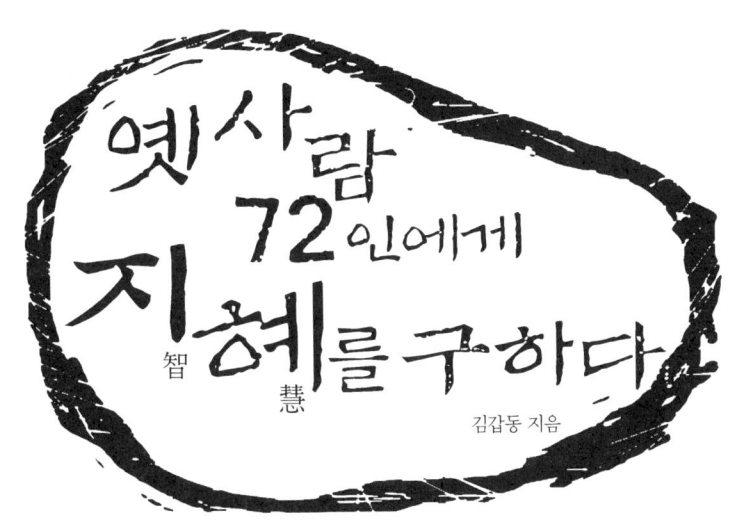

옛사람 72인에게
지혜智慧를 구하다

김갑동 지음

푸른역사

| 머리말 |

등잔 밑이 어둡다 했던가. 진리는 의외로 가까운 데 있었다. 행복도 그러했다. 행복의 파랑새, 진리의 파랑새가 저 산 너머에 있다고 생각한 적이 있다. 그러나 그것은 착각이었다. 진리와 행복, 그리고 깨달음은 먼 데 있지 않았다. 바로 내 곁에 있었다. 내 손안에, 내 마음 속에 있었던 것이다. 원효 스님이 중국에 가지 않고도 깨달음을 얻어 되돌아왔던 심정을 알 것도 같았다.

사람들은 우리 것보다 남들의 것에서 진리를 찾으려 했다. 중국에서, 그리고 로마에서 더 많은 것을 캐낼 수 있을 것이라 생각했다. 모르는 것보다 아는 것이 중요한 건 사실이다. 그러나 그것은 단순한 지식에 불과할 수 있다. 지식보다 중요한 건 깨달음이다. 그 깨달음은 우리의 주변에, 우리 선조들의 삶과 역사 속에 있다.

지금의 학사學士 · 대부大夫가 5경(시경 · 서경 · 주역 · 춘추 · 예기) 및 제자諸子

의 책이나 진秦 · 한漢 등 역대 중국 역사에 대해서는 널리 통달하여 자세히 말하는 사람들이 있다. 그러나 우리나라의 역사와 사실에 대해서는 도리어 아득하여 그 시말을 알지 못하니 매우 한탄스런 일이다.

950여 년 전 김부식이 《삼국사기》를 지어올리며 한 말이다. 지금 들어도 마음을 울리는 말이다. 항우와 유방을 말하고 도요토미 히데요시와 도쿠가와 이에야스는 자세히 알면서 왕건과 견훤에 대해서는 잘 알지 못하는 사람이 많았다. 이제 우리는 우리의 것을 찾아야 한다. 우리의 역사와 문화에 대해 이야기해야 한다. 우리 선조들에게서 느끼고 배워야 한다. 이 책은 이런 의미에서 쓴 것이다.

부디 이런 마음이 사람들에게 공감을 얻기 바란다.

이렇게 하여 엮은 이 책의 특징을 몇 가지 들어보면 다음과 같다. 첫째, 동시대에 살았던 인물들을 다룸으로써 누가 옳은 길을 갔는지 생각할 수 있도록 했다. 둘째, 인물들을 시대순으로 배치하여 자연스럽게 한국사의 전개과정을 이해할 수 있도록 했다. 셋째, 각 단원마다 생각해볼 문제를 제시하여 일상생활에서 부딪히는 문제의 해결에 참고하도록 하였다. 넷째, 각 주제의 인물들을 다룸에 있어서도 서론, 본론, 결론 형식을 갖춤으로써 논술의 서술방식을 살펴보는 데 도움이 되도록 하였다.

 끝으로 보잘 것 없는 이 책의 출간을 흔쾌히 허락해준 푸른역사에게 감사를 드린다.

2003년 여름에

보문산이 바라다 보이는 서재에서

김 갑 동 쓰다

| 차 례 |

머리말 5

1 고대 속으로
고국원왕에서 장보고까지

약소국의 승리가 말해주는 것—고국원왕과 근초고왕 15
알고 보니 형제간의 싸움?! | 고구려, 과함은 모자람만 못하다 | 때가 오기를 기다리는 실속파, 백제

공존에 이르는 길은 없는가—장수왕과 개로왕 23
뜨는 해 고구려, 지는 해 백제 | 장수왕, 고국원왕의 원수를 갚다

경상도와 전라도는 언제부터 앙숙이었을까—성왕과 진흥왕 31
고구려, 백제, 신라, 엎치락뒤치락 순위를 다투다 | 고구려와 백제가 싸우는 틈을 타 이익을 얻은 신라

명백히 불가능한 상황에서 어떻게 해야 할까—계백과 김유신 39
의자왕, 충간을 무시하여 나라를 위험에 빠뜨리다 | 황산벌에서 맞닥뜨리다

외교는 또 하나의 국력이다—김춘추와 연개소문 52
복수의 칼날을 갈다 | 고구려의 히틀러, 연개소문 | 당나라와 손을 잡는 신라

나와 다름을 받아들이기—원효와 의상 60
대중 속으로 뛰어들어 불법을 전파하다 | 불법은 평등하고 귀천을 가릴 수 없다

혼란은 쿠데타를 부른다—혜공왕과 김양상 69
멸망의 조짐이 보이다 | 반역을 잠재우고 왕위까지 차지하다

인생은 마음먹기에 달렸다—김경신과 김주원 80
왕위쟁탈전의 중심에 선 두 사람 | 왕위에 오를 길몽이옵니다 | 강릉 김씨의 시조가 되다

권력의 맛은 너무도 달콤하다—김균정과 김명 88
허수아비왕을 세우다 | 복수의 씨앗이 잉태되다

어떤 인연을 맺을 것인가—장보고와 정년 그리고 염장 95
친구이자 라이벌, 장보고와 정년 | 물 만난 고기처럼 활약하다 | 기쁘게 해후하다 | 옛 상관을 배신하는 염장

2 고려 속으로
왕건에서 최영까지

지도자가 갖춰야 할 자질과 덕목은 무엇인가—왕건과 견훤 105
한 나라의 왕이 되기까지 | 한반도의 패자는 누구인가 | 역사의 승자와 패자

지식인의 역할은 무엇인가—최승우와 최언위 114
당나라 유학파 인재들의 활약 | 문장 대결을 펼치다

의를 따르는 길, 이익을 따르는 길—박술희와 왕규 121
고려의 우직한 충신 박술희 | 왕위계승전의 선봉에 선 왕규 | 같은 칼날에 목숨을 잃다

펜은 칼보다 강하다—서희와 소손녕 127
서희徐熙, 소손녕蕭遜寧을 초조하게 만들다 | 80만 대군보다 강한 말 한마디

인륜과 권력의 속성은 무엇인가—목종과 천추태후 그리고 대량원군 136
비극적인 탄생 | 무소불위의 권세를 휘두르다 | 탐욕스런 권력 추구의 말로

역사의 영원한 화두, 왕위계승—숙종과 이자의 143
왕위쟁탈전에 끼어든 이자의 | 계림공 희, 이자의를 제거하고 왕위에 오르다

친인척의 권력 개입은 어떠한 결과를 가져오는가—인종과 이자겸 149
외척세력의 우두머리 이자겸 | 노골적으로 왕위를 넘보다 | 척준경을 이용하여 이자겸을 제거하는 인종

개혁과 보수의 갈림길에서—묘청과 김부식 157
개혁의 선두에 서다 | 묘청 일파 토벌에 나선 김부식 | 진취사상 대 보수사상

힘의 논리가 지배하는 정치의 위험성—이의민과 최충헌 167
힘으로 출세한 천민 | 칼로 일어섰으나 칼로 망하다

개혁과 반역은 무엇이 다른가—공민왕과 신돈 177
원나라로부터 독립을 꾀하다 | 짐朕은 사師를 돕고 사는 짐을 도우라 | 속속 드러나는 부작용

반란이냐 혁명이냐—최영과 이성계 186
잇따른 외적의 침입을 잠재운 고려의 마지막 명장 | 대쪽 같은 군인 정신의 소유자 | 이성계, 뛰어난 무예로 이름을 널리 떨치다 | 위화도 회군을 결행하다 | 개혁이 성공할 수 있었던 이유

3 조선 속으로
정도전에서 김홍도까지

지도자를 선택하는 기준을 어디에 두었는가 ─정도전과 하륜 203
어제의 동지가 오늘의 적으로 | 조선의 유방과 장량 | 이방원의 오른팔로 활약하다

누가 반역자이고 누가 충신인가 ─성삼문과 신숙주 212
한 왕을 섬기다 | '불사이군'을 명분으로 단종을 복위시키려 하다 | 신숙주, 신념에 따라 행동할 뿐

섣부른 개혁은 화를 부른다 ─중종과 조광조 222
강직한 성품으로 중종의 신임을 얻다 | '주초위왕' 조씨가 왕이 되리라

시에 인생을 담다 ─황진이와 허난설헌 231
자유로움 속에 감성을 불태우다 | 책과 시를 벗 삼아 외로움을 달래다

학자로서의 참된 자세는 무엇인가 ─이황과 이이 241
주리설 대 주기설 | 자연과 벗하여 학문에 정진하리라 | 검은 용이 집안으로 날아들다 |
대학자 이황, 홍안의 청년 이이를 만나다 | 대학자들의 인간적인 면모들

역사가 가진 양면성이라는 함정 ─이순신과 원균 258
내우외환에 시달리는 조선 | 신중하고 주도면밀한 지장智將 | 나의 죽음을 적에게 알리지 말라 |
동양 최고의 해군 사령관 | 저돌적이고 거리낌 없는 용장勇將 | 원균, 그는 역사의 희생양인가

독단적인 학문 추구의 종착지는 어디인가 ─송시열과 윤증 276
경전 해석 문제로 갈등을 빚다 | 충남5현五賢 중 하나로 불리다 |
'회니시비懷尼是非'에서 비롯된 붕당 싸움 | 〈신유의서辛酉疑書〉 사건으로 갈등은 더욱 격해지고

전문가의 고집과 열정의 길 ─김홍도와 신윤복 285
몰락한 양반 출신 대 화원畵園 가문 출신 | 당대의 빛에 속한 자, 그늘에 가린 자 |
호방한 개척정신의 소유자 | 조선 화단의 이단아

4 근·현대 속으로
홍선대원군에서 김구까지

쇄국과 개방의 줄다리기 — 홍선대원군과 명성황후 297
불꽃 같은 야망을 숨기고 살다 | 조선의 문을 굳게 닫아걸다 | 후처 소생에서 조선의 국모國母로 | 쇄국이냐 개방이냐

죽어서 어떤 이름을 남길 것인가 — 이완용과 민영환 310
신문물에 자극받아 친러親露의 주도자가 되다 | 친미親美에서 친러를 거쳐 친일親日로 | 순국純國과 매국賣國의 길로 갈리다

민족정신을 살리는 것이 나라를 살리는 길이다 — 신채호와 백남운 320
조선침략의 정당화, '식민사학' | '아我와 비아非我의 투쟁'이 곧 역사 | 보편적인 역사발전법칙 속에서 극복해야 | 일제의 식민사학을 극복하라

이데올로기의 대립이 초래한 비극 — 여운형과 박헌영 329
공산주의에 희망을 걸다 | 각기 다른 해방을 맞다

문학은 삶의 투영체이다 — 홍명희와 이광수 339
한일합방에 비통해하다 | '가야마 미쓰로香山光郎' 이광수 | 독립운동에 투신하다 | 변절자와 독립운동가로 남은 이름

독립을 향한 열정의 삶 — 김구와 이승만 349
무식하고 미천한 사람들도 한마음으로 독립운동을 해야 한다 | 미국의 민주주의에 고취되다 | 죽음을 무릅쓴 독립운동

참고문헌 359
찾아보기 369

1 고대 속으로

고국원왕에서 장보고까지

약소국의 승리가 말해주는 것

고국원왕과 근초고왕
어째서 나라와 나라 사이에 전쟁이 벌어질까. 우리나라의 고대 역사에도 무수한 전쟁 기록이 남아 있다. 그중에서도 고구려·백제·신라가 서로 치열한 경쟁을 벌인 삼국시대를 눈여겨보면 4세기에 고구려와 백제의 대립이 최고조에 달했음을 알 수 있다. 백제의 북진정책은 곧 고구려에 대한 위협이었으므로 전쟁은 불가피했다. 그 결과 고구려는 고국원왕故國原王(재위 331~371)이 전사하는 큰 타격을 입었으며, 백제는 한반도의 패자로서 전성기를 구가하게 된다. 대륙의 강자 고구려를 상대로 작은 나라 백제는 어떻게 이길 수 있었을까.

알고 보니 형제간의 싸움?!

고구려와 백제는 원래 같은 뿌리인 부여족에서 갈라져 나온 나라였다. 고구려는 기원전 37년 부여로부터 남하해온 고주몽이 세운 나라이다. 《삼국사기三國史記》와 《삼국유사三國遺事》에 다음과 같은 이야기가 나온다. 하백의 딸 유화부인은 천제의 아들 해모수와 사통한 죄로 우발수라는 시냇가에 추방된다. 그리고 북부여의 금와왕에게 발견되어 궁중으로 오게 된다. 이후 햇빛을 몸에 받은 부인이 알을 낳았는데 거기서 태어난 것이 바로 고주몽이다. 그는 활을 잘 쏠 뿐 아니라 재능도 뛰어나, 부여의 왕자들에게 시기를 받는다. 이를 염려한 어머니의 권유로 남쪽으로 망명한 주몽은 압록강에서 갈라져 나온 동가강 유역의 홀본忽本 지역에 이르러 고구려를 세운다. 결국

오녀산성
고구려가 처음으로 수도로 정한 성. 이 오녀산 부근이 바로 부여에서 남하한 주몽이 고구려를 세운 홀본 지역이다.

고구려는 북부여에서 이주해온 주몽 집단의 계루부와 먼저 압록강 중류 유역에 터를 잡은 예맥족 계통인 연노부·절노부·순노부·관노부의 5부족이 협력하여 세운 나라인 것이다.

백제 역시 부여족의 일파가 세운 나라였다. 《삼국사기》에 따르면 백제를 세운 온조는 고주몽의 서자라고 한다. 북부여에서 도망친 주몽이 졸본부여에 이르자, 졸본부여의 왕은 그가 범상치 않은 인물임을 알고 둘째 딸을 아내로 맞게 했다. 왕이 죽자 주몽은 선왕의 사위로서 왕위에 올랐고, 비류와 온조 두 아들을 얻었다. 그러나 얼마 안 있어 부여에서 주몽의 전처 소생이 찾아왔다. 그러자 온조는 자신들은 왕이 될 수 없을 것이라 짐작하고 비류와 함께 남쪽으로 내려가 한강 유역에 나라를 세웠다(기원전 18년). 비류는 미추홀彌鄒忽(인천)에 나라를 세웠고 온조는 하남河南 위례성慰禮城에 도읍하여 나라 이름을 십제十濟라 하였다. 후일 비류의 세력이 온조에게 흡수되어 백제百濟가 되었다고 한다.

그러나 정치 세계나 국가 사이의 경쟁에서 동족이란 것은 중요하지 않다. 부자나 형제라도 언제든지 적이 될 수 있었다. 고구려와 백제, 이들 양 국가가 성장하면서 세력확장을 위한 경쟁은 피할 수 없었다.

고구려, 과함은 모자람만 못하다

가장 먼저 발전을 이룩한 것은 고구려였다. 1세기 초에 이르러 고구려는 강력한 군사력을 바탕으로 사방의 소국들을 정벌하여 영토를 넓혔다. 이러한 팽창은 자연 중국과의 충돌을 낳아, 신新나라를 세운 왕망은 고구려를 '하구려下句麗'라 고쳐 부르며 멸시하기까지 했다. 고구려 태조왕太祖王(재위 53~146)은 동으로 옥저를 공격하여 복속시키고, 요동군과 현도군을 공격하여 일부를 점령하고 요동 태수를 전사시켰다. 고구려의 진출은 차대왕次大王(재위 146~165)과 신대왕新大王(재위 165~179)대에도 이어졌다.

고국천왕故國川王(재위 179~197)대에 와서는 고구려의 왕권이 더욱 강화되고 중앙집권체제도 정비되었다. 본래 부족적인 전통을 유지하던 5부部의 명칭은 왕실인 계루부가 중심에 해당하는 내부內部로 이름을 고친 것을 비롯하여 절노부는 북부, 순노부는 동부, 관노부는 남부, 소노부는 서부로 개명되었다. 즉 이제는 계루부를 정점으로 하여 모두가 하나로 뭉쳐야 한다는 뜻이었다. 또한 왕위계승을 형제상속에서 부자상속으로 바꾸어 왕권을 수직으로 이어받게 하였다. 체제를 정비하고 나라의 기틀을 다진 고구려는 계속 중국과 치열하게 대립하였다. 동천왕東川王(재위 227~248)대에 이르러 위魏의 관구검이 쳐들어와 수도가 함락되기도 하였으나 미천왕美川王(재위 300~331)대에는 국력을 가다듬어 요동의 현도성을 크게 쳐부수고 서안평을 점령하였다. 그 후 낙랑군과 대방군까지 공격하여 중국이 한반도 내 설치한 군현을 모두 없앴다.

그러나 계속되는 중국과의 대립은 고구려의 국력을 소진케 했다. 물자는 거의 바닥이 나고 전쟁에 지친 백성들은 농사를 제대로 지을 수 없었으니 재정의 적자는 불 보듯 뻔했다.

때가 오기를 기다리는 실속파, 백제

반면, 백제는 착실히 성장하였다. 2세기 후반에 중국 군현들이 혼란스러워지자 많은 유이민이 남쪽으로 내려왔고 이는 백제의 성장에 많은 도움이 되었다. 그러다가 3세기 중엽 고이왕古爾王(재위 234~286)대에 이르러 백제는 국가체제를 정비하였다. 고이왕 27년(260), 그는 관제를 정비하여 6좌평佐平을 두고 16단계의 관등을 제정하였으며 품계에 따른 복색服色을 정했다. 왕을 정점으로 신료들의 서열과 체계를 정할 수 있을 만큼 왕권이 성장한 것이다. 또 고이왕 29년에는 뇌물을 받은 관리나, 도둑질한 사람은 물건값의 3배를 갚게 하고 죽을 때까지 금고禁錮에 처한다는 법령을 반포하였다. 이와 같이 고이왕은 전제왕권의 체제를 강고히 하고 중앙집권적 지배체제를 정비하였다. 《주서周書》나 《수서隋書》에는 백제의 시조가 '구이仇台'라고 나오는데 이는 바로 '고이(古爾 또는 古尒)'를 말한다. 즉 다른 나라에서 고이왕을 백제의 시조로 인식할 만큼 국가체제를 일신했던 것이다.

　백제는 4세기 중엽에 이르러 전성기를 맞았다. 이때는 근초고왕近肖古王(재위 346~375)과 그의 아들인 근구수왕近仇首王(재위 375~384)의 집권시기였다. 왕위에 오른 근초고왕은 우선 반대세력들을 제거하고 관등을 세분화시켜 관리들의 서열을 분명히 하였다. 종래의 솔率 계층을 달솔達率에서 나솔奈率까지 5등급으로, 덕德 계층도 장덕將德에서 대덕對德까지 5등급으로 나누었다. 지방에 대한 통제도 강화하여, 담로제를 실시함으로써 지방세력의 근거지를 통치체제 안으로 편입시켰다. 그리고 정신적 결속력을 다지기 위해 박사 고흥으로 하여금 《서기書記》라는 역사책을 편찬하여 왕실을 중심으로 전대의 역사를 정리하게 했다. 왕실의 위엄을 세우고 이에 대한 자발적인 복종심을 유도한 것이다. 관리들의 잘잘못도 기록하여 그에 따른 상과 벌을 주었다. 유교정치이념에 입각하여 지배체제를 정비한 것이었다.

　이제 근초고왕은 바깥으로 손을 뻗기 시작했다. 가야 지역을 복속시키고 전라도 지역의 마한을 정복하였다. 남은 것은 북방의 고구려였다. 북쪽으로 진출한 백제가 옛 대방군 지역을 점령하자 이제 고구려와의 충돌은 피할 수 없게 되었다.

　고국원왕이 집권하던 당시, 고구려는 요동 지역으로 진출하던 모용씨慕容氏의 4만 병력의 침입을 받았다. 고국원왕은 5만의 병력으로 이를 막았지만 결국 수도를 버리고 피신해야 했다. 환도성은 약탈당했으며 모용씨는 선왕인 미천왕의 시신을 파내고 왕비와 5만여 명의 포로를 끌고 갔다. 큰 타격을 입은 고구려는 국력이 쇠약해졌다.

이런 상황 속에서 고구려는 백제의 북방진출정책과 정면으로 맞부딪쳤다. 369년, 고국원왕은 선제공격을 감행했다. 군사 2만을 거느리고 백제를 쳤으나, 오히려 백제 태자 근구수가 거느린 군대에게 치양(황해도 백천)전투에서 패하여 자존심에 큰 상처를 입었다. 2년 뒤 고국원왕은 다시 한번 백제를 쳤다. 그러나 패강(예성강)에서 백제군의 기습을 받아 또다시 패배하였다. 백제를 너무 얕보았던 것이다. 371년 겨울, 백제의 근초고왕 부자는 3만여 군대를 거느리고 평양성을 기습하였다. 고국원왕은 미처 손을 쓰지도 못 하고 전사하였고 고구려는 수도의 함락과 더불어 국왕의 전사라는 위기를 맞았다.

고구려는 치욕의 시기였지만 백제는 전성기였다. 근초고왕의 뒤를 이은 근구수왕도 고구려의 공격을 효과적으로 막아내었고, 근구수왕 3년(377) 10월에는 자신이 직접 군사를 거느리고 평양성을 공격하였다. 중국의 역사서인 《송서宋書》《양서梁書》 등은 백제가 요서 지방을 쳐서 지배한 사실을 기록하고 있는데, 학자들은 이것을 근초고왕대의 일로 보고 있다.

아무리 크고 강한 나라라도 무리한 욕심은 패배를 부르게 된다. 중국과의 전쟁으로 국력을 소모한 고구려는 백제와의 전쟁에서 뼈아픈 패배를 당해야 했다.

근대 역사의 청일전쟁이나 러일전쟁에서 청나라나 러시아와 같은 대국이 패한 경우를 보더라도 전쟁의 승패는 군사력의 규모가 아니라, 내부의 결속과 정신력에 달려 있음을 알 수 있다. 약소국 백제가 고구려와 같은 강국을 이길 수 있었던 이유도 바로 여기에 있다. 지금같이 미국, 일본 등 강대국에 둘러싸인 우리의 현실에 비추어

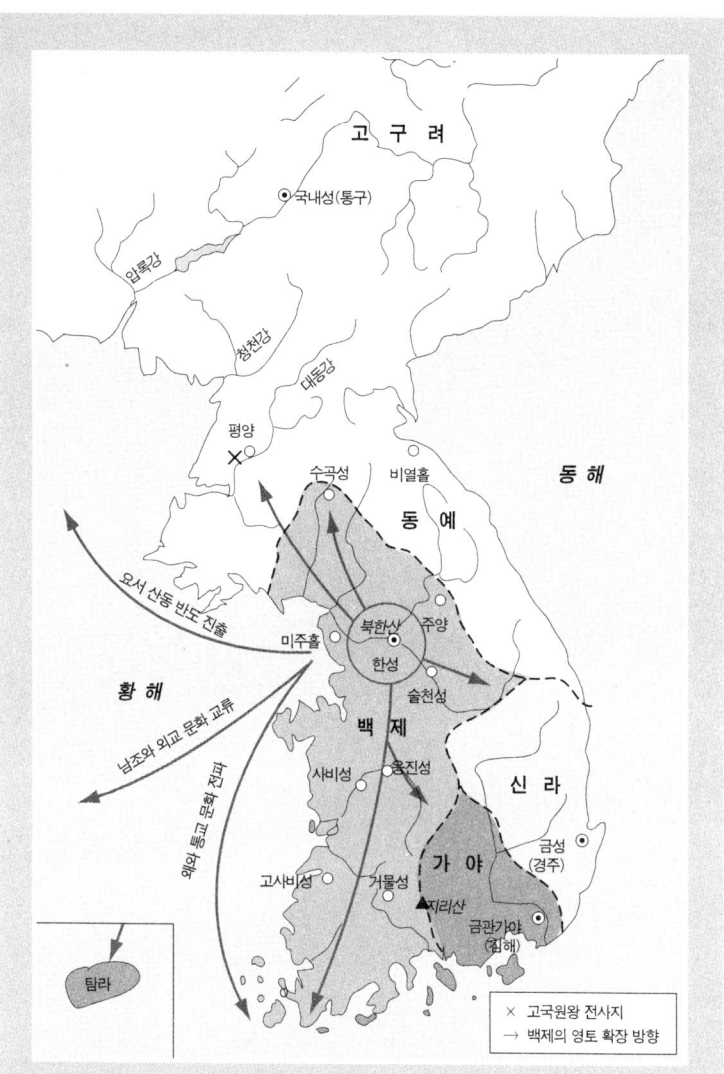

백제강역도
백제는 고구려의 남하를 효과적으로 막아낼 뿐만 아니라 활발한 북진정책을 펴 고구려의 평양성까지 쳐들어가 고국원왕을 전사시켰다(한국민족문화대백과사전, 한국정신문화연구원 참조).

볼 때 우리나라가 선택할 수 있는 길은 무엇인지 곰곰이 생각해볼 일이다.

공존에 이르는 길은 없는가

> **장수왕과 개로왕**
> 이 세상에는 영원한 승자도 영원한 패자도 없는 법. 위기는 곧 또 다른 기회가 될 수 있다. 세상만사 새옹지마이듯 국가와 국가의 관계도 언제 어떻게 될지 알 수 없다. 백제에게 수도를 뺏기고 국왕이 전사하는 치욕을 맛보았던 고구려는 전열을 가다듬고 다시 일어섰다. 그리고 고구려의 장수왕은 치밀한 계획을 세워 백제에 대한 보복을 준비했다.

뜨는 해 고구려, 지는 해 백제

고국원왕의 뒤를 이어 즉위한 소수림왕小獸林王(재위 371~384)은 부왕의 원수를 갚기 위한 작업에 착수하였다. 내부적인 단결과 일사불란한 국가체제를 이루려 한 그의 뜻은 차례로 실현되었다. 그것이 가능했던 이유는 그동안 계속된 외침에서 어느 정도 벗어날 수 있었던 국제정세와도 관련이 있다. 고구려를 괴롭혀오던 모용씨의 전연前燕이 전진前秦의 부견왕符堅王(재위 357~385)에게 멸망하였고 백제도 근초고왕 이후 국력이 상대적으로 약화되었다. 거기에다가 중국 쪽에서 고구려로 망명해온 한인漢人 관료들은 개혁을 도와줄 인적 자원이었다.

   소수림왕 2년(372), 그는 전진에서 불교를 수용하였다. 새 술은 새 부대에 담아야 하듯, 불교를 중심으로 하여 분위기를 쇄신하고 국민의 정신적 통일을 꾀한 것이다. 그리고 그 해에 태학太學을 설립하였다. 이곳에서 왕에게 충성할 관료를 키우고 유교에서 강조하는 충효를 강화하였다. 이어 소수림왕 3년에는 율령律令을 반포하였다. '율'은 범죄나 형벌에 관한 규정 등을 밝힌 금지법이며 '령'은 국가제도 전반에 대해 내린 명령이었다. 그는 율령을 제정하고 공포함으로써 왕권을 합법화하고 정점에 이르게 하였다.

그러나 소수림왕의 뒤를 이은 고국양왕故國壤王(재위 384~391)대에는 후연後燕과의 전쟁에서 패하여 요동 지역을 잃었다. 뒤를 이은 광개토대왕廣開土大王(재위 391~413)은 아버지가 요동 지역을 잃은 것에 분개하고, 온 힘을 다해 요동 지역은 물론 주변 지역을 정복하여 대제국을 이루리라 다짐하였다. 그는 우선 거란으로 추정되는 시라무렌西拉木倫강 유역의 비려卑麗를 공격하여 점령하였다. 영락 6년(396)에는 백제를 친히 정벌하고 398년에는 연해주 방면의 숙신肅愼을 정벌했다. 계속해서 이듬해에는 신라가 도움을 청해와 보병과 기병步騎

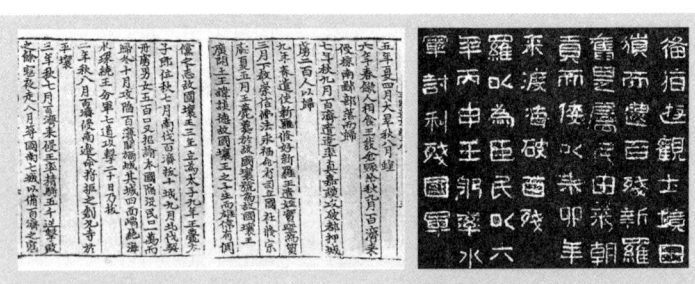

백제 침공 기록
고국양왕 7년과 광개토대왕 3년에 백제의 침공을 받았다는 기록이 《삼국사기》에 나와 있다(왼쪽).

광개토대왕릉비문
광개토대왕이 손수 군대를 이끌고 백제군을 토벌하였다고 새겨져 있다(오른쪽).

5만을 보내 왜를 물리쳤으며 410년에는 동부여를 공략하였다. 그리하여 중국과 쟁탈을 벌이던 요동 지방을 완전히 차지하고 만주 대륙의 주도권을 잡았다. '광개토', 즉 널리 영토를 개척했다는 시호에 어울리는 정복사업이었다.

이렇게 국력을 떨치는 고구려에 비해 백제는 점차 기울어져갔다. 근구수왕이나 진사왕辰斯王(재위 385~392)은 그런대로 고구려의 남침을 잘 막아냈다. 그러나 아신왕阿莘王(재위 392~405)대에는 왕이 광개토대왕에게 무릎을 꿇고 항복하고, 왕의 동생을 비롯한 대신 10여 명을 인질로 보내야 했다. 백제가 고구려의 복속국으로 전락한 것이다.

아신왕의 뒤를 이은 전지왕腆支王(재위 405~420)은 왕비족을 교체하고, 상좌평上佐平직을 신설하여 왕권을 강화하고자 했다. 또 왜국과 관계를 돈독히 하고 중국 동진과 외교도 계속하였다. 개로왕蓋鹵王(재위 455~475)도 왕족 중심의 정치체제를 구축하고자 노력했다. 본인은 '대왕'을 칭하고 왕족들에게는 '왕'의 칭호를 주어 귀족들을 통제했으며 고구려의 남침에 대해서도 방비를 게을리하지 않았다. 개로왕 15년(469)에는 고구려에 선제공격을 하는 한편, 쌍현성을 수리하고 청목령에 목책을 설치하였다. 북한산성에도 군사를 주둔시켰다. 개로왕 18년(472)에는 북위에 사신을 파견하여 군사 원조를 요청하기도 하였다.

장수왕, 고국원왕의 원수를 갚다

당시 고구려는 장수왕長壽王(재위 413~491)이 집권하고 있었다. 그는 왕위에 오르자마자 부왕인 광개토대왕을 기리는 비를 세웠다. 광개토대왕비는 높이가 6.39m되는 자연석을 다듬어 1,775자에 이르는

광개토대왕비
중국 길림성 집안현에 있는 이 비는 높이 6.39m의 자연석에 1,775자에 이르는 글자가 새겨져 있다. 고구려의 건국신화 및 광개토대왕의 정복활동을 상세히 기록하였다.

글을 새긴 것이다. 현재 길림성吉林省 집안현集安縣에 있는 이 비는 오래되기도 하였고 발견 당시 덮여 있던 이끼를 태우는 과정에서 파손되어 141자 정도는 알아볼 수 없다. 비문의 내용은 대략 셋으로 나눌 수 있다. 첫 부분은 서론으로, 고구려의 건국신화와 시조인 추모왕鄒牟王=高朱蒙과 유류왕儒留王=琉璃明王 · 대주류왕大朱留王=大武神王 등의 왕위계승과 광개토대왕의 품행을 기록하고 있다. 둘째 부분은 광개토대왕의 정복활동을 상세히 기록하고 있으며 마지막 부분에는 광개토대왕의 수묘연호守墓烟戶를 기록했다. 그러나 가장 강조한 것은 광개토대왕의 정복활동이었다. 장수왕은 아버지의 업적을 기리면서 그를 본받고자 했던 것이다.

장수왕은 남조와 북조에 사신을 파견하여 등거리외교를 펼쳤다. 그리고는 장수왕 15년(427)에 수도를 평양성으로 옮겼다. 강력한 북위北魏가 버티고 있어 북쪽으로 뻗어나가는 일이 불가능하였기에 남진정책으로 돌아선 것이다.

장수왕은 전사한 고국원왕의 원수를 갚는다는 대의명분을 내세워 백제를 치기로 마음먹고, 우선 백제를 약화시키려하였다. 이때 도림 道琳이라는 승려가 장수왕에게 말했다.

"소승이 비록 도는 알지 못하지만 나라의 은혜에 보답코자 합니다. 대왕께서 저에게 일을 시켜주신다면 왕명을 욕되게 하지 않겠습니다."

왕이 기뻐하며 허락하자 이에 도림은 거짓으로 죄를 지어 도망하는 체하고 백제로 왔다. 백제의 개로왕이 장기와 바둑을 좋아한다는 사실을 알고 있는 도림은 대궐에 이르러

"제가 어려서부터 바둑을 배워 묘수를 알고 있으니, 왕께 보여드리고자 합니다."

라고 하였다. 왕이 그를 불러들여 대국을 해보니 과연 뛰어난 솜씨였다. 이에 개로왕은 조금의 의심도 없이 도림을 상객으로 대우하였다. 그러던 어느 날, 도림이 이렇게 말했다.

"이렇듯 왕께서 다른 나라 사람인 저에게 많은 은혜를 베풀어주셨으나 저는 다만 한 가지 재주로 보답했을 뿐, 아무 이익도 드리지 못했습니다. 이제 한 말씀 올리려 하는데 왕께서 어떻게 생각하실지 모르겠습니다."

호기심이 생긴 개로왕은 흔쾌히 대답했다.

"말해보라. 만일 나라에 이롭다면 내가 바라는 것이로다."

그러자 도림이 말했다.

"대왕의 나라는 사방이 모두 산, 언덕, 강, 바다이니 이것이야말로 하늘이 만든 요새입니다. 그러므로 사방의 이웃 나라들이 감히 엿볼

마음을 갖지 못하고 다만 받들어 섬기려고 합니다. 왕께서는 마땅히 숭고한 기세와 부유한 치적으로 남들을 놀라게 해야 할 것인데, 성곽도 세워지지 않았고 궁실도 수리되어 있지 않습니다. 또한 선왕의 해골은 들판에 가매장되었으며 백성의 집은 자주 강물에 허물어지니, 이는 대왕이 취할 바가 아니라고 생각합니다."

도림의 교묘한 아첨에 귀가 솔깃해진 왕은 당장 말했다.

"좋다! 내가 그리 하겠다."

이에 개로왕은 백성들을 모조리 징발하여 흙을 구워 웅장한 성을 쌓고 화려한 궁실과 누각, 사대를 지었다. 또한 욱리하郁里河에서 캐어낸 큰 돌로 관을 만들어 선왕의 해골을 장사지내고 사성 동쪽으로부터 숭산 북쪽까지 강을 따라 둑을 쌓았다. 이로 말미암아 창고가 텅 비자, 백성들은 곤궁에 허덕이고 나라는 위태로워졌다.

이에 도림이 도망쳐 고구려로 돌아와 이 사실을 보고하자 장수왕은 때가 되었다 생각하고 군사 3만으로 백제를 쳤다. 개로왕은 깜짝 놀라 성문을 닫고 군사와 백성들에게 목숨을 다해 막으라 명하였지만, 이미 때는 늦었다. 그제야 개로왕은 도림의 속임수에 넘어간 것을 깨닫고 아들 문주에게 힘없이 말했다.

"내가 어리석고 총명하지 못하여 간사한 사람의 말을 믿다가 이렇게 되었다. 백성들은 쇠약해지고 군대는 약하니 비록 위급한 일을 당하여도 누가 기꺼이 나를 위하여 힘써 싸우려 하겠는가? 나는 당연히 나라를 위하여 죽어야 하나 너는 난리를 피하여 나라의 왕통을 이어라."

문주는 왕의 명령에 따라 신하들을 데리고 남쪽으로 떠났다.

고구려의 재증 걸루·고이 만년 등이 군사를 거느리고 북쪽 성을

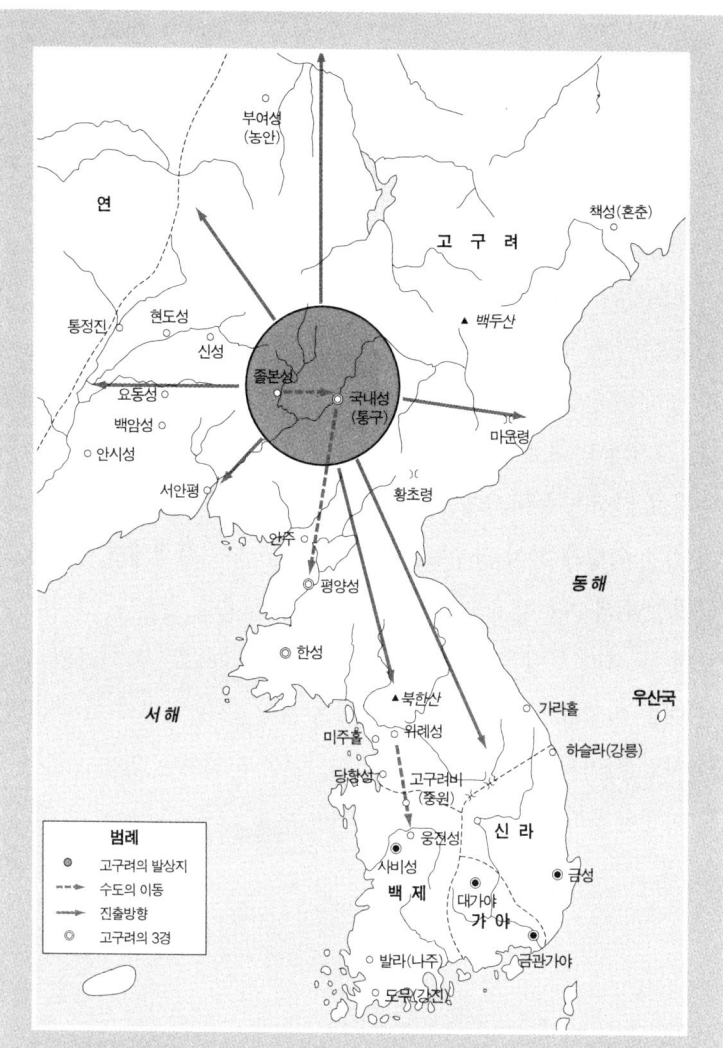

고구려의 전성시대

장수왕은 평양으로 수도를 옮겨 본격적인 남진정책을 펼쳤다. 고구려의 남하로 백제의 문주왕은 웅진으로 내려가 간신히 나라를 유지하였고 반대로 고구려는 만주 일대는 물론 조령 이북의 땅까지 아우르는 강대국으로 발전하였다(한국민족문화대백과사전, 한국정신문화연구원 참조).

공격하여 7일 만에 함락시키고 남쪽 성을 공격하자 개로왕은 성을 버리고 도망쳤다. 고구려 장수 걸루 등이 개로왕을 보고 처음에는 말에서 내려 절을 하고, 다음에는 왕의 얼굴에 세 번 침을 뱉고 죄목을 따진 다음 아차성 밑에서 죽였다. 걸루와 만년은 원래 백제 사람으로서 죄를 짓고 고구려로 도망했었다.

개로왕의 아들 문주왕은 몇 명의 신하와 함께 웅진으로 내려가 간신히 나라를 유지하였지만 국력은 크게 약해졌다. 반면 고구려는 만주 일대는 물론 조령 이북의 땅까지 어우르는 대제국으로 발전하였다. 과거와 반대로 명암이 엇갈린 전투였다. 개로왕이 부린 헛된 자존심이 민심을 돌아서게 하였고 백제에게 치욕의 역사를 안겨준 셈이었다. 이렇게 하여 장수왕은 예전 백제와 벌인 전쟁에서 전사한 고국원왕의 복수를 하고 나라가 입은 수치와 모욕을 씻었다. 그러나 이로써 두 나라 사이에는 더 큰 골이 패였고 이후로도 두 나라의 분쟁은 대를 이었다. 과연 장수왕의 선택은 옳았을까? 나라와 나라, 사람과 사람 사이의 공존과 평화에 이르는 길을 모색하는 일은 오늘날에도 여전히 중요한 과제이다.

경상도와 전라도는 언제부터 앙숙이었을까

성왕과 진흥왕

나라간의 대립은 그 사회는 물론이요 구성원 한 사람 한 사람에게까지 영향을 미친다. 우리나라의 역사에서 고구려·백제·신라라는 3국이 생겨난 이후, 세 나라들은 동맹관계를 맺어 협조체제를 이루는가 하면 때때로 싸우기도 하였다. 이러한 움직임의 바탕에는 모두 자기 나라의 이해관계가 깔려 있었다. 한 나라에게 이익이 된다고 해도, 그것은 다른 나라에게 크나큰 손해일 수 있다. 그렇기에 오랫동안 동맹을 맺었던 나라들이 하루아침에 적이 되기도 하였으며, 이는 곧 끝없는 복수전을 초래했다.

고구려, 백제, 신라, 엎치락뒤치락 순위를 다투다

신라와 백제가 벌인 관산성전투(554) 또한 그러한 배경에서 벌어졌다. 이 전투에서 신라는 대승하였지만 백제는 크게 패하였다. 《삼국사기》에 따르면 백제는 좌평佐平 4인과 병사 2만 9,600명이 전사할 정도였다. 사상자 수만 보아도 알 수 있듯 대규모의 전투였으며, 실제로 백제는 왕이 직접 출전할 만큼 총력을 기울였다.

이 전투는 양국간의 이해관계로 벌어졌지만 그뿐만 아니라, 동아시아 전체의 역사적 상황과 관련되어 있었다. 5세기 광개토대왕·장수왕대에 전성기를 구가하였던 고구려는 6세기에 들어서면서 국력에 이상징후가 나타나기 시작하였다. 문자명왕文咨明王(재위 491~519) 대에는 신라·백제 등과 싸웠으나 번번이 패했다. 그만큼 고구려가

약해진 것이었다. 또 양원왕陽原王(재위 545~559)이 여덟 살에 즉위한 후 어린 왕을 둘러싼 귀족들의 암투가 극심해졌다. 당시 중국은 위진남북조魏晉南北朝시대로 혼란하였는데 이 틈을 타 고구려의 북방에 돌궐이 쳐들어오고 북제北齊와는 불편한 관계가 되는 등 고구려는 내우외환에 시달렸다.

백제는 장수왕이 남진정책을 실시하자 신라와 동맹을 맺어 고구려에 대항하였다. 비유왕毗有王(재위 427~455) 7년(433), 신라에 사신을 보내 화친을 청하고 그 이듬해 신라에 좋은 말 두 필과 흰 기러기를 보냈다. 그러자 신라에서도 황금으로 만든 구슬을 보내옴으로써 동맹이 이루어졌다.

그러나 장수왕 63년(475), 고구려의 침략을 받아 개로왕이 전사한

평양 내성 북문 옹성 보강뚝
성왕 29년, 성왕은 수도를 웅진에서 사비로 옮기고 고구려의 평양성을 치는 등 백제의 부흥을 위해 힘썼다.

진흥왕릉
진흥왕대에 신라는 부흥기를 맞았다. 사적 제177호. 경북 경주시 서악동에 있다.

후 문주왕 文周王(재위 475~477)은 수도를 웅진으로 옮겼다. 왕의 죽음으로 왕권이 떨어진 틈을 타 세력을 잡은 것은 왕비족인 해씨解氏였다. 병관좌평이었던 해구解仇는 결국 문주왕을 살해하고 13세이던 문주왕의 아들을 왕위에 앉혔다. 그가 곧 삼근왕三近王(재위 477~479)이었으나, 허수아비왕이나 다름없었다. 이렇게 해씨가 마음대로 권력을 휘두르자 전 왕비족인 진씨眞氏세력이 반발하고 나섰다. 그리하여 진씨세력의 진남과 진노는 해구를 제거하였다.

그 뒤를 이은 동성왕東城王(재위 479~501)은 왕비족이 앞으로 나서지 못하도록 막고 신라와 동맹을 공고히 하고자 신라왕족인 비지比智의 딸과 혼인하였다. 또 종래의 귀족 대신 연씨·백씨·사씨와 같은 신흥귀족을 등용하고 지방을 확실하게 장악하기 위하여 왕족 22명을 담로에 임명하였다. 그러나 신흥귀족인 백가苩加가 권력을 함부로 하자, 동성왕은 그를 가림성加林城(충남 부여군 임천면)으로 내쫓았다. 그러나 백가는 오히려 자객을 보내 왕을 살해하였다.

동성왕 다음은 무령왕武寧王(재위 501~523)이었다. 그는 우선 백가를 토벌하고 왕실의 권위를 회복하여 고구려의 침략을 몇 차례 막아 내었다. 무령왕은 중국의 양나라에게 영동대장군寧東大將軍이란 작위를 받았고 백제는 중국의 역사책에 "다시 강국이 되었다更爲强國"라고 할 만큼 국력이 신장하였다.

다음으로 즉위한 성왕聖王(재위 523~554)은 성왕 16년(538) 수도를 웅진에서 사비(부여)로 옮겼다. 크게 뻗어나가기 위해서는 수도 자체가 광활해야 한다고 생각하였기 때문이다. 또 백제의 뿌리를 찾아 초심으로 돌아간다는 뜻으로 나라 이름을 '남부여南扶餘'라 하고 겸익과 같은 승려를 등용하여 불교를 장려함으로써 국가의 정신적 토대를 강화하려 하였다. 외교 문제도 소홀히 하지 않아, 양나라와 관계를 돈독히 하는 한편 왜국에도 문물을 전달해주었다. 백제의 든든한 힘이 될 우방을 만든 것이다. 이제 남은 것은 고구려에 빼앗겼던 땅을 되찾는 일. 성왕은 선제공격을 감행하였다. 성왕 18년(540) 백제는 고구려의 우산성을 쳐서 패하였으나, 26년에 고구려가 넘어오자 신라와 공동작전을 펴 격파하였다. 성왕 28년에는 고구려의 도살성을 공격하여 함락시켰으며, 다음 해에는 고구려의 평양성을 공격하였다.

이즈음 신라도 전성기가 한창이었다. 한반도 동남쪽 구석이라는 지리적 환경 탓에 신라는 지증왕智證王(재위 500~514)대에 뒤늦게 국가의 기틀을 마련하였다. 지증왕은 우경牛耕을 장려하여 농업 생산성을 증대시켰다. '서라벌徐羅伐'이라는 국호도 '신라新羅'로 바꾸고,

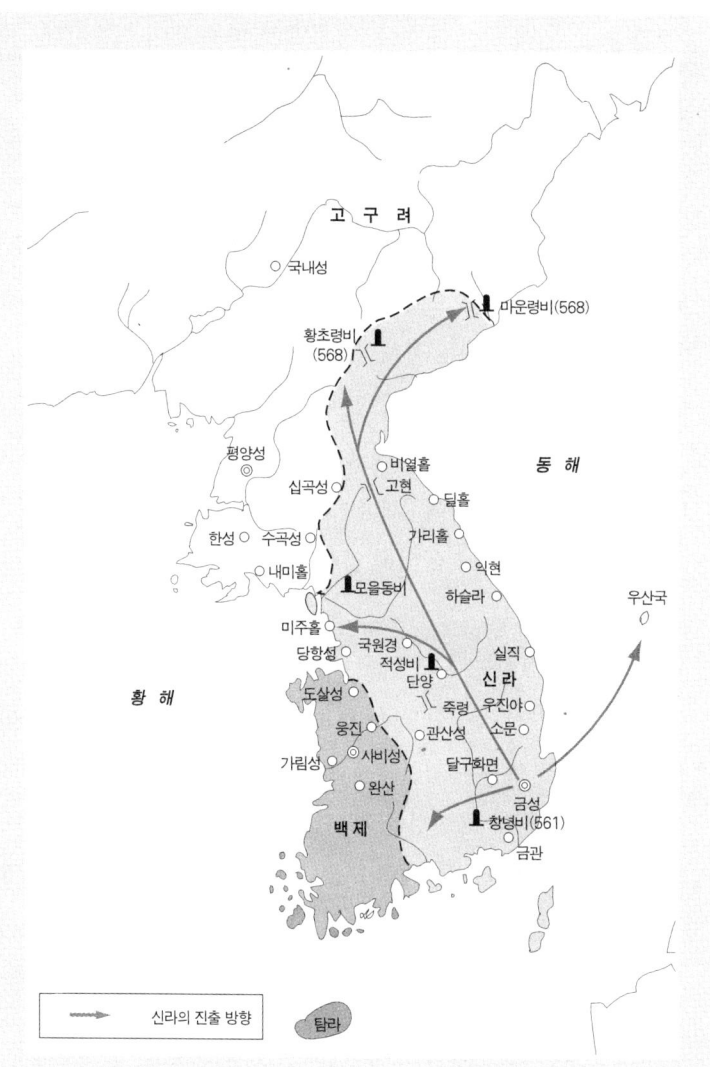

전성기의 신라
지증왕과 법흥왕대에 국가의 기틀을 다지고 이것을 바탕으로 진흥왕대에 이르러 한강유역을 병합하는 등 백제를 누르고 고구려를 위협할 만큼 국력이 성장하였다(한국민족문화대백과사전, 한국정신문화연구원 참조).

'마립간麻立干'이라 하던 칭호도 '왕王'으로 바꾼 것이 이때이다.

그리고 법흥왕法興王(재위 514~540)대에는 중앙집권적인 국가체제를 더욱 다졌다. 그는 율령을 반포하여 국가법에 따르지 않는 자를 처벌하였다. 또 '건원建元'이라는 독자적인 연호도 사용하였는데 곧 중국과 대등하다는 자신감의 표현이었다. 법흥왕 14년(527), 불교를 공인하여 새로운 이념을 바탕으로 체제정비를 꾀하였으며 밖으로는 영토를 넓혀 19년(532)에는 김해의 금관가야를 병합하였다.

뒤이어 법흥왕의 조카인 진흥왕眞興王(재위 540~576)이 7세의 나이에 즉위하였다. 처음은 어머니의 섭정을 받았으나, 진흥왕 12년(551)부터 직접 정치를 시작하며 '개국開國'이란 연호를 사용하였다. 새롭게 나라를 여는 마음으로 국정에 임하겠다는 각오였다.

고구려와 백제가 싸우는 틈을 타 이익을 얻은 신라

진흥왕이 제일 먼저 착수한 것은 영토확장이었다. 진흥왕 11년(550), 백제와 고구려가 싸우는 틈을 타서 그는 이사부를 파견하여 백제가 함락시켰던 도살성과 금현성을 차지했다. 다음 해에는 돌궐이 고구려를 쳐들어왔을 때 기회를 놓치지 않고 거칠부 등 8장군을 보내 고구려의 10성(군)을 차지했다. 이 작전을 위해 진흥왕은 직접 낭성(청주)까지 행차하였는데, 이것만 보더라도 신라가 영토를 넓히는 일에 얼마나 적극적이었는지 알 수 있다. 한편 신라와 백제는 공동작전을 펴 한강 유역을 되찾았으나 신라는 백제가 차지한 한강 하류 지역을 빼앗아 신주新州를 설치하고 군단을 배치하였다.

이에 백제는 성왕의 딸을 신라에 보냈다. 땅을 빼앗긴 백제가 왜 왕녀를 보냈을까. 이는 신라를 방심시켜놓고 보복, 반격할 시간적 여

북한산 진흥왕순수비 유지
진흥왕은 신라의 가야 지역을 획득하고 함경남도 안변 근처까지 진출하면서 정복한 곳곳에 순수비를 세웠다. 이 사진은 신라의 북방 강역을 나타낸다. 서울 구기동 북한산에 있다.

유를 얻고자 함이었다. 신라는 백제를 무시할 수 없어 왕녀를 제2비로 삼기는 하였지만, 앞으로 있을 백제의 공격에 대비하였다.

결국, 백제가 신라의 관산성管山城(충북 옥천)을 공격함으로써 양국 간에 전투가 벌어졌다. 성왕의 아들 여창은 백제와 가야·왜의 연합군을 지휘하여 관산성 근처의 구타모라久陀牟羅에 요새를 세우고 왜군의 선봉대가 화공작전을 벌여 관산성을 함락하였다. 이에 놀란 신라는 북쪽 신주의 군주軍主 김무력金武力(김유신의 할아버지)의 군대를 동원하고 전국에서 군대를 징발하여 관산성을 되찾으려 하였다. 그러던 중 성왕이 직접 전쟁터에 온다는 말이 들리자 간첩을 보내 어디로 쳐들어올지 알아내게 하였다. 그리하여 삼년산군(충북 보은)의 한 지휘관인 도도가 이끄는 복병은 성왕이 오는 길목을 차단하고 성왕을 습격하여 죽였다. 신라군은 이 여세를 몰아 관산성을 되찾는 한편, 좌평 4인과 백제 군사 2만 9,600명을 전사시켜 크게 이겼다.

왜 백제는 패배했고 신라는 승리했을까. 먼저 백제는 전투에 대해 왕족과 귀족의 견해가 일치하지 못했고, 빈번이 전쟁을 치르고 수도를 옮기느라 대규모 토목 공사에 시달린 농민과 군사들은 피폐해져 있었다. 반면 신라는 새로이 귀족으로 편입된 금관가야 계열 김무력의 활약과 영토확장에 대한 진흥왕의 강력한 의지, 그리고 이사부·거칠부 등과 같은 명장들의 실력 발휘가 곧 승리의 밑거름이 되었다. 결국 이 전투에서 패배한 백제는 그때까지 영향력을 행사하던 가야 지역을 잃었고, 신진귀족세력들이 등장하여 왕권이 위축되었다. 또 신라에 대한 무리한 복수전을 되풀이하여 결국은 멸망의 길로 접어들었다. 반면 신라는 이 전투의 승리로 가야 지역을 획득하고 큰 자신감을 얻어 함경남도 안변安邊 근처까지 진출, 진흥왕순수비眞興王巡狩碑를 세웠다. 또 내부에서는 김무력 가문이 급부상하여 후일 김유신과 김춘추에 의한 삼국통일에까지 이른다.

그러나 신라 진흥왕의 한강 하류 지역 점령과 관산성전투는 오랫동안 이어온 양국간의 동맹관계에 종지부를 찍었다. 믿음과 신뢰가 무너진 뒤 되풀이된 복수전으로 감정의 앙금과 응어리는 계속 커져 갔다. 진흥왕은 결국 나라의 영토를 넓히는 데는 성공하였으나, 그 때문에 한때의 이웃을 철천지원수로 만들어버렸다. 지금까지도 큰 문젯거리인 경상도와 전라도의 지역감정은 바로 신라와 백제의 관계에서 그 원인을 찾을 수 있다. 예나 지금이나 전쟁과 다툼은 많은 불행의 씨앗을 만든다.

명백히 불가능한 상황에서 어떻게 해야 할까

계백과 김유신

백제의 장수 계백階伯(?~660)은 위기에 빠진 나라를 구하기 위해 겨우 병사 5천으로 신라군 5만 명을 상대해야 했다. 분명 처음부터 불가능한 싸움이었다. 승패가 어떻게 갈릴지 예감한 계백은 전쟁에 나가기 전 자신의 처자식을 모두 죽이는 비장한 마음으로 출진했다. 그러면서도 신라의 어린 장수를 살려서 보내주는 아량을 보였으나 마침내 5천 결사대와 함께 전사함으로써 조국과 운명을 같이했다. 지금으로부터 1,400년 전 패망의 길로 접어드는 조국을 위해 목숨을 바친 계백, 그에게서 우리는 무엇을 배울 수 있을까?

의자왕, 충간을 무시하여 나라를 위험에 빠뜨리다

660년, 나당연합군은 백제의 수도 사비를 향해 진격했다. 당의 소정방 군대가 13만이었고 신라의 김유신(595~673) 군대도 5만에 달하였다. 당군은 서해를 지나 백강을 거쳐 사비로 들어오고 신라군은 육로를 이용하여 양군은 7월 10일 사비 도성의 남쪽에서 만나기로 약속하였다.

이들의 침입을 맞아 백제는 일대 혼란에 빠졌다. 당시 백제의 왕은 의자왕義慈王(재위 641~660)이었다. 의자왕은 무왕의 큰아들로, 태자 시절부터 효자로 이름나 사람들은 그를 '해동증자海東曾子'라고 불렀다. 즉위 초기에는 유교진흥책과 더불어 활발한 정복활동을 벌여, 642년에는 신라의 대야성大耶城을 무너뜨리고 품석品釋 장군 부부를 살해하는 전과를 올리기도 했다.

의자왕은 2년(642), 어머니의 죽음을 계기로 친위정변을 단행했다. 조카 교기翹岐 및 이모 네 명, 그리고 그들을 지지하던 내좌평 기미岐味 등 40여 명을 정계에서 쫓아낸 것이다. 또 부여扶餘 융隆을 태자로 책봉하여 후계자를 둘러싼 암투를 조기에 종식시켰다. 이렇게 왕권을 강화한 의자왕은 독자적인 외교정책과 정복활동을 펼 수 있었다.

그리하여 그는 고구려와 손을 잡고 신라를 협공하였다. 643년에는 신라의 당항성을 공격하였고 655년에는 한강 하류 지역 30여 성을

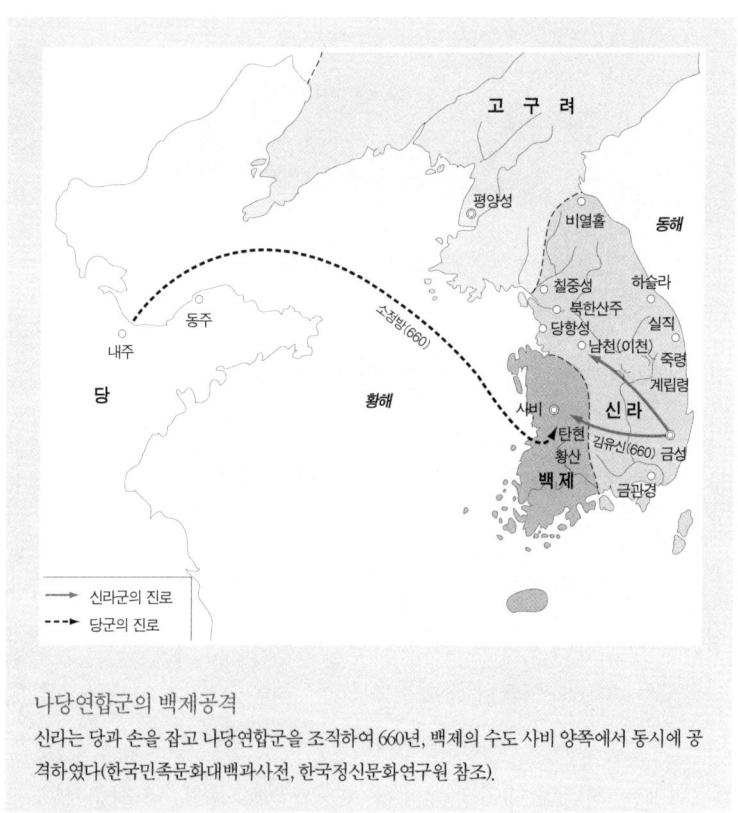

나당연합군의 백제공격
신라는 당과 손을 잡고 나당연합군을 조직하여 660년, 백제의 수도 사비 양쪽에서 동시에 공격하였다(한국민족문화대백과사전, 한국정신문화연구원 참조).

되찾았다. 즉 신라와 당의 교통로를 차단하여 신라를 고립시킨 것이다. 그 결과 고구려와 대립하던 당은 백제 대신 신라와 손을 잡았고 이를 견제하기 위해 의자왕은 왜국과의 관계를 강화하였다.

그러나 말기에 접어들면서 의자왕은 환락에 빠지기 시작하였고, 의자왕의 부인 은고가 정치를 좌우하였다. 의자왕 17년(657)에는 왕의 서자 41명을 한꺼번에 좌평으로 임명하기까지 했다. 왕의 인척들이 정사에 깊이 간여하자 정계는 어지럽고 나라는 위태로워졌다.

이를 보다 못한 좌평 성충成忠이 애써 왕에게 충간했으나 오히려 옥에 갇히고 말았다. 거의 죽을 지경에 이르자 성충은 다시 왕에게 글을 올렸다.

"충신은 죽어도 임금을 잊지 않는 법입니다. 원컨대 한 마디 말만 여쭙고 죽겠습니다. 신이 시국의 변화를 살펴보니 머지 않아 병란이 있을 것입니다. 무릇 병사를 쓰는 것은 그 지세를 잘 가려야 하는 것이니 백강 상류에 진을 치고 적을 맞아 싸우면 반드시 나라를 지킬 수 있을 것입니다. 만일 다른 나라 군대가 쳐들어오면 땅으로는 탄현을 넘지 않게 하시고 바다로는 기벌포에 적군이 들어오지 못하게 하십시오."

그러나 의자왕은 성충의 마지막 간언을 듣고도 코웃음만 칠 뿐, 귀담아 듣지 않았다. 660년에 들어오면서 백제에는 여러 가지 변괴가 일어났다. 사비 도성의 우물물과 백강물이 핏빛으로 변하고 큰 개가 백강 언덕에서 사비 도성을 향해 울부짖다가 가버리곤 했다. 또 귀신 하나가 궁중으로 들어와 큰 소리로 "백제는 망한다, 백제는 망한다"고 하고는 땅속으로 들어가버렸다. 왕이 이상히 여겨 땅을 파보았는데 거기서 거북이 한 마리가 나왔다. 그런데 그 등에는 '백제는 둥근 달 같고 신라는 새 달과 같네' 라는 글이 쓰여 있었다. 왕은 무당을 불러 이 글의 뜻을 물었다. 무당은 사실대로 고했다.

"차면 기우는 것이요, 새달은 앞으로 차게 되는 것입니다. 이는 백제가 망할 징조입니다."

왕은 이 말을 듣고 무당을 죽여버리고는 다른 무당을 불러 다시 물었다. 죽음을 두려워한 그는 거짓으로 고했다.

"둥근 달은 성盛한 것이옵고 새 달은 미약한 것입니다. 그러니 백제는 점점 흥성하고 신라는 미약해진다는 뜻입니다."

왕은 이 말을 듣고 기뻐하며 안심했다.

그러다가 나당연합군이 쳐들어온다는 소식이 들리자 의자왕은 허겁지겁 어전회의를 소집하여 어떻게 대처할지를 의논하였다. 우선 좌평 의직이 나와 말하였다.

"당나라 군사는 멀리 바다를 건너왔고 또 수전에 약합니다. 그뿐만 아니라 신라는 당이 원조해주는 것을 믿고 적을 가벼이 여기니, 만일 당나라 군사가 싸움에서 불리해지면 겁을 집어먹고 진격하지 못할 것입니다. 그러므로 우리는 먼저 당나라 군사와 싸워야 합니다."

그러나 달솔 상영이 반대하고 나섰다.

"그렇지 않습니다. 당나라 군사는 멀리 왔기 때문에 빨리 승패를 결정지으려 할 것이므로 그 기세를 꺾기 어렵습니다. 한편 신라 군사는 우리에게 여러 번 패하였기 때문에 우리를 두려워하고 있습니다. 따라서 당군의 진격로를 막고 신라와 먼저 대결해야 합니다."

이 쪽도 저 쪽도 다 일리가 있는 듯 하여 쉽사리 결정을 내리지 못하던 의자왕은 성충과 마찬가지로 충간을 하다가 귀양가 있던 좌평

흥수에게 물었다.

"좌평 성충의 말대로 해야 합니다."

그것이 흥수의 대답이었으나, 이번에는 대신들이 모두 함께 반대하였다.

"흥수의 의견대로 할 수 없습니다. 차라리 당나라 군사들을 백강에 들어오게 하되 배를 나란히 하지 못하게 하십시오. 또 신라군을 탄현을 넘어 소로로 오게 하되 군사를 정렬하지 못하게 하십시오. 그렇게 만든 뒤에 공격한다면 마치 닭장에 든 닭과 그물에 걸린 물고기를 줍는 것과 같을 것입니다."

마침내 왕은 신하들의 말대로 하려 했다. 그러나 당군은 이미 기벌포를 지나 백강으로 들어와 있었고, 신라군도 탄현을 넘어 소로를 지난 뒤였다. 조정에서 갑론을박하며 시간을 허비한 탓이었다. 할 수 없이 의자왕은 계백을 보내 황산벌(충남 논산군 연산면)에서 신라군을 맞아 싸우게 하였다. 신라군에는 대장군 김유신과 장군 품일·흠춘(흠순이라고도 함) 등이 지휘하였으니 이로써 계백의 5천 결사대와 김유신의 5만 군대가 대결하게 되었다.

황산벌에서 맞닥뜨리다

계백에 대해서는 자세한 기록이 없다. 다만 《삼국사기》 계백전에 "그는 백제인으로 벼슬하여 달솔達率(제2품)이 되었다"라고만 나와 있다. 그러나 그는 왕족인 부여씨의 갈래로, 부여군 충화면에서 태어난 것 같다. 그가 천등산을 오르내리며 무술을 연마하다 왕의 부름을 받고 장군이 되었다는 설화가 있기 때문이다. 예전에는 이 지역을 성충·계백 등 여덟 명의 충신이 태어났다 하여 팔충면八忠面이라 불렀다.

단석산의 신선사 석굴
김유신이 화랑 때 이 석굴 속에 들어가 천지신명께 기도하던 중 어느 노인에게서 천기를 받은 보검을 받았는데 그 보검으로 돌을 쳤더니 두 쪽으로 갈라졌다는 전설이 전해진다.

왕의 부름을 받은 계백은 이미 승패를 짐작하였다. 그래서 전쟁터로 나가기 전, 5천 결사대 앞에서 결연히 말하였다.

"지금 우리나라는 풍전등화와 같은 위기에 처해 있다. 지금 나·당의 대병을 대적하여 이길지 질지 알 수 없다. 내 처자가 적에게 잡혀 노비가 될지도 모른다. 살아서 욕을 당하느니 여기서 흔쾌히 죽는 것이 낫다."

그리고 집에 들러 자신의 처자들을 모두 죽였다. 이를 본 군사들은 사기가 하늘을 찌를 듯해져서 서로를 격려하며 말했다.

"옛날 중국 월越나라의 왕 구천句踐은 고작 군사 5천으로 오吳나라 부차夫蹉의 70만 군대를 무찔렀다. 우리도 죽음을 각오하고 싸워 국가의 은혜에 보답하자."

그야말로 일기당천의 기세였다.

그런데 김유신이 이끄는 신라 군대도 만만치 않은 기세였다. 김유신은 신라 법흥왕대에 귀순해온 금관가야의 왕 구형왕(김구해)의 증손이었다. 그의 조부인 김무력은 관산성전투에서 크게 활약했다. 아버지 김서현은 법흥왕의 아우 입종 갈문왕의 손녀이며 숙흘종의 딸인 만명부인과 결혼하였다. 김유신은 만노군(충북 진천)에서 스무 개월 만에 태어났다. 그가 태어난 날이 경신일庚辰日이라서, 그와 모양과 음이 비슷한 글자인 '유신庾信'으로 이름을 삼았다고 한다.

15세에 화랑이 된 그는 큰 뜻을 품고 중악의 석굴 속에 들어가 천지신명께 기도하였다. 전설에 따르면, 난승難勝이라는 노인이 나타나 그에게 삼국통일을 이루는 비방을 가르쳐주었다고 하며, 18세 때에는 깊은 산골에서 천기天氣를 받은 보검을 얻었다고 한다. 《삼국사기》에 자신이나 가족보다 나라를 더 생각한 김유신의 충성심을 잘 드러내는 일화가 있다.

선덕여왕善德女王(재위 632~647) 14년 정월에 백제의 대군이 와서 매리포성(거창)을 공격하니, 왕은 유신을 상주장군에 임명하여 가서 막게 하였다. 유신은 처자도 보지 않고 명을 받들어 떠나 백제군 2천 명의 목을 베었다. 3월에 돌아와 왕궁에 복명復命하고 아직 집에 돌아가지도 않았는데 또 급보가 들어오기를, 백제 군병이 국경에 출둔하였다고 한다. 유신은 또 집에 들어가지 않고 군사를 조련하고 병기를 수선한 후 서쪽을 향해 떠났다. 이때 그 집 사람들이 모두 문 밖에 나와서 기다렸는데, 유신은 문 앞을 지나면서도 돌아보지 않고 50보쯤 가다가 말을 멈추었다. 그리고는 물을 집에서 가져오게 하여 마시며 "우리 집 물이 아직도 예전 맛이 있다"고 하였다. 이에 군사들도 모두 말하기를 "대장군이 이렇게 하는데 우리들이 어찌 골육을 떠나기를 한스럽게 여기랴" 하였다. 국경에 당도하자 백제군이 우리 쪽의 병력을 보고 감히 다가오지 못하고 물러갔다. 왕

이 듣고 매우 기뻐하며 작작爵과 상을 더 주었다.　　|《삼국사기》권41 김유신전

　진덕여왕眞德女王(재위 647~654) 원년(648)에는 압량주(경북 경산)의 군주軍主로 있다 백제군을 유인하여 1천여 명의 목을 베었으며, 사로잡은 장군 여덟 명을 돌려보내는 대신 대야성의 성주였던 품석과 그 아내의 유골을 되돌려받기도 하였다.
　매부이자 정치적 동반자였던 김춘추金春秋가 왕위에 오르자 김유신은 더욱 눈부시게 활약했다. 김유신은 백제를 칠 만반의 준비에 들어갔다. 김유신의 명을 받은 급찬級湌(제9품) 조미곤租未坤은 일부러 백제에 사로잡혀가서 좌평 임자任子의 종이 되었다. 그는 임자의 눈에 들도록 부지런히 일하고 충성하였다. 이윽고 임자가 조미곤을 신뢰하게 되자, 그는 신라로 도망쳐 백제의 사정을 김유신에게 고하였다. 이에 김유신은

　"내가 들으니 임자가 백제의 일을 전담한다 하니, 함께 의논하고 싶은 생각이 있으나 기회가 없었다. 그대가 나를 위하여 다시 돌아가서 임자에게 내 생각을 전하라."

　하였다. 조미곤이 다시 백제로 돌아와 말하기를,

　"신라에 갔다가 돌아왔는데 유신이 나에게 일러 가서 고하라 하되, '나라의 흥망은 알 수 없는 일이니 만일 그대의 나라가 망하면 그대가 우리나라에 의지하고, 우리나라가 망하면 내가 그대의 나라에 의지하도록 하자' 고 하였습니다."

　임자는 이 말을 듣고도 묵묵히 침묵을 지켰으나 두어 달 만에 다시 조미곤을 불렀다.

　"네가 전한 말을 내가 잘 알았다. 가서 알리라."

황산벌전투도
백제의 계백 장군이 처자식을 죽이는 비장한 각오로 출전한 황산벌전투에서 그는 5천여 결사대를 이끌고 김유신을 선두로 한 5만여 신라군과 황산벌에서 맞닥뜨려 최후의 결전을 벌였다.

그리하여 조미곤이 백제의 다른 일들도 신라에 상세히 고하니, 신라는 앉아서도 백제의 정황을 꿰뚫어 볼 수 있었다.

'지피지기知彼知己'면 '백전불태百戰不殆'라 했다. 적을 훤히 알고 있었으니 반은 승리한 것이나 다름없었다. 김유신은 요즘 말로 하면 정보전에서 승리한 셈이었다.

명백히 불가능한 상황에서 어떻게 해야 할까 47

탄현을 넘은 신라군은 3군으로 나누어 진군하였다. 이미 계백이 이끄는 5천 결사대가 지형이 험한 세 군데에 진영을 설치해놓았기 때문이었다. 마침내 황산벌에 이른 신라군은 백제군과 사투를 벌였지만 네 번 싸워 네 번 다 패배하였다. 죽음을 각오하고 덤벼드는 적을 당해낼 도리가 없었던 것이다. 신라를 떠날 때만 해도 충천하던 신라군의 사기는 땅에 떨어졌다.

여기서 물러나면 패배는 불을 보듯 뻔한 일. 이제 비상수단을 쓸 수밖에 없었다. 김유신은 흠춘과 품일 두 장군의 아들들을 제물로 삼도록 했다. 먼저 흠춘 장군의 아들 반굴이 홀로 백제군에 뛰어들어 싸우다 죽었다. 이 모습을 본 품일 장군도 가만히 있을 수 없어, 아들 관창을 불러 말했다.

"네 나이 겨우 열여섯이나, 그 용맹함은 누구 못지 않다. 관창아, 오늘 싸움에서 네가 능히 3군의 모범이 될 수 있겠느냐."

"예, 아버지. 명령대로 하겠습니다."

관창은 적진을 향해 질풍처럼 뛰어들어가 한참을 싸우다 백제군에게 사로잡혔다. 대체 어떤 장수가 이리도 용감한지 궁금해진 계백이 투구를 벗겨보니 아직 어린 소년이었다. 계백은 그 용기를 가상히 여기며 혼잣말처럼 중얼거렸다.

"신라는 우리가 감히 대적할 수 없겠구나. 소년도 이러하거늘 하물며 장사들은 어떠하겠는가."

그리고 관창을 말에 태워 다시 돌려보냈다. 돌아온 관창은 아버지 품일 장군에게 머리를 조아리며 말했다.

"제가 적진에 들어가 장수의 목을 베지 못하고 깃발도 빼앗아오지 못한 것은 죽음을 두려워한 때문이 아닙니다. 이번에 다시 적진에 들어가 반드시 장수의 목을 베어오겠습니다."

관창은 투구를 고쳐 쓰고 다시 적진으로 돌진하였다. 계백은 할 수 없이 그의 목을 베어 말안장에 매어 돌려보냈다.

품일 장군은 아들의 머리를 끌어안고 군사들에게 말하였다.

"우리 아들의 얼굴이 살아있을 때와 같구나. 나라를 위해 죽었으니 참으로 다행한 일이다."

장군의 아들이 몸소 나서서 희생하는 모습에 힘을 얻은 신라군은 다시 정렬을 가다듬어 죽을 힘을 다해 부딪쳤다. 치열한 싸움 끝에 결국 백제군은 패하고 계백은 전사하였으며, 좌평 충상·상영 등 30여 인은 사로잡혔다.

당나라군도 기벌포에서 백제군을 격파하였다. 삽시간에 사비 도성은 나당연합군에게 점령당했다. 의자왕은 웅진성으로 황급히 피난을 가고 그 아들 부여 융은 항복하였다. 김법민(뒤의 문무왕)은 융을 말 앞에 꿇어앉히고 얼굴에 침을 뱉으며 꾸짖었다.

"일전에 너의 아비가 나의 누이를 원통히 죽여서 옥중에 파묻었다. 그것이 나를 20년 동안 마음 아프게 하였다. 오늘 너의 목숨은 내 손에 달려 있다."

며칠 후 의자왕도 항복하였다. 무열왕과 소정방 및 김유신은 당상堂上에 앉아 승리를 축하하는 연회를 베풀고 의자왕과 그 아들 융은 당하堂下에 앉혔다. 그리고 의자왕에게 술잔을 따르도록 하니 백제의 신하와 백성들 중에 울지 않는 자가 없었다. 개인이건 국가건 패배의 결과는 이렇게 처참했다. 이것이 백제의 멸망이었다. 소정방은 의자왕과 태자 효, 왕자 태·융·연 및 대신·장사 93명과 백성 1만 2,870명을 당으로 끌고 갔다. 지금도 중국 북망산北邙山에는 조국을

김유신 묘
김유신의 묘로 지정되어 있으나, 김유신의 묘가 아니고 신무왕의 무덤이라는 설도 있다. 사적 제21호. 경북 경주시 충효동에 있다.

그러다가 숨을 거둔 의자왕과 부여 융의 묘지가 쓸쓸히 남아 있다.

백제의 계백과 신라의 김유신. 이 두 명장은 황산벌에서 운명적인 대결을 벌였다. 5천이 5만을 상대한다는 것은 처음부터 불가능했다. 그러나 네 번이나 싸워 이기고, 그만큼이나 버틴 것도 계백의 훌륭한 지도력과 죽음을 두려워하지 않는 정신 덕분이었다. 반대로 김유신은 5만 병력으로도 연달아 패하고, 비상수단을 동원해서야 간신히 이길 수 있었다. 두 사람은 각 나라에서 제일가는 군인이었다. 나라를 위해, 그리고 스스로의 임무를 완수하기 위해 최선을 다했다. 여기에서 누가 뛰어나고 누가 못한지를 가려내는 것은 어려운 일이다. 그러나 계백은 희망이 보이지 않는 절망적인 상황에서도 달아나지 않고 맞섰으며 자신과 자신의 가족을 아끼지 않고 생명을 던져 싸웠다. 그렇기에 비록 패장이 되었지만 그의 용기와 살신보국정신은 지금까지도 잊혀지지 않는 것이다.

외교는 또 하나의 국력이다

김춘추와 연개소문
나라와 나라 사이에 언제나 다툼만이 있는 것은 아니다. 때로는 나라끼리 협조를 하고 여러 가지 도움을 주고 받는다. 지금으로부터 1,500년 전, 신라의 김춘추金春秋는 백제를 치기 위해 고구려의 실력자 연개소문淵蓋蘇文(?~665)을 찾아가 협력을 요청했다. 그러나 이 역사적인 두 지도자의 만남은 아무 성과도 얻지 못하고 흐지부지되고 말았다. 이후 고구려의 도움을 받지 못한 신라는 당나라로 눈을 돌린다. 과연 어떤 이유로 두 사람의 만남이 파국을 맞은 것일까.

복수의 칼날을 갈다

백제는 관산성전투에서 성왕이 전사함으로써 치욕적인 패배를 맛보았다. 7세기로 넘어오면서 신라에 대한 복수전은 더욱 심해졌다. 이 복수전은 위덕왕威德王(재위 554~598)과 무왕武王(재위 600~641)대에도 계속되었지만 의자왕이 즉위하면서 더욱 격렬해졌다. 의자왕은 신라의 서쪽 지역 40여 성을 빼앗고 대야성을 공격하여 성주인 품석과 그의 아내를 살해하기까지 했다.

이 일은 신라에게 큰 충격이었고, 특히 김춘추에게는 청천벽력과도 같았다. 죽은 품석과 그의 아내는 다름 아닌 그의 딸과 사위였다. 《삼국사기》에는 이 소식을 들은 김춘추가 "기둥에 기대어 서서 종일토록 눈도 깜빡이지 않고, 사람이나 물건이 그 앞을 지나가도 알지 못하였다"고 했다. 김춘추는 바로 이때부터 보다 활발하게 외교활동을 전개하기 시작한다.

김춘추는 진평왕眞平王(재위 579~632) 25년(603) 경주에서 태어났다. 아버지 용춘은 진지왕眞智王(재위 576~579)의 아들이었고 어머니 천명부인은 진평왕의 딸이자 선덕여왕의 언니였다. 이렇듯 진골출신인 그였으나 중고기中古期의 왕위계승전에서 패배한 사륜의 후손이었다. 사륜은 진흥왕의 둘째 아들로 장자인 동륜이 일찍 죽자 동륜의 아들인 백정을 제치고 진지왕이 되었다. 그러나 진지왕은 왕위에 오른 지 4년 만에 방탕하다는 이유로 왕좌에서 쫓겨나고 그 대신 백정이 진평왕으로 즉위하였다. 이어서 그의 딸과 조카가 선덕여왕·진덕여왕으로 즉위함으로써 사륜 계열은 왕위계승에서 완전히 배제되었다.

진평왕은 사륜의 아들인 김용춘을 내성內省의 사신私臣에 임명하여 사륜 계열들의 불만을 해소하려 했으나, 이를 반대하는 구귀족들이 있었다. 진평왕 53년(631), 불만을 품은 칠숙과 석품이 결국 모반을

대종무열왕릉비
높이 2.1m의 이 비는 무열왕이 승하한 661년에 건립되었으며 비문은 김인문金仁問이 썼다고 하나 정확한 기록은 남아 있지 않다. 국보 제25호. 경북 경주시 서악동에 있다.

일으켰다. 그러나 이 일은 사전에 발각되어 오히려 사륜 계열이 성장하는 계기가 되었고 선덕여왕대에 김춘추와 문희가 결혼하여 신흥세력은 더욱 상승세를 탔다. 그런데 이런 중에 김춘추의 딸과 사위가 백제에게 살해당한 것이다. 김춘추는 원한을 갚고자 고구려에 가서 보장왕寶藏王(재위 642~668)에게 군사 지원을 요청했다.

고구려의 히틀러, 연개소문

그러나 보장왕은 허수아비에 불과할 뿐, 고구려의 실권자는 연개소문이었다. 연개소문은 《삼국사기》 열전에 따르면 성이 천泉씨요 아버지는 동부(혹은 서부)의 대대로大對盧(고구려 12관등 중 최고 자리)였다고 한다. 그러나 중국에서 발견된 남생男生(연개소문의 장남)의 묘지명에 따르면 연개소문의 아버지 태조와 조부 자유는 모두 막리지莫離支를 역임하였으며, 병권을 잡고 나라를 움직였다고 한다. 그의 집안은 이미 여러 대에 걸친 호족이었던 것이다.

연개소문이 태어난 시기에 대한 기록은 없지만 스스로 물속에서 났다고 선전했다고 한다. 이런 점으로 미루어보아 대단히 독재적이고 오만한 인물임을 알 수 있다. 연개소문이 아버지가 죽은 뒤 그 자리를 이으려 하자 사람들은 그가 잔인하고 포악하다 하여 허락하지 않았다. 연개소문은 자신의 잘못을 사과하며 사람들을 설득하여 가까스로 막리지가 되었다.

그런데 그가 다시 흉악무도해지자 대인들은 몰래 왕과 의논하여 연개소문을 죽이려 하였다. 이 사실을 안 연개소문은 부병部兵을 모아놓고, 대신들을 잔치에 초대해서는 모조리 죽여버렸다. 내친 김에 그는 영류왕榮留王(재위 618~642)까지 시해하고 왕의 조카를 세우니,

이가 곧 보장왕이었다. 그러나 반대파들도 적지 않았다. 특히 안시성주였던 양만춘은 연개소문의 집권을 탐탁하게 여기지 않았다. 연개소문은 그를 공격하였으나 끝내 성을 함락시키지 못하였다. 결국 양만춘은 연개소문을 집권자로 인정하고 연개소문은 그에게 안시성주의 지위를 보장하는 선에서 매듭지었다.

허수아비왕을 내세운 연개소문은 스스로 대막리지大莫離支가 되어 막강한 독재 권력을 행사했다. 《구당서舊唐書》 동이전 고구려조에는 그를 다음과 같이 묘사하였다.

연개소문은 수염과 얼굴이 매우 준수하고 걸출하였다. 몸에는 항상 칼을 다섯 자루 차고 다니는데 주위 사람들이 감히 쳐다볼 수 없었다. 말을 탈 때는 언제나 하인을 땅에 엎드리게 하여 이를 밟고 탔으며 말에서 내릴 때도 마찬가지였다. 외출할 때는 반드시 의장대를 앞세우고 선도자가 큰 소리로 행인을 물리쳤다.

안시성전투도
연개소문은 안시성을 공격하였으나 끝내 함락하지 못하였다. 이 전투로 안시성주인 양만춘은 연개소문을 집권자로 인정하고, 연개소문은 안시성주로서의 지위를 보장해주었다.

이에 백성들은 두려움에 떨어 모두 숨었다.　　|《구당서》 동이전 고구려조

또한 연개소문은 불교를 배척하고 도교를 장려하였다. 국민정신을 개혁하고 독재 정권의 새로운 이데올로기로 삼으려 했던 것이다. 이 정책에 불교 승려는 물론 많은 귀족들이 반발하고 나섰으나 연개소문은 이를 무력으로 잠재웠다. 그래서 보덕 같은 승려는 이를 피하여 남쪽으로 내려오기도 했다.

당나라와 손을 잡는 신라

김춘추와 만난 연개소문은 독재자의 면모를 여실히 드러냈다. 병사를 내주는 대가로 죽령竹嶺 이북의 땅을 고구려에게 돌려 줄 것을 요구했던 것이다. 죽령 이북의 땅은 본래 신라의 영토였다. 고구려에게 빼앗겼다가 애써 되찾은 땅을 다시 돌려달라니 김추추의 입장에서 볼 때 말도 안 되는 소리였다. 그의 무리한 부탁에 김춘추가 난감해 하자 연개소문은 당장 협조 요청을 거절하고 김춘추를 옥에 가두었다. 조국을 지키고 딸의 원수를 갚기 위해 이국만리에 왔으나 오히려 죽게 되었으니, 김춘추로서는 기가 막힐 노릇이었다. 고민 끝에 그는 뇌물작전을 쓰기로 했다. 김춘추는 몰래 감추어둔 고급 비단을 고구려의 또 다른 실권자인 선도해에게 바쳤다. 그러자 선도해는 옥으로 김춘추를 찾아와서 '토끼와 자라' 이야기를 들려주었다. 병이 난 용왕에게 간을 빼앗기게 된 토끼가 꾀로 사지를 벗어났다는 내용으로, 죽령 이북의 땅을 준다고 해놓고 일단 본국으로 돌아가라는 암시였다. 덕분에 김춘추는 간신히 신라로 올 수 있었으나, 역사상 두 라이벌의 만남은 이렇게 파국을 맞았고 이후 고구려와 신라는 다시 협조

태종무열왕릉
태종무열왕 김춘추는 660년, 오랜 앙숙이었던 백제를 무너뜨리고 딸과 사위의 원한을 갚으나 백제가 멸망한 지 1년도 못 되어 승하하였다.

관계를 맺지 못했다.

고구려에서 돌아온 후, 김춘추는 김유신과 함께 선덕왕 16년(647) 구귀족세력인 상대등 비담과 염종의 반란을 진압하고 진덕여왕을 즉위시킴으로써 실질적인 권력을 장악하였다. 정권의 안정을 되찾은 김춘추는 이제 왜(倭)와 손잡기 위해 왜국으로 향했다.《일본서기日本書紀》는 당시 김춘추가 왜국에 인질로 왔다고 기록하고 있지만, 사실은 김춘추가 능동적으로 편 외교작전이었다고 보아야 정확할 것이다. 그러나 이 작전도 실패하였다.

마지막으로 김춘추는 진덕여왕 2년(648) 당나라에 건너가서 지원을 요청하였다. 김춘추의 말에 대해 당은 뚜렷한 입장을 밝히지는 않았지만 긍정적인 반응을 보였다. 당나라는 신라를 이용하여 고구려를 칠 속셈이었기 때문이다. 수나라가 그랬던 것처럼 645년(보장왕 4

년) 당 태종이 고구려를 쳤으나 안시성의 성주 양만춘이 격렬히 맞서 쓰디쓴 고배를 마셨다. 그 후 647년 당 태종은 또다시 고구려를 침략하였으나 실패했다. 결국 당은 신라를 이용하여 먼저 백제를 친 뒤에 고구려를 공격하려 했고, 반면 신라는 당에게 도움을 받아 백제를 치려고 했다. 생각은 달랐으나 신라와 당은 서로를 필요로 하였고 이리하여 나당연합이 이루어졌다.

신라는 협조의 분위기를 더욱 잘 조성하기 위해 중국의 관복을 입기 시작했으며(진덕여왕 3년) 다음 해에는 독자적인 연호를 버리고 중국의 연호를 썼다. 또 김춘추의 아들 김법민을 당에 보내 진덕여왕이 손수 비단에 수놓은 '태평송太平頌'을 바치기도 하였다.

654년, 진덕여왕이 재위 8년 만에 죽자 누구를 왕으로 할 것이냐는 문제가 생겼다. 유력한 후보인 상대등上大等 알천이 왕위를 사양하자 김춘추가 무열왕武烈王(재위 654~661)으로 즉위했다. 이것으로 권력이 구귀족 계열에서 김춘추·김유신 계로 옮겨갔다.

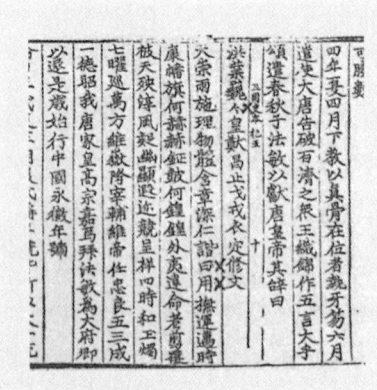

'태평송'에 관한 내용이 적힌 삼국사기
고구려와 백제에게 위협 당하던 신라는 진덕여왕대에 중국의 연호를 사용하고, 당 태종을 극찬하는 내용의 '태평송'을 손수 비단에 수놓아 보내는 등 보다 친밀한 관계를 유지하려 하였다.

김춘추는 김유신을 상대등으로, 자신의 아들 문왕文王과 인문仁問을 각각 시중侍中·군주軍主로 삼아 친정체제를 다졌다. 그리고 대당 외교를 더욱 강화하여 나당연합군을 구성하였다. 나당연합군은 660년, 드디어 백제를 멸망시키고 김춘추는 딸과 사위의 원한을 갚았지만 긴장이 풀린 탓일까. 백제가 멸망한 지 채 1년도 못 되어 세상을 떠나고 말았다.

한편 백제를 멸망시킨 나·당은 그 여세를 몰아 고구려를 공격하였다. 연개소문은 이들의 공격을 효과적으로 막아내었다. 그러나 전쟁을 치르기 위해 고구려는 막대한 물자를 소비하였다. 독재 권력도 막바지에 다다르고 있었다. 이에 대한 부담감 때문이었는지 연개소문도 보장왕 24년(665)에 세상을 하직하였다. 이후 후계자 자리를 둘러싸고 남생·남건·남산 등이 권력쟁탈전을 벌이자 이 틈을 타고 당군이 침입해 고구려도 멸망하였다(668). 신라는 이후 당군을 반도에서 몰아내려 하였으나 역부족이었다. 결국 신라는 대동강 이남 선으로 영토가 확정되었고, 이를 삼국통일이라 부르는 것이다.

김춘추와 연개소문. 신라와 고구려를 대표한 두 라이벌의 대립과 갈등은 결국 타협점을 찾지 못했다. 김춘추의 개인적인 복수심과 연개소문의 무리한 요구는 결국 북쪽의 고구려 땅을 중국에 빼앗긴 채 불완전한 통일을 이룩하게 하였다. 만약 두 사람이 좀더 원대한 뜻을 가지고 넓은 시야에서 서로 협조하며 함께 발전해나갔더라면 우리 민족의 활동무대는 지금보다 훨씬 웅대해졌을 것이다. 돌이켜볼수록 아쉬움이 남는다.

나와 다름을 받아들이기

원효와 의상

인간은 각기 다른 모습과 성격을 지니고 태어났다. 때로는 그런 이유로 사람들은 서로 시기하고 다투기도 한다. 그러나 바꾸어 생각하면 내게 없는 점을 상대가 가지고 있기에 나의 부족함을 보충할 수도 있다. '나'와 '너'가 다른 점을 이해하고 받아들여 함께 한다면 다양한 인간들이 사회 안에서 조화를 이룰 수 있다. 이는 곧 인간을 행복하게 만들고 세상을 아름답게 한다. 원효元曉 (617~686)와 의상義湘(625~702)의 삶은 우리에게 이러한 교훈을 남긴다.

대중 속으로 뛰어들어 불법을 전파하다

원효는 신라 진평왕 39년(617), 지금의 경북 자인에서 설담날薛談捺의 아들로 태어났다. 설씨는 6두품 성씨 중 하나였다. 그의 어릴 때 이름은 서당誓幢이었으나 출가하여 이름을 원효라 고쳤다. 진덕여왕 4년(650)에 불교를 더 깊이 공부하기 위해 의상과 함께 중국으로 유학을 떠나 요동에서 고구려군에게 붙잡히는 고초를 겪고 겨우 돌아왔다.

이후 문무왕文武王(재위 661~681) 원년(661)에 백제가 멸망하여 서해안 통로가 열리자 원효는 다시 한번 의상과 함께 중국 유학을 시도하였다. 그러나 당항성으로 가던 도중, 오늘날의 충남 직산 부근을 지나다가 심한 폭우를 만났다. 두 사람은 우연히 찾은 토굴에서 하룻

밤을 편히 쉬었는데 아침이 되어 보니 토굴이 아니라 무덤이었다. 계속된 폭우 때문에 하루를 더 머물러야 했는데 이제는 귀신이 나오는 듯 하여 잠을 이룰 수 없었다. 왜 똑같은 장소인데도 어제는 편안하였으나 오늘은 이리 불안하고 무서운가? 그렇게 생각하던 원효는 문득 큰 깨달음을 얻고 세상 모든 것이 환하게 밝아오는 듯한 기분이 들었다(혹은 해골바가지에 물을 떠먹고 깨달았다고도 한다).

원효는 그때의 깨달음을 다음과 같이 전한다.

마음이 일어남에 온갖 것 생겨나고	心生故種種法生
마음이 없어지니 토굴과 무덤 둘이 아니로다	心滅故龕墳不二
삼계가 오직 한 마음이오 만법이 오직 인식이라	三界唯心萬法唯識
마음 밖에 법이 없으니 어찌 따로 구하랴	心外無法胡用別求

'모든 것은 내 마음에 달려 있다. 모든 일과 행동은 나로부터 출발하는 것이다. 일찍이 석가가 "하늘 위 하늘 아래 오직 나 홀로 존귀하도다天上天下唯我獨尊"라고 한 것도 결국은 이 뜻이거늘. 내 마음에 따라 만물이 다르게 보이는 것이다.'

이것을 깨달은 원효는 중국 유학을 포기하고 신라로 돌아왔다. 그때 그의 나이 45세였다.

이미 원효는 세상과 동떨어진 불교에 회의를 품고 있었다. 그리하여 그는 대중 속으로 들어가 불교의 진리가 담긴 노래를 부르고 다녔다. 그리고 그는 무열왕의 딸인 요석공주와 세속적인 인연을 맺기도 했다. 중생들이 연연해하는 세속적인 사랑이 궁금하다면 경험만큼 좋은 스승은 없었다. 그는 거리에서 노래를 부르고 다녔다.

"누가 자루 빠진 도끼를 허락하려나. 내가 하늘 바칠 기둥을 다듬고자 하는데."

아무도 이 노래가 무엇을 의미하는지 몰랐으나 무열왕은 원효의 뜻을 알아차리고 사신을 보냈다. 원효는 일부러 다리 아래 떨어져 옷을 적셨고 사신은 그를 요석궁으로 안내하여 옷을 말리게 하였다. 요석공주는 원효와 동침해 아들 설총薛聰을 낳았다. 설총은 뛰어난 학문으로 이름을 날렸으니 하늘 바칠 기둥을 얻은 셈이었다.

이후 원효는 스스로를 '소성거사小姓居士'라 부르고 민중들과 생활하면서 불법의 깨달음을 전하였다. 그는 광대들이 가지고 놀던 표주박을 두드리면서 '무애가無碍歌'를 불렀는데, "모든 일에 거리낄 것 없는 사람이라야 한길로 나아가 생사의 번뇌에서 벗어나리라一切無碍

월정교
원효가 요석공주와 맺어지기 위해 일부러 떨어져 옷을 적셨다는 다리이다. 요석공주는 원효와 동침해 설총을 낳았다.

入 一道出生死"라는 화엄경사상을 담은 노래였다. 원효의 교화 덕분에 가난하고 무지한 백성들이 부처의 이름을 알게 되고 '나무아미타불 南無阿彌陀佛'을 염불할 수 있게 되었다. 《송고승전宋高僧傳》원효전의 기록에 따르면 당시 원효는 거사들과 함께 술집과 창녀집에 드나들고 광대들이 쓰는 칼과 봉으로 악기를 탔으며 여염집에서 잠을 자기도 했다고 한다.

그러나 원효는 불교대중화운동에 못지 않게 경전 공부에도 힘을 쏟아 때때로 좌선을 하면서 경전 주석서를 쓰고 화엄경을 강의하였다. 그는 99부 240여 권에 이르는 방대한 저술을 남겼는데 현재 전하는 것은 20부 23권에 지나지 않다. 대표적인 저술로는 《십문화쟁론十門和諍論》《금강삼매경론金剛三昧經論》《대승기신론소大乘起信論疏》등이 있다.

원효의 불교대중화운동은 정토신앙淨土信仰으로 나타났는데, 경전의 깊은 의미를 몰라도 '나무아미타불'이라는 염불을 되풀이해서 외면 극락으로 갈 수 있다고 하였다. 또 다른 특징은 한 사상이나 종파에 집착하지 않고 이를 융화·통합하려는 통불교通佛敎적인 성격이다. 《십문화쟁론》이라는 저서를 통해 원효가 노장사상이나 의술에도 관심을 가졌던 사실을 확인할 수 있다. 때문에 후일 원효에게는 화쟁국사和諍國師라는 칭호가 붙여지기도 했다.

불법은 평등하고 귀천을 가릴 수 없다

한편 의상은 원효보다 8년 늦은 진평왕 47년(625) 진골 김한신金韓信의 아들로 태어났다. 그의 어린 시절에 대한 기록이 없어 자세히 알 수 없지만 진골 집안이었으므로 원효보다는 유복하게 살았을 것이다.

그는 무열왕 8년(661), 원효와 헤어져 중국으로 건너가 화엄종의 대종사인 지엄智儼에게 화엄교학을 전수받았다. 문무왕 10년(670)에 신라가 당나라로부터 독립하고자 투쟁을 벌이자 이에 노한 당 고종이 신라를 정벌하려 했다. 이에 김인문金仁問(김춘추의 둘째 아들)·김흠순金欽純(김유신의 아우) 등이 의상에게 이 사실을 본국에 알리도록 하여 신라로 귀국하였다. 중국측의 고승전에는 그가 화엄종을 신라에서 일으키기 위해서라고 되어 있지만 당시 정치 현실에 비추어 볼 때 앞의 주장이 설득력이 있다.

신라에 돌아온 후 의상은 오늘의 강원도 양양에 낙산사洛山寺를 세웠다. 이곳은 그가 관음보살의 진신眞身을 친히 보았던 곳으로, 서역의 관음주처지인 보타낙가산寶陀洛伽山의 이름을 따서 붙였다. 의상은 그가 출가했던 황복사에서 표훈·진정 등에게 '화엄일승법계도華嚴一乘法系圖'를 가르쳤고 문무왕 16년(676)에는 왕의 명령을 받아 태백산에 화엄의 근본 도량인 부석사浮石寺를 창건하였다. 중국에 있을 때 의상을 극히 흠모했던 여인 선묘가 용이 되어 의상의 귀국과 부석

분황사의 모전석탑
원효는 이곳에서 《화엄경소》 여덟 권을 지었다. 국보 제30호. 경북 경주시 구황동에 있다.

낙산사의 원통보전
의상이 강원도 양양에 창건한 절. 몇 차례 중건을 거듭하였으나 6·25전쟁 때 소실되었다가 1953년에 다시 세워졌다.

사의 창건을 도왔다는 전설이 남아 있는 곳이다.

그는 완고한 골품제 사회 속에서 평등을 강조하였으며 민중들의 고통을 덜어주려 하였다. 한번은 문무왕이 의상에게 전장과 노비를 하사하자 불법은 평등하고 귀천을 가릴 수 없다 하여 거절하였다. 또 경주에 성을 쌓으려 하자 "왕의 정치가 현명하면 풀언덕의 땅에 금만 그어도 성이 되어 백성이 넘어가지 않고 재앙을 막을 수 있습니다. 그러나 정치가 현명치 못하면 비록 장성長城이 있더라도 재난은 해소할 수 없을 것입니다"라고 하면서 공사 중지를 촉구하기도 했다.

의상이 702년, 78세로 세상을 떠난 후에도 그의 문하에 있던 10대 제자가 화엄학을 전파하였으며 의상은 해동화엄종의 초조初祖가 되었다.

원효와 의상, 이들의 생활과 사상은 이처럼 판이하였다. 원효는 6두품출신이었고 의상은 진골출신이었다. 수행과 포교방법도 달랐다. 원효는 거사의 행색으로 민중 속으로 직접 뛰어들어 포교하였으나 의상은 강론을 통해 제자를 양성하였다. 원효는 세속적인 사랑을 하기도 했으나 의상은 단아한 수행자의 자세를 지켰다. 추구하는 학문도 원효는 불교뿐 아니라 노장사상이나 의술까지 관심을 기울였으나 의상은 화엄학의 본래 가르침에서 벗어나지 않았다.

이렇게 큰 차이에도 불구하고 이들은 서로를 배척하지 않았다. 필요할 때는 같이 머리를 맞대고 토론하면서 배움을 같이 하기를 꺼리지 않았다. 서로의 다름을 인정하고, 상대방의 좋은 점을 받아들여 자신의 것으로 했다.

특히 원효의 화쟁사상은 이것을 잘 보여준다. 흔히 사람들은 자신

부석사
의상은 문무왕 16년, 왕의 명령을 받아 태백산에 화엄의 근본 도량인 부석사를 창건하였다. 의상은 부석사를 중심으로 하여 신라에 화엄종이 뿌리를 내리게 하였다.

원효와 의상
분황사의 원효(왼쪽)와 부석사의 의상(오른쪽). 이 둘이 공통적으로 강조한 '조화'는 오늘날 우리의 삶에 더 절실히 요구되는 것이 아닐까.

의 주장만 내세우면서 견해가 다르면 이를 배척하거나 비난한다. 그러나 이는 아집과 교만 때문이다. 이 같은 사람들에게 원효는 일침을 가하는 깨달음을 전한다.

"자기가 조금 들은 바의 좁은 견해만을 내세워 그 견해에 동조하면 좋다고 하고 반대하면 잘못이라 하는 사람들이 있다. 그런 사람은 갈대 구멍으로 하늘을 보는 것과 같다. 갈대 구멍으로 하늘을 보면 좋다고 하고 그렇지 않은 사람은 하늘을 보지 못하는 자라고 한다."

갈대 구멍으로 하늘을 보는 자는 남도 그같이 하기를 강요하고 그것이 옳다 고집한다. 이 얼마나 어리석은 일인가. 나와 다른 사람을 포용하고 이해하기 위해서는 무심과 무념의 상태가 필요하다. 원효는 이렇게 모든 사람을 받아들였다.

의상도 그러했다. 그의 화엄사상은 우주만물이 대립적인 것이 아니라 서로 조화를 이룬다는 가르침이다. '하나가 곧 전체이며 전체가 곧 하나이다'라는 주장이 핵심이다. 모든 만물은 하나의 실체로서 서로 떨어져 있지 않다고 하였다. 또 그는 화엄종을 중시했으면서도 관음신앙과 정토신앙도 수용하였다. 그의 저서 가운데 《아미타경의기阿彌陀經義記》가 있고 그가 창건한 부석사의 대웅전이 아미타불을 모신 무량수전임이 그것을 말해준다. 또한 양양의 낙산사에 관음진신觀音眞身 주처의 도량을 개설한 것에서도 알 수 있다.

이들의 사상이 후대에까지 전해져 영향을 미치고, 추앙받을 수 있었던 이유는 바로 여기에 있었다.

혼란은 쿠데타를 부른다

혜공왕과 김양상
사람들은 흔히 높은 자리에 오르면 의무는 생각하지 않고 특권만을 누리려 한다. 그리고 사람들 위에 군림하고 지배하려 한다. 그러나 이는 잘못된 생각이다. 권한이 큰 만큼 의무를 제대로 이행하지 못했을 때 어떤 결과가 오는가. 아무리 큰 배의 선장이라 할 지라도 방심하고 잘못하면 백성이라는 파도에 의해 침몰될 수 있다. 현재는 물론이고 전제왕권시대의 왕도 예외는 아니었다.

멸망의 조짐이 보이다

고구려, 백제를 멸망시킨 신라는 전성기를 누렸다. 문무왕의 뒤를 이어 즉위한 신문왕神文王(재위 681~692)은 탄탄한 왕실의 초석을 마련하였다. 신문왕 2년(682)에는 국학을 설립하여 충과 효로 무장된 신하들을 양성하였다. 전국을 9주5소경으로 정비하고 9서당의 군대를 마련함으로써 정치·군사면의 제도적 정비도 꾀하였다. 또 녹읍을 혁파하여 귀족들의 권한을 약화시켰다. 귀족들이 녹읍의 백성을 이용하여 반란을 일으킬 염려가 있었기 때문이었다. 이를 바탕으로 효소왕孝昭王(재위 692~702)·성덕왕聖德王(재위 702~737)·효성왕孝成王(재위 737~742)·경덕왕景德王(재위 742~765)대에 안정된 정치체제를 이룰 수 있었다.

그러나 그 신라도 후기로 들어오면서는 서서히 쇠망의 징조를 보이기 시작했다. 극심한 왕위쟁탈전이 개시된 것이다. 경덕왕대 녹읍이 부활되면서 귀족들의 세력이 서로 각축을 벌이게 된 것이다. 그것은 혜공왕惠恭王(재위 756~780)대에 시작된 귀족들의 싸움에서 비롯되었다.

혜공왕은 어린 나이에 즉위하였으므로 그 어머니인 만월부인滿月夫人이 섭정을 하게 되었다. 그런데 즉위 직후부터 괴이한 일들이 잇달아 일어났다.

어느 마을의 소가 다리가 다섯 달린 송아지를 낳았는가 하면, 강주(진주) 관청의 동쪽 땅이 꺼져 연못이 되었는데 그 크기가 가로 7척, 세로 13척이나 되었다. 이 연못에 갑자기 잉어 5, 6마리가 생기더니 그 몸뚱아리가 계속 커지고 그에 따라 연못도 커지는 것이었다. 또 유성流星이 왕궁 동쪽에 떨어졌는데 그 머리는 항아리만 하고 그 꼬리는 3척 가량이나 되었다. 그 유성은 활활 타는 불과 같고 하늘과 땅도 진동하였다. 호랑이가 궁궐 안으로 뛰어들어오기도 하였다.

어린 왕은 두려움에 떨며 신하들에게 말하였다.

"어찌 이러한 해괴한 일들이 일어나는 것입니까? 누가 그 이유를 짐에게 말해주시오."

그러나 아무도 대답하는 자가 없었다. 속으로는 그것이 왕태후가 정사를 좌우하였기 때문이라 생각했지만 입 밖으로 꺼낼 수는 없었다. 왕은 답답한 마음에 다시 울부짖듯이 말하였다.

"왜 아무 말들이 없으시오. 그러면 일관日官(왕의 측근에서 천체의 움직임을 보고 길흉을 가리는 일을 맡은 관직)이 한번 말을 해보십시오. 그대는 음양오행과 하늘의 이치에 밝은 사람이니 지금 같은 일들이 왜 일어나는 것인지 알 것 아니오?"

성덕대왕신종
아래쪽은 비천상 부분이다. 이 종은 경덕왕이 만들고 아들인 혜공왕이 완성하였는데, 백성과 나라가 두루 평안하길 기원하는 마음에서 만들었으나 아이러니하게도 혜공왕대에 나라에 괴이한 일들이 잇달아 일어났다. 국보 제29호. 국립경주박물관 소장.

일관은 마지못해 대답하였다.

"가끔씩 일어나는 현상입니다. 전하께서는 너무 심려마시옵소서. 다만 전하께서는 크게 사면령赦免令을 내리시어 천기를 바로잡기 바라옵니다."

그날로 혜공왕은 영을 내려 죄질이 무거운 사형수 이외에 가벼운 죄수들을 모두 풀어주는 대사면령을 반포하였다. 사면은 왕이 하늘에 잘못을 비는 하나의 방법이었으며 농경국가에서 농사를 지을 수 있는 노동력을 확보하려는 이중의 의미가 들어 있었다.

그러나 변괴는 그치지 않았다. 황룡사 남쪽에서 지진이 일어나 땅이 흔들리는 소리가 천둥소리 같았으며 왕궁에 있는 샘이 말라 물을 마실 수가 없었다. 이러한 자연재해는 왕이 천명天命에 따르지 않고 음양오행을 거슬렀을 때 일어나는 현상이었다. 이른바 하늘의 꾸짖음인 것이다.

특히 각간角干 대공大恭의 집 배나무에는 참새가 무수히 몰려들었다. 대공은 당시 가장 강력한 세력가로 그의 휘하에는 많은 사병私兵이 있었다. 사람들은 이들 참새가 출세를 노린 자들이라 생각하였다. 또《안국병법安國兵法》에는 이러한 변괴가 있으면 천하가 어지러워진다고도 하였다.

아닌게 아니라 왕도王都인 경주 여기저기서 이상한 소문이 일어나기도 하였다. 머지 않아 대공이 반란을 일으키리라는 내용이었다. 그러나 왕은 알지 못하였다. 궁중에는 대공의 위세를 두려워하여 왕에게 직언하는 자가 없었기 때문이었다.

아니나다를까. 혜공왕 4년(768) 7월, 대공은 대렴이란 자와 더불어 반란을 일으켰다. 그 휘하의 사병들을 모아 왕궁을 포위하고 왕을 위협하였다. 이 여파로 전국에 있는 96명의 귀족들이 패를 나누어 싸우는 난국이 벌어졌고 그러한 사태가 무려 33일이나 계속되었다. 왕과 태후는 당황했으나 전국에 총동원령을 내려 왕당군王黨軍을 모집한 뒤에야 이를 진압할 수 있었다. 대공의 집에 있던 재산과 보물을 몰수하여 왕궁으로 들여오고 왕은 대공의 구족九族을 모두 죽여 씨를 없애라 명령하였다.

이러한 혼란을 미리 예견한 사람이 있었으니 바로 표훈대사였다. 표훈은 혜공왕의 아버지인 경덕왕에게 총애를 받은 스님이었다. 경덕왕은 오래도록 아들이 없었다. 그리하여 왕비를 폐하고 만월부인을 후비로 맞이하였다. 어느 날 경덕왕은 대사를 불러 말하였다.

《삼국유사》에 나오는
혜공왕 관련 기록
혜공왕이 원래는 여자였으나 남자가 되었다는 내용과, 혜공왕 대의 천재지변이 기록되어 있다.

"내가 복이 없어 아들이 없으니 대사가 옥황상제에게 부탁하여 아들을 두게 해주시오."

표훈은 명령을 받고 하늘에 올라가 상제께 이 사실을 고하고 내려와 왕을 알현하였다.

"상제께서 말씀하시기를 딸은 될 수 있지만 아들은 안 된다고 합니다."

왕은 난감해하며 다시 말하였다.

"딸을 바꾸어 아들이 될 수 있게 해주시오."

표훈은 다시 올라가 상제께 간청하였다. 그러자 상제가 말했다.

"간청하니 할 수 없지만 아들을 얻으면 나라가 위태로울 것이다."

이 말을 전해들은 왕은 그래도 좋다고 했다. 이에 아들을 얻었으니 그가 혜공왕이었다. 그 때문인지 혜공왕은 돌이 지나 왕위에 오를 때까지 여자들이 하는 놀이만 하였다. 《삼국유사》에 나오는 이야기다. 그러니 어찌 나라가 어지럽지 않을 수 있었겠는가.

반역을 잠재우고 왕위까지 차지하다

대공의 난을 겪고 난 후 태후와 왕은 정국을 일신하려 하였다. 그리하여 국정의 책임자를 갈아치웠다. 신유를 상대등에 임명하였으며 김은거를 시중에 임명하였다. 시중은 국가의 총수기관인 집사부執事部의 장관으로 국정의 총책임자였으며, 상대등은 대등大等이란 관위에 있는 귀족들의 회의기관인 화백和白회의의 의장이었다. 이들을 전격적으로 교체하여 국정을 쇄신하고자 했던 것이다.

그러나 그러한 노력도 잠시 왕은 점차 여색에 빠지기 시작하였다. 정사는 외면한 채 놀고 마시는 데 세월을 보냈다. 왕의 권위는 땅에 떨어지고 반란도 끊이지 않았다. 혜공왕 6년(770)에는 대아찬大阿湌 (신라 17관등 중 5위) 김융이 반란을 일으켰다. 하위에 있던 관직자까지도 왕을 우습게 본 것이다. 왕은 이에 대한 책임을 시중에게 물어 김은거를 퇴출하고 정문을 새로이 시중에 임명하였다. 혜공왕 10년 (774)에는 김양상金良相을 상대등에 임명하고 이듬해에는 김순이 시중직에 올랐다.

그러자 김은거와 정문이 반발하였다. 이들은 둘 다 시중직에 있던 자들이었다. 자신의 무능은 깨닫지 못하고 신하들에게만 책임을 묻는 행태가 한심하였고 국정의 총책임자를 제 마음대로 갈아치우는 태도도 못마땅하였다. 그러나 이 반란은 김양상이 진압하였다.

김양상의 아버지는 해찬海湌 효방이며, 어머니는 사소부인 김씨로 성덕왕의 딸이다. 비는 구족부인으로 각간 양품의 딸이다. 왕위에 오르기 전 김양상의 행적에 대해서는 많이 알려지지 않았다. 그는 경덕왕 23년(764) 1월에 시중에 임명되었다. 이것이 전제 왕권을 재강화하려던 경덕왕의 한화漢化 정책이 귀족의 반발로 실패한 뒤에 이루어진 점으로 보아, 그의 정치적 성격은 경덕왕의 왕권 전제화와는 반대 입장이라는 사실을 알 수 있다.

김양상의 활동은 혜공왕대에 접어들어 두드러졌다. 혜공왕 7년 (771)에 완성된 성덕대왕신종의 명문銘文에 따르면, 그는 대각간大角干 김옹과 함께 검교사숙정대령겸수성부령검교감은사사각간檢校使肅政臺令兼修城府令檢校感恩寺使角干으로서 종을 제작하는 책임을 맡았다. 그가 감찰기관인 숙정대肅政臺의 장관이었다는 점에서 그의 정치적 위치를 엿볼 수 있다. 이찬伊湌으로서 상대등에 임명된 후에는 한화된 관제의 복고작업을 주관하였다. 그리고 다음 해에는 당시의 정치

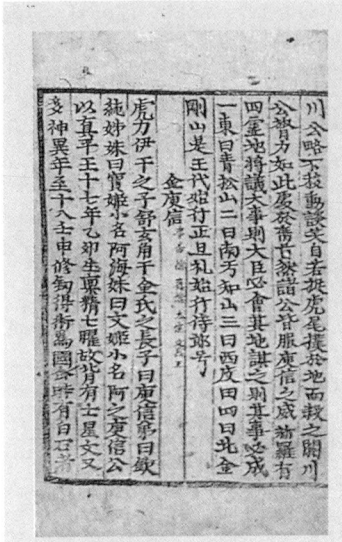

화백회의
《삼국유사》 진덕여왕조에 나오는 화백회의 장소 사영지에 관한 기록. 혜공왕은 화백회의의 의장인 상대등을 전격 교체하여 국정을 쇄신하고자 했다.

를 비판하는 상소를 올려 전제주의적 왕권의 복구를 꾀하는 일련의 움직임을 견제하였다.

그러나 정치는 도탄에 빠졌고 민심은 극도로 악화되었다. 이대로 가면 무슨 일이 일어날지 몰랐다. 보다 못한 나머지 김양상은 귀족들을 대표하여 왕을 알현하였다.

"전하! 오늘은 제가 목숨을 걸고 한 말씀 드리겠습니다. 지금 정사가 매우 혼미하여 백성들이 굶주리고 있습니다. 그런데도 전하께서는 주색에 빠져 정사를 돌보지 않고 있습니다. 하루빨리 덕을 닦고 도탄에 빠진 백성들을 구하소서."

그러나 혜공왕의 귀에는 그 말이 진실처럼 들리지 않았다. 이미 마음이 딴 데 가 있었던 것이다. 겨우 취한 조치가 김주원金周元을 새로이 시중에 임명하는 정도였다.

이러한 상황을 간파한 김지정金志貞이 반기를 들었다. 왕은 이제 허수아비나 다름없었다. 무리를 모아 궁궐을 포위하고 왕족들을 죽이자 왕의 목숨도 이제는 풍전등화 같았다. 그러자 김양상이 이찬 김경신金敬信과 더불어 왕실을 보호한다는 명분하에 거병하였다. 그들은 군대를 이끌고 김지정을 공격하여 그를 살해하였다. 기세가 오른 그의 군대는 혜공왕과 왕비도 죽이고 그 뒤를 이어 김양상이 왕위에 즉위하였으니, 그가 곧 선덕왕宣德王(재위 780~785)이다. 이른바 안정된 중대中代는 가고 새롭게 혼란과 쇠망의 시대인 하대下代가 시작되었다.

  김양상은 내물왕奈勿王(재위 356~402)의 10세손이었다. 17대 내물왕은 아들 넷이 있었다. 그러나 그의 후계자는 3대 이상을 가지 못했다. 장자였던 눌지왕訥祗王(재위 417~458)이 뒤를 이었고 자비왕慈悲王(재위 458~479) · 소지왕炤智王(재위 479~500)이 왕위를 계승하였다. 그러나 22대에는 내물왕의 막내 아들 계열에서 왕이 나왔으니 지증왕이 그였다. 이후 그 후손들이 왕위를 독점해오다가 이때에 와서 내물왕의 직계가 다시 왕위를 잇게 된 것이다.

  선덕왕은 즉위하자마자 김경신을 상대등에 임명하고 아찬 의공을 시중에 임명하는 인사조치를 취하였다. 자신을 도와주었던 김경신을 귀족회의 의장에 앉힘으로써 귀족들을 장악하는 반면, 시중직에는 신라 17관등 중 제6관등에 불과하였던 의공을 임명하여 그 권한을 축소한 것이다.

  그가 즉위한 배경에는 무열왕계인 김주원을 경계하고 그들의 반발을 억제하려던 김경신의 강력한 뒷받침이 존재하였다. 즉위 5년(784)에 양위兩位를 결심했으나 뜻을 이루지 못하고, 병석에서 내린 조서에서도 항상 선양하기를 바랐다고 밝힌 것은 이를 설명한다.

선덕왕의 치적으로는 두 가지를 들 수 있다. 하나는 즉위년(780)에 어룡성御龍省을 개편한 일이다. 어룡성에 둔 봉어奉御직을 높여 차관급인 경卿으로 하였는데 지금으로 말하자면 대통령 비서실장의 직위를 강화하여 왕실의 권위를 높인 조처였다. 대신 각 관부의 차관급인 경을 감監으로 고쳐 위상을 약화하였다.

또 하나는 패강진浿江鎭의 개척이다. 선덕왕 2년(781), 패강 남쪽 주·현 백성들의 사정을 살펴 위로하고 한주漢州(서울 지역)에 순행해 민가를 패강진으로 이주시켰다. 그리고 이듬해 1월에는 김체신을 대곡진大谷鎭 군주, 즉 패강진 장관에 임명함으로써 개척사업을 일단 완료하였다.

패강진의 개척은 왕권을 옹호해줄 배후세력의 양성, 또는 왕실에 반발하는 귀족의 축출을 꾀하려는 정책이다.

그러나 그의 개혁의지도 오래가지 못하였다. 즉위한 지 5년 만에 중병에 걸리고 말았던 것이다. 결국 그는 집권한 지 6년 만에 다음과 같은 조서를 내리고 이승을 떠났다.

"과인은 본래 덕이 없고 왕위에도 전혀 마음이 없었으나 난을 만나 왕위에 추대되었다. 왕위에 오른 이래 재해가 많아 백성들이 궁핍하게 되었으니 이는 실로 과인의 덕이 백성들의 바람에 부응하지 못했기 때문이요, 정사가 천심天心에 합치되지 못했기 때문이었다.

그리하여 항상 양위하고 외방外方에 편안히 머물고자 하였으나 여러 신하들이 정성으로 이를 저지하여 뜻대로 이루어지지 않았다. 지금에 이르러 홀연히 병을 얻어 떨쳐 일어나지 못하니 삶과 죽음은 하늘의 뜻에 있는 것이라. 어찌 무슨 여한이 있으리오. 내가 죽은 후에는 화장하여 뼈를 동해에 뿌려주시오."

그리하여 선덕왕의 시신은 불교의 의례에 따라 화장하여 동해에 뿌려졌다.

혜공왕과 김양상은 본래 왕과 신하의 관계였으나 혜공왕이 그에 걸맞은 통치력과 지도력을 갖추지 못하였기에 신하들도 떠나고 잦은 반란에 시달린 것이다. 혜공왕이 즉위한 후 온갖 해괴한 일들이 일어나고 나라 안이 시끄러운 것도 이와 무관하다고는 할 수 없다. 정치가 올바르지 못할 때 곧 백성의 고통으로도 이어지는 일은 예나 지금이나 변함이 없다.

인생은 마음먹기에 달렸다

> **김경신과 김주원**
>
> '모든 것은 마음먹기에 달렸다'고 사람들은 흔히 말하곤 한다. 물이 반 컵 들어 있는 것을 보고 어떤 사람은 '요 만큼 밖에 안 남았네'라고 하지만 또 어떤 사람은 '이 만큼이나 남았네'라고 말한다. 생각의 차이를 보여주는 말이다. 긍정적인 꿈과 생각을 가지고 자신 있게 행동해나간다면 못할 일이 없다. 왕위에 오르느냐 못 오르느냐 하는 중대한 시기에 김경신金敬信은 어느 날 괴이한 꿈을 꾸었다. 이 꿈이 의미하는 것은 무엇일까. 또 김경신은 이것을 어떻게 받아들였는가.

왕위쟁탈전의 중심에 선 두 사람

선덕왕대 권력의 제2인자는 김경신이었다. 그는 선덕왕 김양상과 함께 혜공왕을 타도하였기 때문이다. 많은 신하와 사병들은 그의 휘하로 몰려들었다. 그러나 김양상이 거사하기 전 시중직에 있었던 김주원金周元의 존재도 무시할 수 없었다. 거사가 없었다면 사실 왕위는 김주원에게 돌아갈 수밖에 없었다. 김주원은 무열왕의 둘째 아들인 김인문의 5대손으로 알려졌으나, 최근의 연구에 따르면 무열왕의 셋째 아들인 문왕의 5대손이라고 한다. 그는 777년(혜공왕 13) 이찬으로 시중에 임명되었다. 시중직에서 퇴임한 것은 혜공왕이 살해되고 선덕왕이 즉위한 780년으로 추정한다. 그러나 그 뒤에도 병부령兵部令을 지냈던 것으로 보아 그의 세력이 막강했던 듯하다.

김주원 묘
김주원은 785년, 성덕왕이 죽은 후 후계자로 가장 유리한 위치에 있었으나 왕위계승전에서 김경신에게 밀려 왕위에 오르지 못하였다.

785년, 선덕왕이 죽자 왕위계승을 놓고 다툼이 벌어졌는데, 그가 가장 유리한 위치에 있었다. 《삼국사기》에 "선덕왕이 아들이 없이 죽자, 군신들이 의논해 선덕왕의 족자族子인 김주원을 추대하려 하였다"라는 기사가 있다. 그러나 귀족들이 그를 왕위에 추대한 배경은 선덕왕과 친족관계에 있어서라기보다는 실질적인 세력관계 때문이었다. 그는 당대의 실력자로서 여러 귀족들의 지지를 받았던 것이다. 그에 비해 김경신은 선덕왕의 즉위와 더불어 세력을 잡아 상대등에 올랐지만, 실제 세력 면에서는 시중직에서 물어난 김주원에게 오히려 뒤지고 있었다. 《삼국유사》 원성대왕조에 "이찬 김주원이 상재上宰이고, 각간 김경신은 이재二宰로 있었다"라고 한 것도 당시 김주원이 세력 서열에서 일인자였음을 나타낸 것이다. 이러한 까닭으로 그는 귀족회의에서 당연히 공식적인 왕위계승자로 추대될 수 있었으나, 김경신의 정변으로 즉위는 실현하지 못하였다. 즉 김경신은 왕위계승의 원칙이 흔들리고 있던 당시의 상황에서 비상수단을 써 왕궁을 점거하고 왕위에 오른 것이다. 사태가 이렇게 되자 김주원을 지지하던 귀족들도 등을 돌리고 말았다. 《삼국유사》에는 "왕(김경신)이 먼저 왕궁에 들어가 즉위하니, 상재를 지지하던 무리들이 모두 왕에게 붙어 새로이 등극한 임금에게 배하拜賀하였다"라고 하였다. 그렇다면 어떻게 김경신은 막강한 라이벌 김주원을 제치고 왕위에 오를 수 있었을까.

왕위에 오를 길몽이옵니다

김경신은 어느 날 밤 꿈을 꾸었다. 꿈에 그가 복두幞頭(귀족들이 머리에 쓰던 일종의 모자)를 벗고 흰 갓을 쓰고 열두 줄 가야금을 들고 천관사天官寺 우물 속으로 들어가는 것이었다. 깬 뒤에도 꿈은 잊혀지지 않고 생시처럼 생생했다. 그는 해몽을 잘 하는 사람을 불러 꿈 이야기를 하였다. 불려온 사람은 불안한 표정을 지으며 말하였다.

"죄송하나 이는 흉몽인 것 같습니다. 복두를 벗은 것은 관직을 잃을 징조요 가야금을 든 것은 죄수들이 쓰는 칼을 쓸 징조입니다. 또

복두
관모冠帽의 하나. 우리나라에서는 신라 진덕여왕대에 당나라의 복식제도를 따르면서 처음으로 쓰게 되었다(왼쪽).
복두를 쓴 모습. 강민첨 초상화(오른쪽).

우물 속으로 들어간 것은 감옥에 갇힐 수 있다는 뜻입니다."

내심 김주원을 제거하고 왕이 되려는 마음을 품고 있던 김경신이었지만, 이런 불길한 해몽을 듣자 기가 꺾일 수밖에 없었다. 이후로 그는 외출을 삼가고 두문불출했다.

이때 아찬 여삼餘三이란 자가 있었다. 남몰래 야망을 품고 있던 그는 김경신의 측근에게서 꿈 이야기를 듣고 속으로 쾌재를 불렀다. 기회는 노력하는 자에게 오는 것, 그렇게 생각한 그는 당장 김경신의 집으로 찾아갔다. 김경신은 처음에는 만나는 것을 거절했으나 여삼이 두 번 세 번 간곡히 청하자 겨우 허락하였다.

"공公께서 요즈음 통 조정에 모습을 보이지 않으니 어쩐 일이십니까? 무슨 근심이라도 있으십니까?"

한참을 고민한 끝에 김경신은 자신이 꾼 꿈과 이를 점쳤던 이야기를 하였다. 그러자 여삼은 크게 손뼉을 치면서 말하였다.

"그게 무슨 말씀이십니까? 저도 꿈 해몽에는 일가견이 있지만 이는 분명 길몽이옵니다. 공이 만일 왕위에 올라서도 저를 버리지 않으신다면, 공을 위해 꿈을 풀어보겠습니다."

"좋네. 자네가 한번 풀어보게나."

그 말에 귀가 솔깃해진 김경신은 좌우 신하들을 모두 물러나게 하고 단 둘이 마주했다.

"복두를 벗는다는 것은 이제 신하의 위치에서 벗어나 더 이상 윗사람이 없게 된다는 뜻입니다. 흰 갓은 면류관을 쓸 징조요 열두 줄 가야금을 든 것은 12대손이 왕위를 물려받는다는 의미입니다. 공이 바로 내물왕의 12대손이 아니옵니까?"

"그렇다면 천관사 우물 속에 들어간 것은 무슨 의미인가?"

"그것은 일반 사람들이 함부로 들어갈 수 없는 궁궐로 들어간다는 뜻입니다. 그러하니 이 어찌 길몽이 아니겠습니까."

그럴듯한 해석이었다. 그러나 아직도 시원치 않은 구석이 남았던 지라, 김경신은 고개를 갸웃거리며 다시 물었다.

"김주원이 있는데, 어떻게 내가 왕위에 오른단 말인가?"

"왕은 아무나 하는 것이 아닙니다. 다 하늘이 알아서 할 터이니 공께서는 북천北川(지금의 경주 명활산과 소금강산 사이에서 경주 북부를 관통해 형산강으로 흘러드는 냇물로 추정)의 수신水神에게 제사만 잘 지내십시오."

해몽에 김경신은 반신반의하였지만 그다지 나쁘지 않은 제안인듯하여, 여삼의 말에 따랐다. 얼마 안 있어 선덕왕이 승하하고 사람들은 김주원을 왕으로 맞으려 했다. 그런데 왕의 즉위식 바로 전날, 장대같은 소낙비가 쏟아져 북천의 냇물이 크게 불었다. 북천의 북쪽에 사는 김주원은 시간에 맞춰 올 수 없었고, 그 동안 여삼이 포섭해놓은 김경신 측 신하들의 선동으로 김경신이 왕위에 올랐으니 그가 곧 원성왕元聖王(재위 785~798)이다.

이 꿈은 《삼국사기》와 《삼국유사》에 전하는데, 당시 김주원의 집이 북천의 북쪽에 있었다는 것은 사실일 수 있으나, 김경신의 즉위가 어떤 신성한 힘에 의해 결정되었다는 것은 당시 원성왕계 왕실이 변칙적인 즉위를 합리화하기 위해 꾸며낸 내용이다.

원성왕대는 대체적으로 평온한 시기였다. 그리고 그의 업적 중에 특기할 것은 독서삼품과讀書三品科의 실시였다. 독서삼품과는 관직에 임명하거나 승진시킬 때 유교 경전을 얼마나 잘 읽고 배웠는가에 따

독서삼품과 과목표				
	상품	중품	하품	특채자
과목	춘추좌씨전	곡례	곡례	오경
	예기	논어	효경	삼사
	문선	효경		제자백가서
	논어			
	효경			

(한국민족문화대백과사전, 한국정신문화연구원 참조)

라 3등급으로 나눈 제도이다. 《춘추좌씨전春秋左氏傳》이나 《예기禮記》·《문선文選》을 읽어 그 뜻에 능통하고 겸하여 《논어論語》·《효경孝經》에 밝은 자를 상품上品으로 하고 《곡례曲禮》·《논어》·《효경》을 읽은 자를 중품中品으로 하며 《곡례》·《효경》을 읽은 자를 하품下品으로 하였다.

또 오경*과 삼사** 및 《제자백가諸子百家》에 널리 통한 자는 순서를 뛰어넘어 임용하기로 하였다. 이 독서삼품과를 실시함으로써 그때까지 궁술弓術로 인물을 뽑아 쓰던 관행을 개혁하였다. 그것은 이제 무武가 아닌 문文을 중시하여 군사적 행동을 억제하기 위한 조치이기도 하였다.

강릉 김씨의 시조가 되다

한편 왕위계승전에서 패배한 김주원은 강원도 명주로 도망가 살았다. 원성왕은 그를 명주군왕溟州郡王에 봉해주었다. 명주군 지역에서 왕 노릇하라는 일종의 배려로, 자신의 정적을 제거하지 않고 포용한

* 오경 : 시경詩經 · 서경書經 · 역경易經 · 춘추春秋 · 예기禮記
** 삼사 : 사기史記 · 한서漢書 · 후한서後漢書

것이다. 그 뒤 명주도독은 대대로 그의 후손에게 세습되었는데, 이들은 신라 말까지 반독립적인 지방호족세력으로 남아 있었다. 후삼국 시대 명주 지방의 대표적인 호족이었던 왕순식王順式(원래는 김순식이었으나 왕씨 성은 고려 태조에게 귀순한 뒤 하사 받은 것임)도 그의 후손이다. 또한 김주원의 정치활동을 제한하던 조치도 아들대에 와서는 풀려졌다. 김주원의 아들이었던 김헌창金憲昌은 벼슬을 하여 무진주도독을 거쳐 시중까지 올랐다. 그러나 아버지의 한을 잊지 않고 있었던 그는 웅천주도독에 임명되자 백제의 수도였던 웅천주熊川州(공주)를

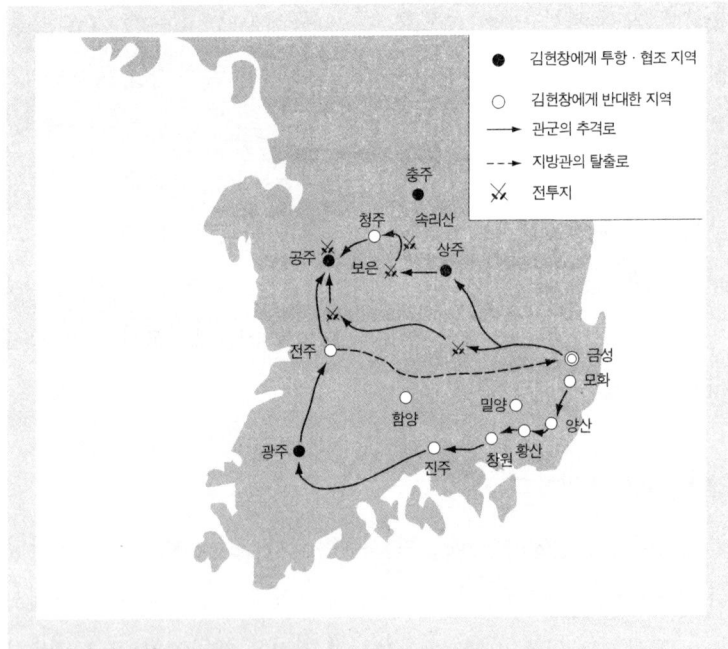

김헌창의 반란
웅천주도독으로 있던 김헌창은 아버지 김주원이 왕위계승전에서 패배하자 이에 반감을 품고 헌덕왕 14년(822)에 반란을 일으켰다.

근거지로 삼았고, 백제의 부흥을 표방하며 반란을 일으켰다. 헌덕왕 憲德王(재위 809~826) 14년(822)의 일이었다.

그는 국호를 장안, 연호를 경운 원년이라 하였다. 그리고 무진주 (전남 광주)·완산주(전주)·청주(진주)·사벌주(상주)의 4도독과 국원경(충주)·서원경(청주)·금관경(김해)의 사신 및 여러 군현의 수령을 협박하여 자신의 소속으로 삼았다.

그러나 뜻대로 되지는 않아, 청주도독 향영은 진영에서 이탈하여 도망하였고 한산주(경기도 광주)·우두주(춘천)와 패강진(황해도 평산)·북원경(원주) 등의 여러 성은 김헌창의 역모를 알고 병사를 모아 자체 방어를 꾀하였다. 또 완산주의 장사長史 벼슬에 있던 최웅과 주조州助 직에 있던 정련의 아들 영충 등은 경주로 도망가 반란 사실을 고하였다.

이에 신라 정부는 토벌대를 구성하여 공격하였다. 각지에서 패배한 김헌창의 군대는 웅진으로 되돌아와서 현재의 공산성을 거점으로 최후의 항전을 하였다. 열흘이나 공격을 막아냈지만 역부족이었고, 성이 함락될 것을 짐작한 김헌창은 스스로 자살하였다.

이렇게 난은 실패로 돌아갔다. 그러자 그의 아들 범문이 고달산의 산적과 결탁하여 다시 난을 일으켰다. 이번에는 고구려의 부흥을 표방하고 고구려의 수도였던 평양에 도읍한다는 명분을 세웠다. 하지만 이 난도 역시 실패하였고, 김헌창 계열은 멸족되다시피 하였다.

김경신이 왕위에 오를 수 있었던 이유는 꿈 때문도 아니요 해몽을 잘 해서도 아니다. 더구나 김경신은 정치적인 힘에서도 김주원보다 한 수 아래였다. 그러나 무엇보다 왕좌에 오르기 위한 열망과 적극적인 행동력이 결국 꿈을 현실로 이끈 것이다.

권력의 맛은 너무도 달콤하다

김균정과 김명

신라 말기는 한국 역사상 그 어느 때보다도 혼란스러웠다. 누가 왕이 되느냐를 놓고 일가친척이 여러 파벌로 나뉘고 때로는 군사를 일으켜 대대적인 전쟁을 벌였다. 천신만고 끝에 겨우 왕위에 오른다 해도 금방 새로운 쿠데타가 일어나 왕이 바뀌는 일이 허다했다. 나라는 점점 어지러워져 마침내는 종잡을 수 없을 만큼 혼란해졌다. 이들이 이처럼 싸웠던 까닭은 무엇일까. 그래서 무엇을 얻었는가?

허수아비왕을 세우다

헌덕왕대 김헌창·김범문의 반란으로 표출된 왕실세력의 분열은 흥덕왕興德王(재위 826~836)대에 와서 일단락되는 듯 했다. 흥덕왕은 많은 친족들을 가리지 않고 정계에 등용하였다. 더 이상 친척끼리 벌이는 권력쟁탈전을 막아보자는 의도였다. 우선 동생인 김충공을 상대등직에 머물게 하고 시중에는 사촌 동생인 김균정金均貞(?~836)의 아들 김우징金祐徵을 임명하였다. 원성왕과 벌인 왕위쟁탈전에서 패배한 김주원의 일가도 정계로 불러들이고 김헌창의 반란에 가담하지 않은 김종기 계열은 요직을 거쳤다. 그의 손자이며 김정여의 아들인 김양은 흥덕왕 3년(828) 고성군 태수를 시작으로 하여 무주도독(오늘날 전남도지사에 해당)까지 올랐다. 또 김정여와 형제인 김장여의 아들

김흔은 남원태수를 거쳐 강주도독(오늘날 경남도지사에 해당)에 이르렀다.

그러나 흥덕왕 10년(835) 김충공이 갑자기 죽자 왕은 사촌 동생인 김균정을 상대등에 임명하고 시중에는 김충공의 아들이자 자신의 조카인 김명金明을 임명하였다. 시중은 형식상으로는 나랏일을 총괄하는 최고 관부의 장관이었으나 실권은 상대등이나 병부령에 미치지 못하였다. 특히 왕권이 약화되고 귀족세력이 강해진 말기에는 더욱 그러했다. 대신 귀족회의 의장인 상대등의 권한이 제일 강해서 대개 상대등직에 있었던 사람이 다음 왕위를 계승했다.

이런 상황 속에서 흥덕왕이 재위 11년 만에 갑자기 세상을 떠났다. 그에게는 뒤를 이을 아들도 없었고, 다만 즉위 2개월 만에 죽은 왕비와 합장할 것을 유언했을 뿐이었다. 후계자에 대한 유언은 없었으나 관례로 볼 때 다음 왕위는 상대등직에 있었던 김균정에게 돌아가야 했다. 그러나 시중직에 있던 김명이 반발하고 나섰고 귀족들도 두 편으로 갈라져 싸우게 되었다. 당시 김균정은 아들 우징을 비롯한 김예징·김양을 자기 편으로 끌어들였다. 반면 김명 편에는 아찬 이홍·배훤백 등이 가담했다.

이런 가운데 김균정이 왕으로 추대되어 적판궁에 들어가자, 김명·이홍·배훤백 등은 궁궐을 포위하였다. 드디어 피비린내 나는 전투가 벌어졌다. 이 전투에서 김양은 화살에 맞아 김우징과 함께 달아나고 김균정은 죽임을 당하였다. 승리한 김명은 김균정의 조카이며 자신의 매부인 김제융을 왕으로 추대했으니, 그가 곧 희강왕僖康王(재위 836~838)이었다.

그러나 희강왕은 어디까지나 허수아비였고, 실권은 김명이 쥐고

희강왕릉
김명은 라이벌인 김균정을 죽이고 자신의 매부인 김제융을 왕으로 추대하여 희강왕으로 옹립하나 단지 허수아비왕에 지나지 않았다. 사적 제220호. 경북 경주군 내남면 망성리에 있다.

있었다. 김명은 빨리 희강왕이 자신에게 왕위를 물려주길 바랐지만 3년이 지나도록 희강왕은 왕위에서 내려올 생각을 하지 않았다. 이제는 무력으로 왕위를 빼앗을 수밖에 없다고 생각한 김명은 시중 이홍과 결탁하여 병사를 거느리고 궁궐을 침입해 닥치는 대로 왕의 수하들을 죽였다. 초저녁에 잠들었던 희강왕은 비명 소리에 화들짝 놀라 깼다.

"이게 무슨 소리인가? 내관은 속히 알아오도록 하라."

어명에 따라 밖으로 나갔던 내관이 숨을 헐떡이며 달려들어왔다.

"전하! 지금 김명과 이홍이 합세하여 군사를 일으켰습니다. 지금 이쪽으로 군사들이 몰려오고 있으니 속히 피하십시오!"

희강왕은 크게 놀랐으나 모든 것은 예상한 일이기도 했다.

'왜 진작 왕위를 내놓지 못했을까. 내가 너무 어리석었구나.'

이제는 어쩔 도리가 없었다. 희강왕은 마침내 자신의 허리띠를 풀어 궁궐의 서까래에 매고 자살하였다.

복수의 씨앗이 잉태되다

이로써 김명이 민애왕閔哀王(재위 838~839)으로 왕위에 올랐다. 그의 나이 겨우 22세로, 어린 나이에 최고 권력의 자리에 오르니 모든 천하를 손에 쥔 듯 기세등등했다. 그러나 다른 한쪽에서는 복수의 움직임이 일고 있었다.

김명 일파에게 패했던 김균정의 아들 김우징은 완도의 청해진淸海鎭으로 가 장보고張保皐(일명 궁파弓巴, 궁복弓福이라고도 불렸음)에게 의탁하였다. 그가 시중직에 있었을 때 청해진을 설치하는 장보고를 도와준 적이 있어 그 때의 인연을 믿고 온 것이었다. 아찬 예징과 양순이 뒤를 이었고, 김양도 군사를 이끌고 완도로 왔다.

김양에게서 김명이 왕위에 올랐다는 소식을 들은 김우징은 장보고를 돌아보며 비장하게 말하였다.

"대사! 내게는 같은 하늘 아래 살아갈 수 없는 원수가 하나 있소. 대사가 만약 나를 도와준다면 내가 왕위에 오른 뒤에 대사의 딸을 태자비로 삼겠소. 도와주시오."

장보고는 말을 받았다.

"고인古人의 말에 분하고 불쌍한 일을 보고도 나서지 않는다면 용기 없는 사람이라 하였습니다. 제 비록 재주와 용맹이 없으나 명령을 받들겠습니다."

그는 군사 5천을 친구인 정년鄭年에게 주면서 거사를 주도하도록 하였다. 형식상의 지휘관은 김양으로, 염장·장변·정년·낙금·장건영·이순행 등 여섯 장군을 거느리고 무주 철야현에 이르렀다.

이 소식을 전해들은 민애왕은 깜짝 놀라 대감大監 김민주를 시켜 이들을 막게 하였다. 그러나 청해진의 훈련된 군사를 막는 데는 역부족이었다. 김양은 김민주의 군대를 거의 섬멸하고 사기가 충천하여 대구 근처까지 이르렀다. 김민주가 패했다는 소식과 김양이 진격해 온다는 소식을 들은 민애왕은 몸을 부르르 떨며 외쳤다.

"경들은 무엇들 하고 있느냐? 어찌 이렇게 쉽게 패할 수 있단 말인가?"

그리고 이찬 대흔·대아찬 윤린·의훈 등에게 군사를 이끌고 막게 하였다. 그러나 김양의 군사는 이를 맞아 대승을 거두었고, 민애왕의 군사는 반 이상이 죽어넘어졌다. 민애왕은 궁궐의 서쪽 언덕에서 이

민애왕릉
김명은 결국 희강왕마저 몰아내고 스스로 민애왕으로 왕위에 오른다. 사적 제190호. 경북 경주군 내남면 왕성리에 있다.

완도 앞의 장도 전경
김명에게 죽임을 당한 김균정의 아들 김우징은 완도의 청해진으로 가 장보고에게 몸을 의탁한다.

전투 광경을 지켜보고 있었다. 왕의 군대가 패하자 신하들은 슬그머니 꽁무니를 빼 달아났다. 혼자 남은 민애왕은 가까스로 별궁인 월유택으로 달아났으나, 뒤따라온 군사에게 살해당하였다. 왕위에 오른 지 채 1년도 안 되었을 때였다.

민애왕의 뒤를 이은 신무왕神武王 김우징은 곧바로 자신의 아들 경응을 태자로 삼고, 청해진 대사 장보고를 감의군사感義軍使로 세워 식읍食邑 2천 호를 맡겼다. 그러나 그 역시 채 7개월도 되지 않아 급작스럽게 세상을 떠났다.

본디 김균정과 김명은 숙부와 조카 사이였다. 그러나 조카가 정상적인 왕위계승을 뒤집고 쿠데타를 일으켜 숙부를 몰아내고 왕위를 차지했다. 그러나 이것도 잠시, 장보고의 세력을 등에 업은 김균정의 아들 김우징에 의해 제거당했다.

권력이란 무엇인가? 그 때문에 피를 나눈 사람들끼리 치열하게 싸웠다. 그런데 그를 통해 얻은 것은 무엇인가? 결국 이들의 싸움은 많은 사람들의 죽음을 불러왔을 뿐 아니라 한 나라를 멸망시키는 데 기여했을 뿐이었다. 권력이란 나라를 세우는 데 있어 없어서는 안 되지만 이를 지나치게 탐해서도 안 되는 것이다.

어떤 인연을 맺을 것인가

> **장보고와 정년 그리고 염장**
> 해상왕 장보고張保皐(?~846), 그는 역사 속의 영웅이다. 그러나 그에게 좋은 라이벌이자 친구인 정년鄭年이라는 인물이 가까이 있었다는 사실을 아는 사람은 드물 것이다. 그는 장보고의 측근으로 활동하며 장보고가 뜻을 이루는 데 큰 도움을 주었고 장보고 또한 정년을 신뢰하였다. 그런데 여기에 또 흥미로운 인물이 있다. 바로 장보고를 죽인 장보고의 옛 부하 염장閻長이다. 사람은 인간 관계 속에서 벗어나 홀로 살 수 없다. 그렇다면 우린 어떤 인연을 맺을 것인가.

친구이자 라이벌, 장보고와 정년

장보고와 정년. 두 사람은 모두 섬에서 태어난 평민출신이다. 그래서 바다에는 매우 익숙한 사람들이었다. 특히 정년은 오랜 시간 숨을 쉬지 않고 바다 깊이 헤엄치는 재주가 있었다. 두 사람은 또한 어렸을 때부터 싸움을 잘 하였다. 그 용맹과 씩씩함은 정년이 장보고보다 한 수 위였지만, 나이가 몇 살 아래인 정년은 장보고를 형이라 불렀다. 이 둘은 라이벌이었으나 그들의 우정과 의리는 변함이 없었다.

용맹한 청년으로 자란 이들은 청운의 뜻을 품고 세상에 이름을 떨치는 장수가 되고자 했다. 그러나 신라에서는 출신 때문에 출세할 길이 없다는 것을 안 두 사람은 당나라로 건너가서 실력을 인정받아 무령군소장武寧軍小將이란 직책을 받았다. 말을 타고 창을 쓰는 무술에는 중국에서도 그들을 대적할 자가 없었다.

그런데 둘의 관계도 점차 벌어지기 시작했다. 출세를 하려면 중국인들에게 잘 보여야 했고, 그러기 위해 내가 저보다 낫다는 것을 보여줘야 했다. 때로 서로를 비방하기도 했다. 그러나 승자는 장보고보다 무예가 위인 정년이었다.

결국, 장보고는 중국에서 쌓은 경험으로 조국에 봉사하고자 귀국을 결심했다. 신라로 돌아온 그는 흥덕왕을 찾아뵙고 말하였다.

"제가 중국에 있을 때 곳곳에서 노비로 고통받는 우리나라 사람들을 보았습니다. 바라건대 청해에 진鎭을 설치하여 해적들이 우리 사람들을 납치해가지 못하게 하십시오."

청해는 지금의 완도莞島로, 신라의 서울인 경주에서 중국으로 가는 배는 반드시 이곳을 지나야 하는 해로상의 요지였다. 따라서 이 지역을 통과하는 배를 조사한다면 중국으로 팔려가는 신라 백성을 구할 수 있었다.

왕은 흔쾌히 이를 허락하며 장보고에게 군사 1만 명을 내주고 청해진대사淸海鎭大使로 임명하였다. 이로써 일종의 해상검문소인 청해진이 설치되었고, 그의 활약으로 신라인들이 노비로 팔려가는 일이 사라졌다.

물 만난 고기처럼 활약하다

장보고는 중국으로도 손을 뻗었다. 당시 당나라의 동부 지역에는 신라인들의 집단 거주지가 있었다. 지금 산동성山東省의 등주登州, 강소성江蘇省의 초주楚州·사주泗州·양주揚州 등지에 있었던 신라방新羅坊이 그것이다. 당나라는 이 신라인들을 위해 구당신라소勾當新羅所라는 특별 행정 기관을 설치하기도 했다. 여기의 책임자를 압아押衙라 했는데 보통 신라인을 임명하였다. 일종의 자치 단체인 셈이다. 장보고는 등주에 진출하여 법화원法花院이란 절을 세웠다. 엔닌圓仁이 쓴 《입당구법순례행기入唐求法巡禮行記》에도 이에 대한 기록이 나와 있다.

이곳은 문등현文登縣 청녕향淸寧鄕 적산촌赤山村이다. 산속에 절이 있는데, 그 이름은 적산법화원이다. 이는 장보고가 처음 세운 절이다. 그는 이곳에 토지를 가지고 있어서 양식을 충당할 수 있었다. 그 토지에서는 1년에 쌀 500섬을 거뒀

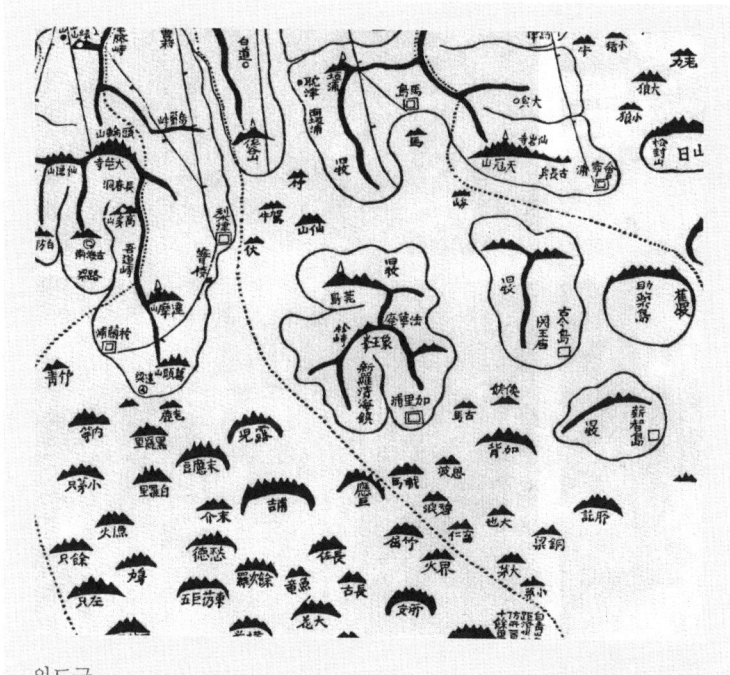

완도군
대동여지도에 나오는 완도군. 장보고는 청해진대사로 이곳에 파견되어 청해진을 설치하고 해상의 패자로 군림하였다.

다. 여기서는 겨울과 여름에 불법을 강의하는데, 겨울에는 《법화경法華經》을 외우고 《금광명경金光明經》 8권을 강의하며 그것을 강의한 지는 꽤 여러 해가 되었다. 절의 남북쪽에는 깎아지른 듯한 바위가 있고 물이 정원을 관통하여 서쪽에서 동쪽으로 흐른다. 동쪽으로는 바다가 널리 열려 있고 남서북쪽으로는 산봉우리가 벽처럼 이어지는데, 다만 남서쪽으로 비탈이 있다. 지금은 신라의 총역관과 압아인 장영, 임대가, 그리고 왕훈 등이 이곳의 일을 전적으로 맡아서 처리하고 있다.

| 《입당구법순례행기》

　이곳은 신라인들의 정신적 안식처요 집회소였다. 또 본국과의 연락 기관 역할을 하기도 했다. 이곳에 모여 단결을 다지고 본국의 소식을 전해 들으며 향수를 달랬다. 그리고 중국 내 장보고세력의 거점이기도 했다.

　이러한 장보고의 활약에 신라 왕들은 치하를 아끼지 않았다. 왕에게 신임을 받은 것은 물론이다. 이처럼 장보고는 신라에 돌아와 정치면이나 군사면에서 중요한 위치를 차지하였다. 따라서 일본인들은 당나라에 사신을 파견하거나 여행할 때 장보고에게 부탁하였다. 일본의 승려 엔닌도 당나라에 들어갈 때 장보고에게 부탁하는 편지를 가지고 떠났다는 사실이 840년 2월 17일자 편지에 나와 있다. 이처럼 장보고는 우리나라뿐 아니라 외국인들도 공인하는 해상의 패자가 되었다.

기쁘게 해후하다

반면 중국에 남은 정년은 타국에서 말 못할 고생을 하고 있었다. 처음에는 남부럽지 않게 생활했지만, 본토인들의 시기를 받아 직위를 잃은 것이다. 정년은 추위와 굶주림에 시달리며 근근이 입에 풀칠하는 생활을 하였다. 견디다 못한 그는 어느 날, 평소에 잘 알고 지내던 빙원규에게 찾아갔다.

"이제는 더 이상 견딜 수가 없구려. 고국에 돌아가 장보고에게 의탁하려 합니다."

그러자 빙원규가 놀라 말하였다.

"여기서 그대와 장보고의 사이가 어떠했는가? 그가 자네를 받아줄 것이라 생각하는가? 어찌하여 일부러 가서 그 손에 죽으려 하는가."

"추위와 굶주림에 죽는 것보다는 낫습니다. 그가 만약 나를 원수로 생각한다면 싸우다가 흔쾌히 죽겠습니다. 타국에서 죽느니 차라리

장도 청해진 유적
장보고와 그 신하들이 회의하던 곳. 사적 제308호. 완도읍 장좌리에 있다(위). 적을 막기 위해 청해진에 설치했던 방책의 흔적(아래).

고향에 뼈를 묻겠습니다."

"그대의 뜻이 정 그러하다면 좋도록 하시오. 대신 후회는 마시오."

이에 정년도 신라로 돌아가 장보고를 만났다. 예상과 달리 장보고는 정년을 보자 지극히 반가워하며 맞이했다. 오랜만에 둘은 함께 술을 마시며 마음껏 즐겼다. 그런데 이때 희강왕이 자살하고 민애왕이 즉위했다는 소식이 들려왔다. 이에 이곳에 피난와 있던 김우징이 장보고에게 도움을 요청하였다.

장보고는 군사 5천을 정년에게 맡기며 그의 손을 굳게 잡고 말하였다.

"그대가 아니면 이 난리를 평정할 수 없소."

정년은 흔쾌히 승낙했다. 지금 그는 자신을 받아준 장보고를 위해서라면 섶을 지고 불 속에 뛰어들라 해도 그럴 각오가 되어 있었다. 마침내 정년은 군사를 이끌고 쳐들어가 민애왕을 살해하고 김우징을 새로운 왕으로 세웠다. 그러나 신무왕은 왕위에 오른 지 4개월 만에 갑작스레 세상을 떠났다.

뒤를 이어 즉위한 문성왕文聖王(재위 839~857) 김경응金慶膺은 선왕의 약속대로 장보고의 딸을 왕비로 맞아들이려 하였다. 그러나 신하들이 크게 반대하였다.

"궁복(장보고를 말함)은 천한 섬 출신이거늘 어찌 그 딸로 왕비를 삼겠습니까?"

이리하여 혼사는 중단되었고 장보고는 크게 노했다. 그가 다시 군사를 일으킬 준비를 하자 조정은 난감해졌다. 장보고를 치자니 패할 것 같고 그렇다고 해서 그냥 내버려둘 수도 없는 노릇이었다. 이 때 예전 장보고의 부하였던 장군 염장이 나섰다.

"제가 한 사람의 병졸도 쓰지 않고 장보고를 제거하고 오겠습니다."

옛 상관을 배신하는 염장

염장은 본래 장보고의 명을 받고 신무왕을 옹립하는 지휘관으로 출동하였다. 그러나 거사가 성공한 뒤, 서울인 경주에 있어야 출세할 수 있을 것 같아 청해진으로 돌아가지 않았다. 그는 출세를 위해서라면 상관이라도 능히 배신할 인물이었다.

왕은 장보고를 제거하고 오겠다는 염장의 말에 기뻐하며 허락했다. 염장은 청해진으로 장보고를 찾아갔다. 염장을 보자 장보고는 화를 내며 소리쳤다.

"네놈이 왕에게 간諫해서 내 딸을 버리게 하고 무슨 낯으로 나를 보려하느냐?"

염장은 다시 사람을 보내 말했다.

"그것은 다른 신하들이지 저는 그 일에 간여하지 않았습니다. 저는 왕의 비위를 거슬렀기에 화를 면하고자 장군의 밑에 들어가려 온 것입니다."

"정녕 그렇다면 다행한 일이오. 장군이 나에게 힘이 되어준다면 실로 고마운 일이오."

장보고는 염장의 말을 믿고 술자리를 마련하여 같이 축배를 들었다. 염장은 빈틈을 노려 술이 거나하게 취한 장보고의 칼을 빼앗아 그를 베었고, 장보고를 잃은 청해진은 무력해졌다. 왕은 염장에게 막대한 상과 아찬의 벼슬을 내렸고, 이로써 흥덕왕 말년부터 시작된 왕위쟁탈전은 대단원의 막을 내렸다. 그러나 장보고가 죽음으로써 청

장보고 사당
장보고는 청해진에서 해적을 소탕하여 많은 공을 쌓았으나 조정은 점점 강해지는 장보고의 세력에 불안을 느껴 염장을 보내 그를 살해하였다. 장도에 있다.

해진은 붕괴되어 그 찬란했던 영광을 다시는 누리지 못했다.

장보고와 정년. 두 사람은 친구이자 라이벌로서 한때의 경쟁으로 불협화음을 빚기도 했다. 그렇지만 정년이 어려움에 처하자 장보고는 예전의 불편한 감정을 잊고 기꺼이 도와주었고 정년도 은혜에 보답하여 죽음을 무릅쓰고 전투에 참가하였다. 그러나 장보고는 옛 부하 염장의 배신으로 허무하게 생을 마쳤다. 한 사람의 좋은 벗을 만나 기쁨을 누렸으나 한 사람의 악인을 만나 불행을 맛본 셈이었다. 그렇기에 세상을 살아가면서 가장 큰 복은 좋은 인연을 맺는 것이라 했던가.

2 고려 속으로

왕건에서 최영까지

지도자가 갖춰야 할 자질과 덕목은 무엇인가

왕건과 견훤

우리 역사상 후삼국시대만큼 어지러운 때는 없었다. 진성여왕眞聖女王(재위 887~897) 3년(889)부터 시작된 전국적인 혼란이 태조太祖(재위 918~943) 19년(936)에 와서야 비로소 수습되었기 때문이다. 무려 47년이나 전 국토가 전란과 혼란에 휩싸였다. 영웅은 난세에 출현한다는 말이 딱 들어맞는 시기였다. 실제로 이 시기에 많은 영웅이 나타났다 사라졌다. 그러나 마지막까지 살아남아 자웅을 겨룬 것은 왕건王建과 견훤甄萱(재위 900~935)이었다. 어려운 난국을 헤쳐나가야 하는 지도자로서 필요한 조건은 무엇이었을까. 동시대를 산 두 사람이었건만, 정말로 많은 차이가 있었다. 결과부터 보자면 이 중 한 사람은 성공했고 다른 한 사람은 실패했다. 어떤 차이점이 이 같은 결과를 만들어내었을까.

한 나라의 왕이 되기까지

견훤의 본래 성은 이씨였으나, 뒤에 견씨라 하였다. 아버지 아자개阿慈介는 상주 가은현(문경)의 농민 출신으로 뒤에 장군이 되었다. 《이비가기李碑家記》에서는 진흥왕의 후손인 원선元善이 아자개라 하였는데 확인하기 어렵다. 《고기古記》에는 광주光州의 북촌에 한 부자가 살았는데 그 딸이 지렁이와 교혼交婚하여 견훤을 낳았다는 이야기가 실려 있다. 이는 어머니의 가문이 광주 지역의 호족이었을 가능성을 시사한다.

그는 자랄수록 남달리 체모가 뛰어났으며, 뜻을 세워 경주로 갔다가 서남 해안 지역의 비장裨將(부지휘관)이 되었다. 당시 신라왕실의 권위는 바닥까지 떨어졌고, 지방은 호족들에 의해 점거당하여 반독립적인 세력을 형성하고 있었다. 특히, 진성여왕이 즉위하면서 왕의

견훤 묘
견훤은 나라가 혼란한 틈을 타
완산주(전주)를 점령하고 스
스로 후백제왕이라 칭하였다.
충남 논산군 연무읍에 있다.

총애를 받는 몇몇 권신들이 횡포를 부려 정치기강이 문란해졌다. 또 기근이 심해 백성들이 고통을 받고 초적草賊의 봉기가 심하였다.

이러한 때에 견훤이 경주의 서남 주현을 공격하니, 이르는 곳마다 많은 사람들이 호응을 했다. 마침내 892년(진성여왕 6)에 이르러 무진주武珍州(광주)를 점령하고 스스로 왕위에 올랐다. 또한 신라서면도통지휘병마제치지절도독전무공등주군사행전주자사 겸 어사중승상주국한남군개국공 식읍 2천 호新羅西面都統指揮兵馬制置持節都督全武公等州軍事行全州刺史兼御史中丞上柱國漢南郡開國公食邑二千戸라고 자칭하고, 북원(원주)의 우두머리 양길梁吉에게 비장이라는 벼슬을 내리는 등 세력확장에 힘썼다.

견훤은 900년, 완산주完山州(전주)에 순행하여 그 곳에 도읍을 정하고 스스로 후백제왕이라 칭했으며 모든 관서와 관직을 정비하였다. 압해도에서 활약했던 수달水獺(본명 능창)을 수하에 둔 것도 이 무렵이었다.

한편 왕건은 877년, 송악에서 태어났으나 20세까지의 기록은 남아 있지 않다. 왕건은 후삼국시대에 궁예弓裔가 한반도 중부 지방을 석권, 철원에 도읍을 정하자 아버지와 함께 귀순하여 궁예의 부하가 되었다. 왕건은 궁예 밑에서 충성을 다해 군사활동을 하여 큰 공을 세웠다.

그는 광주廣州·충주·청주 및 당성·괴양槐壤(괴산) 등의 군현을 쳐서 이를 모두 평정, 그 공으로 아찬이 되었고 903년에는 함대를 이끌고 서해를 거쳐 후백제의 금성군錦城郡을 공격하여 함락시켰다. 그리고 그 부근 10여 개 군현을 쳐서 빼앗아 나주를 설치하고 군사를 나누어 이를 지키게 하였다.

이와 같은 과정을 통하여 왕건은 점차 궁예와 주위로부터 신망을 얻었다. 그는 그 동안 쌓은 전공으로 알찬閼湌을 거쳐 시중의 자리까지 올랐다. 그 뒤 궁예의 실정이 거듭되자, 홍유·배현경·신숭겸·복지겸 등의 추대를 받아 918년 6월 궁예를 내쫓고 새 왕조의 태조가 되었다.

한반도의 패자는 누구인가

왕건의 남진정책과 후백제 견훤의 북진정책은 나주 일대에서 충돌했다. 왕건은 나주를 점령하여 후백제의 뒤를 위협하였다. 바다에서는 왕건이 한 수 위로, 909년, 영암의 덕진포전투에서 참패한 견훤은 작은 쪽배를 타고 도망쳐야 했다.

왕건이 왕위에 오른 후 견훤과 왕건의 관계는 한동안 우호적이었다. 견훤은 좋은 부채와 지리산의 대나무로 만든 화살을 왕건에게 선물하였다. 기록에는 없지만 왕건도 이에 대한 답례를 했을 것이다. 그러나 사실 이때 고려와 후백제는 잦은 세력다툼을 벌이고 있었다. 태조 3년(920) 견훤이 신라의 합천·초계 지역을 공격하자, 신라의 요청을 받은 왕건이 구원군을 보내 서로 신경전을 벌였다. 본격적인 대결은 태조 8년(925)의 조물군전투曹物郡(구미 금오산성으로 추정)에서였다. 이 전투에서 왕건 측의 장군 애선이 전사하였고 왕건은 친히 군사를 거느리고 출정하였으나 승패를 결정짓지 못하여 인질을 교환하고 화친을 맺었다. 그러나 다음 해에 후백제의 인질이 병으로 죽자 견훤도 왕건 측의 인질을 죽이고 고려를 공격하였다. 이것으로 평화는 깨지고 견훤과 왕건은 또다시 대립을 계속하였다.

이러한 대립관계는 태조 10년(927) 공산전투에서 폭발하였다. 견훤의 세력이 날로 강성해지자 신라는 왕건과 연합하여 대항하고자 하였다. 견훤은 927년 근품성(상주)을 공격하고, 고울부(영천)를 습격하였다. 이어 경주로 진격해 포석정에서 경애왕景哀王(재위 924~927)을 살해하고, 왕의 사촌 동생인 김부金傅를 왕으로 세웠다. 이 소식을 듣고 달려온 왕건이 이를 구하려다 오히려 견훤의 군대에 포위되었다. 이때

신숭겸 유적지
대구시 지묘동에 위치한 표충사表忠祠 전경. 공산전투에서 왕건이 견훤의 군대에 포위되었을 때 신숭겸이 왕건과 옷을 바꿔 입고 대신 죽음으로써 왕건은 구사일생으로 목숨을 건졌다.

신숭겸이 왕건과 옷을 바꿔 입고 대신 죽음으로써 겨우 목숨을 부지하였고, 견훤은 909년 해전에서 맛본 패배를 멋지게 복수하였다.

그러나 왕건은 몇 년 동안 전열을 다시 가다듬고 때를 노렸다. 그리하여 태조 12년(929)부터 이듬해까지 지속된 고창군전투古昌郡(안동)에서는 왕건이 크게 승리하였다. 물론 그곳의 토착세력인 김선평·권행·장길 등의 도움이 컸다. 이 전투의 승리로 강릉에서 울산에 이르는 110여 성이 왕건에게 넘어가 견훤 측은 큰 손실을 보았고 이듬해에는 신라의 경순왕敬順王(재위 927~935)이 고려에 귀순하였다.

이후 견훤은 수군으로 몇 차례 공격하였으나 성과를 거두지는 못하였다. 또 후백제는 내부에서 분열이 일어났다. 견훤은 많은 아내를 두어 아들이 10명 있었는데, 그 중 넷째 아들인 금강金剛을 특별히 사랑하여 그에게 왕위를 물려주려고 하였다.

금강의 형인 신검神劍·용검龍劍 등은 이를 알고 근심하며 지냈다. 양검을 강주(진주)도독으로, 용검을 무주도독으로 삼고 신검만 홀로 왕의 곁에 두자, 신검은 이찬 능환을 시켜 사람을 강주·무주 등으로 보내 음모를 꾸몄다. 그리하여 935년 3월 금강은 죽고 견훤은 신검에 의해 금산사에 유폐당했다. 금산사에 석 달 동안 있다가 그해 6월 막내아들 능예, 딸 애복, 첩 고비 등과 함께 나주로 도망하여 고려에 사람을 보내 의탁하기를 청하였다. 이에 왕건은 기꺼이 맞이하여 백관百官보다 높은 상보尙父의 지위와 식읍으로 양주를 주었다. 이것으로 왕건의 후삼국통일이 눈앞에 다가왔다.

남은 것은 신검과의 마지막 결전이었다. 왕건은 반역한 자식을 죽여달라는 견훤의 청을 받아들여 태조 19년(936), 경북 선산 부근의 일리천一利川을 사이에 두고 신검과 일전을 벌였다. 이 전투에서 크게 패한 신검은 황산군(충남 논산군 연산면)으로 달아났고, 왕건군은 이들을 추격하여 항복을 받아내었다. 이 전투의 승리를 기념하기 위해 왕건은 연산에 개태사開泰寺란 절을 세우기도 하였다. 이로써 후삼국은 고려라는 하나의 나라로 통일되었다.

견훤은 신검을 죽이려 하였지만, 왕건은 항복한 그를 살려주었다. 견훤은 분을 이기지 못하다 황산군에 있는 어느 절에서 병으로 쓸쓸한 최후를 맞이하였다.

역사의 승자와 패자

그렇다면 어째서 후백제의 견훤은 패배하였으며 왕건은 후삼국을 통일할 수 있었을까. 정치가로서 견훤의 특징은 일찍부터 외교에 눈을 돌렸다는 점이다. 스스로 만들어 사용한 상당히 긴 직함도 외교상 필요했기 때문이었다. 그는 후당後唐에 들어가 '백제왕'이라는 칭호를

금산사 미륵전
견훤이 아들 신검에 의해 유폐당해 있던 금산사.

받아 중국으로부터 외교적 승인도 얻어내었고 오월과도 교류를 했다.

927년에는 발해를 멸망시킨 거란의 사신 사고娑姑·마돌麻咄 등 35인이 당도하자 이들을 전송하기 위하여 장군 최견을 보냈다. 그들은 바다를 건너 북쪽으로 가다가 태풍을 만나 후당의 등주登州에 이르렀으나 모두 잡혀 죽었다. 그러나 거란과 맺은 관계로 고려를 배후에서 위협할 수 있게 되었다. 또 922년과 929년 두 차례에 걸쳐 일본에도 사신을 파견하였다.

이처럼 국제관계의 변동에 큰 관심을 보인 것은 서남 해안의 비장으로 있으면서 얻은 경험 때문이다. 이 지역은 이미 장보고에 의해 중국과 무역이 활발했고, 또 당시 지방호족들이 중국과 사무역私貿易을 빈번하게 행하던 곳이었다.

그리고 후백제의 육상전투력은 궁예나 왕건보다 뛰어났다. 그러나 이 때문에 견훤은 군사력을 지나치게 믿었다. 마침내 이에 자만하여 신라의 수도를 침범하여 왕을 죽이는 만행을 저질렀고 신라인들의 민심은 완전히 견훤을 떠났다.

왕건에게 패한 또다른 이유는 쇠망해가는 신라의 관리로서 출발한 세력기반을 가지고 있었기 때문이다. 즉 지방에 확실한 근거를 가진 것이 아니라, 군인으로서 변방에 파견되어 이미 해이해진 신라의 군사조직을 자신의 세력기반으로 흡수한 것이다. 또한 기성사회에서 권력을 잡고 난 뒤, 이를 유지하기 위해 오히려 신라와 똑같은 방식의 권력구조를 강화하려 했다.

그러나 당시의 사회는 지방호족이 중심이 되어 신라의 국가체제를 부정하면서 새로운 사회를 건설하는 방향으로 나아가고 있었다. 즉, 후백제를 건국한 뒤 이러한 시대적 상황에 역행했기 때문에 후삼국

견훤성터
견훤이 견훤성을 쌓고 왕건과 싸우는 도중 군량이 떨어져 곤란을 겪자 강물에 석회를 풀었다. 왕건 쪽에서는 이를 쌀뜨물인 줄 알고 병사들이 마셔 모두 죽어 패퇴하였다고 한다. 강원도 문막 괴정槐亭 부락의 남쪽 작은 언덕 위에 흔적만 남아 있다.

의 통일에 실패한 것이다.

그러나 왕건은 상대국을 존중해주었다. 925년 고울부 장군 능문能文이 귀순해오자 신라의 서울인 경주와 고울부가 가깝다는 이유로 노고를 위로하며 돌려보내기까지 했다. 또 930년 고창군전투에서 견훤을 대파한 후 신라를 무력으로 접수할 수도 있었으나 그렇게 하지 않았다. 귀순해오는 사람들을 따뜻하게 맞아주었고 심지어 자신을 사지에 몰아넣었던 견훤도 받아들였다. 그리하여 후백제와 신검을 토벌하는 데 많은 도움을 받을 수 있었다.

신하들이 궁예에게 아부하고 있을 때 왕건은 자원하여 나주의 변방에 머물렀다. 마침내 그의 부장들이 화를 내며 불만을 토로하자 왕건은 조용히 대답하였다.

"지금 왕이 방자하고 잔학하여 죄 없는 사람들을 죽이고, 아첨하는 무리는 설치고 유언비어와 모함이 난무한다. 이때 왕궁 안에 있으면 목숨을 보전하지 못할 것이니 밖에서 정벌하는 일에 종사하면서 때를 지켜보는 것이 훨씬 낫다."

이렇듯 왕건은 때를 기다리며 차분히 미래를 준비하였다.

왕건은 함부로 권력을 휘두르지 않고 언제나 공명정대했다. 그는 궁예 밑에서 오늘날 국무총리에 해당하는 시중까지 올랐을 때에도 권력을 함부로 하지 않고 신중했다. 누군가를 헐뜯는 소리가 있더라도 그만은 전혀 동요하지 않고 끝까지 옹호하였다.

무엇보다 왕건은 원대한 비전을 가지고 통일신라 때 잃어버린 고구려의 옛 땅을 회복하려 하였다. 옛 고구려의 수도 평양을 서경으로 이름을 바꾸어 제2의 수도로 하였고 유금필을 파견하여 함경남도 지역의 여진을 평정하였다. 발해를 고구려의 후예국으로 인정하여 그 유민들을 받아들이는 한편, 발해를 멸망시킨 거란과 교류를 끊었다. 그리고 북진을 거듭하여 통일신라 때보다 훨씬 넓은 영토를 차지하였다.

역사의 혼란기에 한반도에서 세력을 떨쳤던 견훤과 왕건. 두 사람의 대결은 이렇게 끝을 맺게 되었다. 한 사람은 역사의 승자로서 후세에 영웅으로 남았고 다른 한 사람은 패자가 되어 쓸쓸히 사라졌다. 왕건이 승리한 것은 원대한 비전을 가지고 백성들의 요구에 걸맞는 개혁을 하였기 때문이었다. 이처럼 후삼국을 통일하여 5백년 왕업의 기초를 닦은 고려 태조 왕건은 지도자로서의 인품과 자질이 지금도 손색이 없을 만큼 뛰어났다. 그가 세운 나라, 고려는 후삼국시대의 혼란을 가라앉히고 민족을 통일하여 새로이 나아갈 길을 보여주었다. 현재 우리도 남북통일이라는 국가의 난제에 직면해 있다. 그 통일의 방법이나 과정에 있어 왕건이 취했던 정책을 눈여겨볼 필요가 있다.

지식인의 역할은 무엇인가

최승우와 최언위

미래가 어떻게 될지, 어디로 흘러갈 것인지는 아무도 모른다. 그래서 사람들은 다가올 일에 대해 무한한 궁금함을 품고, 나름대로 앞날을 예측해보기도 한다. 신라 말 후삼국기의 지식인들도 마찬가지였다. 이처럼 혼란스럽고 종잡을 수 없는 시대에 역사가 어떻게 전개될 것인가에 대해 생각하였다. 이제 어떤 인물이 역사의 주인공이 될 것인가. 또 어떤 국가가 새로이 탄생할 것인가. 그리고 그 가운데서 자신의 역할은 무엇인가. 그들은 각자 옳다고 생각한 길을 적극적으로 선택하고, 또 실행했다.

당나라 유학파 인재들의 활약

당시 지식인들은 주로 신라의 6두품 계열이었다. 이들 중 많은 사람들은 중국의 당唐나라에 유학하였다. 당에서 유학하고 돌아온 지식인들 중 대표적인 사람이 이른바 '3최崔'라 불린 최치원崔致遠·최승우崔承祐·최언위崔彦撝(868~944)였다. 이들은 모두 빈공과賓貢科(당에 유학 온 외국 학생들을 위해 설치한 과거시험)에 합격한 자들이었다. 그러나 이들은 각기 그 행동양식이 달랐고 미래도 다르게 예측하였다.

최승우는 890년(진성여왕 4), 당에 건너가 국학에서 3년간 공부하고 893년 빈공과에 급제한 뒤 예부시랑 양섭楊涉 아래에 있다가 귀국하였다. 그는 신라는 이미 기울었고 부흥은 헛된 꿈이라 생각했다. 그리하여 새롭게 등장한 견훤의 휘하에 들어가서 견훤을 위해 여러 가지 정책을 조언하고 교서를 작성해주었다. 대표적인 것이 927(견훤 36)의 〈대견훤기고려왕서代甄萱寄高麗王書〉로서, 지금도 《삼국사기》·《고려사高麗史》·《고려사절요高麗史節要》·《동문선東文選》 등에 전해진다. 한편, 《동문선》 권12에는 〈경호鏡湖〉를 비롯한 칠언율시 10수가 수록되어 있다. 이 작품들은 당나라 말기의 재상 위소도韋昭度와 중서사인中書舍人 이모李某 또는 진사 조송曹松·진책陳策 등에게 주는 형식이라는 점에서 볼 때, 당나라에 있는 동안 그의 교제범위가 최치원 못지 않았던 것으로 추측할 수 있다. 그리고 아마도 절도사의 막부에서 종사했을 가능성이 크다. 특히 문장에 능해 《사륙집四六集》 다섯 권을 저술하여 《호본집》이라고 이름 붙였다. 그러나 오늘날 전하지는 않는다. 후백제가 북중국의 후당과 남중국의 오월은 물론이고 일본까지 사신을 파견하여 교류할 수 있었던 것도 그의 지략과 문장력 덕분이었다.

최치원의 영정
최승우, 최언위와 더불어 당나라 유학파를 대표하는 이른바 '3최' 중 하나. 최언위와 사촌관계이다.

성주사낭혜화상백월보광탑비
명필로 이름을 날린 최언위는 최치원이 지은 성주사 낭혜화상백월보광탑비문을 비석에 썼다. 높이 4.55m. 국보 제8호. 충남 보령군에 있다.

한편 최언위는 궁예의 뒤를 이어 즉위한 왕건에게 의탁하였다. 그의 원래 이름은 최인연崔仁渷으로 최치원의 사촌 동생이었다. 그는 885년(헌강왕 11)에 당나라에서 유학해 빈공과에 수석으로 합격한 인재였다. 당시 발해의 재상 오소도烏炤度가 자신의 아들을 수석으로 하려는 로비를 벌였으나 당에서는 최언위의 실력을 인정하여 수석 자리를 바꾸지 않았다고 한다.

42세 때 신라로 돌아온 최언위는 최고 관부였던 집사성執事省의 시랑侍郎(현재의 부총리급)과 서서원瑞書院(왕의 교서나 외교 문서를 작성하던 기관)의 학사를 지내다가, 왕건이 고려를 개국하자 가족을 이끌고 와서 의탁하였다. 신라 말기의 상황을 지켜보던 그는 왕건이 새 시대의 주인공이 될 것이라 판단하였다. 그래서 새로 시작한다는 의미에서 이름을 '언위'로 바꾸었다. 왕건은 그를 태자의 사부師傅로 임명하였고 교서나 외교 문서를 작성하던 기관인 원봉성元鳳省의 대학사와 한림원翰林院의 영令(장관)을 맡게 했다.

그는 본래 성품이 너그럽고 특히 글씨를 잘 써서 일찍이 최치원이 지은 〈성주사낭혜화상비聖住寺朗慧和尙碑〉를 비석에 썼다. 고려에 온 뒤에도 모든 궁원宮院의 간판을 썼고 문장도 뛰어나 여러 고승들의 비문을 지었다. 이 때문에 당시에 그를 존경하지 않는 사람이 없을 정도였다.

문장 대결을 펼치다

최승우와 최언위. 이 두 사람의 실력 대결은 태조 10년(927) 공산전투가 끝나고 왕건과 견훤 사이에 오고간 국서를 통해 알 수 있다. 공산전투에서 크게 이긴 견훤은 그 해 12월 왕건에게 국서를 보내 자신의 우위를 과시하면서 왕건을 은근히 위협하였다. 이 국서는 물론 최승우가 중국에서 배운 해박한 지식과 문장력을 발휘해서 쓴 것이다.

견훤이 왕에게 글월을 보내어 이르기를, (전략) 지난 달 7월에 오월국 사신 반상서班尙書가 와서 왕의 조지詔旨를 전하기를, '경卿과 고려는 오랫동안 사이 좋게 지내어 함께 연맹을 맺고 오다가 요사이 양쪽의 인질이 다 죽으므로 드디어 화친 때의 옛 호의를 잃고 서로가 국경을 침범하여 전쟁을 쉬지 않음을 알았노라. 지금 전사專使를 보내어 경의 본국에 가게 하고 또 고려에도 이첩移牒하니 마땅히 서로 친화하여 길이 평화를 누리도록 하라.'고 하였다. 그러므로 나는 의義로 존왕尊王을 돈독하게 하고 정情으로 사대事大를 깊이 하는 터이라, 조서를 들음에 이르러 곧 삼가 받들고자 하였다. 다만 족하足下*가 군사를 쉬게 하여도 능히 하지 못하고 곤궁하면서도 싸울까 염려하여서 지금 조서를 복사하여 보내니 청컨대 유의하여 자세히 알아둘지어다. 구멍에 든 토끼와 사냥개가 다투다가 서로 피곤하여지면 마침내 반드시 남의 조롱을 받는 것이요 조개와 황새가 서로 맞버티면 또한 웃음거리가 될 것이니** 마땅히 미욱한 고집을 경계할 것이요 스스로 후회를 남김이 없도록 할지어다.

그는 우선 견훤이 진晉나라의 장수였던 조적이 외적이 침입하자 채찍을 먼저 잡았듯이 먼저 거병하였음을 상기시켰다. 그러면서 오월국의 권고를 받아들여 화평관계를 유지하고자 하니 이를 받아들이라 하였다. 조개와 황새가 서로 싸워 물고 놓지 않으면 이득을 보는 것은 제3자인 어부이니 어리석은 일이라 하였다. 이는 견훤과 왕건이 싸우면 결국 둘 다 망하고 신라만이 이익을 보게되니 쓸데없는 싸움은 삼가자는 뜻이었다.

이에 왕건은 태조 11년(928) 정월에 후백제에 답신을 보내어 자신의 건재함과 자신감을 보여주었다. 이때 국서를 누가 썼는지는 확실하지 않지만, 중국의 여러 가지 고사를 예로 든 것이나 문장의 구성력 등을 보면 최언위 외에는 쓸 수 없는 것이다.

이 달에 왕이 견훤에게 답서答書하기를, (전략) 엎드려 생각하건대 오월국의 조서와 당신의 편지에 대해 말한다면 전자는 비록 감격을 느꼈으나 후자는 혐의의 생각을 금할 수 없기에 지금 사신의 돌아가는 편에 이 글을 부쳐 제때에 옳고 그

* 족하足下: 편지에서 상대방을 존칭하는 말. 전국시대戰國時代에는 제후를 높여 불러 족하라 하였다.
** 방휼상지蚌鷸相持: 조개와 황새가 서로 맞버티다가 어부에게 좋은 일만 시킨다는 뜻.

름을 밝히노라.…… 나는 전란風塵*을 그치게 하고 나라의 재앙을 구하기를 바랐던 것이다. 이에 이웃 나라와 잘 사귀어서 어느덧 화친을 맺어 과연 수천 리로에서 농업에 즐겨 힘쓰고 7,8년 간 군사들이 한가히 쉴 수 있었다.…… 족하는 털끝 만한 이익만 보고 천지의 두터운 은혜를 잊어 임금을 죽이고 궁궐을 불태우며 경사卿士를 살육하고 사민士民을 죽였으며, 궁녀들을 빼앗아 수레에 태워 갔으며 진귀한 보물을 약탈하여 가득히 싣고 갔으니 그 흉악함은 걸주桀紂**보다 더 하고 그 어질지 못함은 맹수獍梟***보다 심하도다.

국서에는 자신이 하고 싶은 말을 조리있게 표현했다. 최언위는 이 국서에서 견훤이 신라의 왕도를 침입하여 왕을 죽이고 백성들을 침탈한 죄를 집중적으로 비난하였다. 또 견훤이 신라의 군인으로서 경애왕을 죽인 것은 자식이 제 부모를 죽인 것이나 다름없다고 했다. 왕건은 항상 경애왕이 죽은 것을 매우 슬퍼하면서 신라 왕실을 다시 부흥시키기 위해 불충한 자를 토벌하려 했다는 것을 강조하였다.

국서를 주고받은 뒤, 왕건은 고창군전투에서 대승을 거두었다. 최언위의 글이 신라인들에게 공감을 얻으면서 그들이 왕건을 도와준 덕택이었다. 최언위는 민심의 동향을 정확하게 파악하여 지도자에게 전달했던 것이다. 고창군전투의 승리로 왕건은 확실한 승기를 잡았고 그 후 후삼국을 통일하여 역사의 주인공이 되었다. 이러한 고려의 후삼국통일에는 왕건 자신의 덕과 군사력이 중요한 요소로 작용했으

---

* 풍진지경風塵之警: 병란兵亂,《한서漢書》종군전終軍傳에 "邊境 時有風塵之警"이라 하였음.
** 포악한 임금을 상징.
*** 경효獍梟: 옛 이야기에 경獍은 나서 그 아비를 잡아먹는 짐승이고 올빼미梟는 나서 그 어미를 잡아먹는 새라 하여 불효자를 칭하는 말.

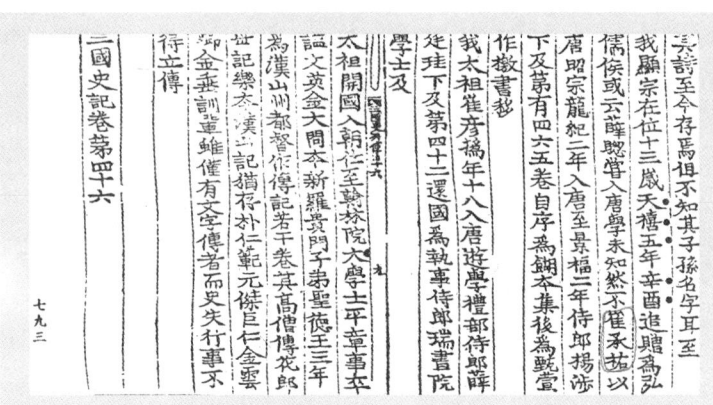

《삼국사기》 최승우전
최승우가 당에 들어가 빈공과에 합격했다는 내용과 견훤을 위하여 격서檄書를 지었다는 내용이 실려 있다.

나 최언위와 같은 지식인의 도움과 전략에 힘입은 바도 컸다. 그는 유방의 모사였던 장량張良과도 같은 존재였다.

후삼국시대는 우리나라 역사상 흔치 않은 혼란기였다. 이러한 어려움을 극복해내고 좋은 방향으로 나아가기 위해 지식인들은 그 자신의 경험과 지식으로 방향을 찾아내야 했다. 또 올바른 지도자를 선택하여 백성들을 구제해야 하는 사명도 지녔다. 따라서 지식인은 앞날을 제대로 볼 수 있는 혜안과 사회적인 책임의식도 가져야 한다. 그리고 무엇보다도 중요한 것은 뜻한 바대로 실행할 수 있는 용기가 아닐까?

의를 따르는 길, 이익을 따르는 길

> **박술희와 왕규**
> 태조가 죽은 뒤 혜종惠宗(재위 943~945)이 왕으로 즉위하면서 고려왕실은 내분에 휩싸였다. 태조 왕건은 스물아홉 명의 후비와 결혼을 하여 스물다섯 명이나 되는 아들을 두었던 것이다. 사공이 많으면 배가 산으로 가는 법. 이처럼 많은 후계자들은 나라 안에 큰 혼란을 초래할 수밖에 없었다. 다음 고려의 왕이 누가 되느냐를 놓고 나라를 세우면서 힘을 합쳤던 이들이 서로 다투기 시작했다. 이러한 와중에서 가장 치열하게 대립한 인물이 박술희朴述熙(?~945)와 왕규王規(?~945)였다. 처음엔 같은 고려의 신하였던 이 둘은 어째서, 어떤 이유로 적이 되었을까.

고려의 우직한 충신 박술희

박술희는 충남 당진군 면천沔川 출신이었다. 어려서부터 체격이 장대하고 용감하였고 두꺼비나 개미를 먹어치울 정도로 식성도 좋았다. 18세로 궁예의 호위병이 되었는데 사실 왕건 덕분에 일을 얻을 수 있었다. 박술희의 고향인 면천은 당시 혜성군이라 불렸는데, 고려의 개국 일등 공신인 복지겸의 고향이며 해상무역의 요지였다. 그러므로 같은 해상 출신인 개성의 왕건이나 태조의 왕비 나주 오씨와 친밀해질 수 있었을 것이다.

실제 그는 왕건에게 충성을 다하고, 전쟁터에서는 용감하게 싸웠다. 뿐만 아니라 왕건의 맏아들인 무武의 후견인이기도 하였다. 무는 912년 태조의 장남으로 태어났고 태조는 왕위에 오른 지 몇 년 안 되어 무를 태자로 책봉하였다.

그런데 그 과정이 순조롭지 못하였다. 어머니의 집안이 측미(側微)하여 반대세력이 많았기 때문이었다. '측미' 하다는 말은 신분적으로 미천하다는 의미뿐 아니라 권력이나 군사력이 부족함을 뜻했다. 태조는 태자들이 입는 옷 자황포(柘黃袍)를 상자에 담아 오씨에게 주었다. 박술희는 태조의 뜻을 알아차리고 무를 태자로 책봉할 것을 청하여 마침내 무를 태자의 자리에 앉혔다. 그만큼 태조가 박술희를 깊이 신임한 것이다.

태조 26년(943) 4월, 태조는 임종을 맞아 미리 써두었던 〈훈요10조〉를 박술희에게 넘겨주며 말하였다.

"그대의 힘으로 무가 태자가 되었음을 경도 잘 알고 있을 것이다. 부디 태자를 잘 보필하여 고려를 반석 위에 올려놓으시오."

"알겠사옵니다."

왕의 마지막 부탁을 받은 박술희는 눈물을 흘리며 굳게 약속하였다.

그러나 아무리 왕의 유언이라도 뜻대로 되지 않았다. 태조가 승하

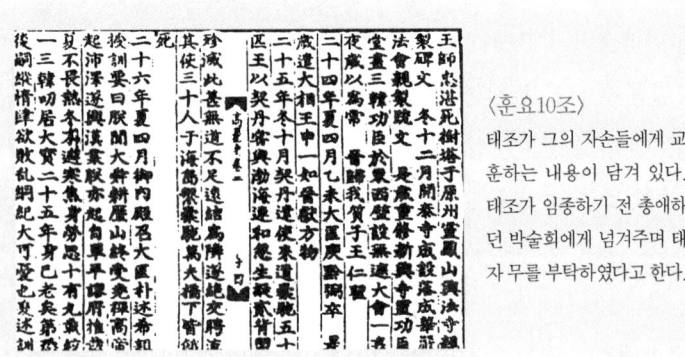

〈훈요10조〉
태조가 그의 자손들에게 교훈하는 내용이 담겨 있다. 태조가 임종하기 전 총애하던 박술희에게 넘겨주며 태자 무를 부탁하였다고 한다.

한 뒤, 스물다섯 명의 아들들이 모두 왕위계승에 혈안이었기 때문이다. 사실 본인보다도 그들의 아버지나 장인 등 친척들의 몸이 바짝 달아있었다. 그 중에서도 가장 안달이 난 인물이 왕규였다.

왕위계승전의 선봉에 선 왕규

왕규는 혜종의 장인이었다. 혜종의 제2비 후광주원부인後廣州院夫人 왕씨가 바로 왕규의 딸인 것이다. 그러나 왕규는 이미 태조에게 두 딸을 바친 바가 있어 혜종에게는 장인인 동시에 외할아버지뻘이었다. 왕규의 딸과 태조가 낳은 아들이 광주원군廣州院君인데 혜종의 이복동생이었다.

왕규의 원래 이름은 함규咸規로, 광평성廣評省의 차관급인 시랑이었다. 후에는 태조 공신이 되었고 왕씨 성을 하사받았다. 강릉의 김순식이나 춘천의 박유가 왕성을 하사받아 왕순식 · 왕유로 표기된 것과 마찬가지이다. 그도 태조에게 총애를 받은 인물로, 태조가 세상을 뜰 때 염상 · 박수문 등과 더불어 임금의 유언을 받았다. 태조는 정치적으로 우세한 왕규의 딸을 무와 맺어줌으로써 무의 '측미' 함을 보강

면천면의 유적
충남 당진군 면천은 박술희와 고려의 개국공신인 복지겸의 고향이자 해상무역의 요지였다.

해주려한 것이다.

태조가 승하한 뒤, 혜종은 다른 세력의 도전을 받았다. 대표적인 것이 바로 신명순성태후 유씨의 아들인 요堯·소昭였다. 이들은 태조의 둘째, 셋째 아들로 유긍달의 외손이었다. 이 유씨는 충주의 호족으로 왕건에게 투항하면서 중앙 정계로 진출하였다. 요·소 등의 충주 유씨세력은 서경세력과 밀접한 연관이 있었다. 혜종보다 더 큰 세력을 가졌으나 장자가 아니라는 이유로 왕위에 오르지 못한 그들이 불만을 품은 것은 당연한 일이다.

이러한 움직임을 눈치 챈 왕규는 왕에게 역적이 있을 것이라 아뢰기도 했다. 그러나 세력이 약한 혜종은 그들을 제거하기보다는 회유하려고 하여 자신의 딸을 소와 결혼시켰다.

왕규는 이런 혜종의 조치가 불만이었고 장차 자신에게 피해가 올지도 모른다는 위협을 받았다. 이에 그는 사위인 혜종을 제거하고 외손자인 광주원군을 왕으로 세우려고 했다. 처음에는 자객을 왕의 침실로 보냈지만 실패하였다. 그 다음에 왕규는 야밤을 틈타 직접 무리를 거느리고 혜종의 침실로 들어갔으나 침대는 비어 있었다. 왕규는 순간적으로 계획이 실패하였음을 눈치채고 조용히 물러갔다. 혜종은 모두 왕규의 소행인 줄 알았지만 역시 처벌하지 못했다. 왕규의 세력도 무시할 수 없었고 좋든 싫든 자신에게는 장인이었다.

이렇게 왕규가 혜종을 제거하려고 한 시도는 두 가지 결과를 초래하였다.

첫째, 같은 혜종의 지지세력이었던 박술희와 결별하였다. 자신의 사위이면서 왕이기도 한 혜종을 살해하려 했던 왕규가 박술희를 좋게 볼 리 없었다. 그래서 신변의 위협을 느낀 박술희는 항상 병사 1백여 명을 호위병으로 데리고 다녔다.

둘째, 혜종의 성격 변화였다. 그전까지만 해도 어질고 도량이 넓었던 혜종이 의심하고 꺼리는 바가 많아졌다. 그리하여 항상 갑옷 입은 병사들에게 호위를 받았다. 감정의 기복도 심해져서 아무 때나 화를 내고 어떤 때는 혼자 껄껄껄 웃기도 하였다. 아첨하는 소인들만 가까이하고 상벌도 공평성을 잃었다.

같은 칼날에 목숨을 잃다

그러던 중 혜종은 병이 들었지만, 후사를 결정하지 않았다. 자신의 제1비 진천 임씨에게서 낳은 흥화랑군興化郎君을 후사로 삼고 싶었지만 나이가 너무 어렸다. 그렇다고 처형의 아들이며 장인의 외손이기도 한 광주원군을 후사로 하기에는 첫째 이복동생인 요가 걸렸다.

혜종이 병이 들자 요는 머지 않아 그가 죽을 것을 알아차렸다. 그래서 박술희가 반역을 꾀했다고 모함하여 그를 갑곶甲串으로 유배 보내 살해하였다. 물론 이때 왕규도 이 일에 암묵적으로 동의하였다. 왕규와 요에게 박술희는 그들의 목적을 달성하는 데 공동의 장애물이었다. 요는 박술희를 제거한 뒤 서경의 왕식렴 군대를 끌어들여 왕위에 올랐다. 그리고 곧이어 마지막 장애물이었던 왕규를 제거하였다. 왕규는 박술희를 제거하는 데 요를 이용했건만 결국 그도 똑같은 칼날에 숨을 거두어야 했다.

처음 박술희와 왕규는 동료였다. 둘 다 태조 왕건의 깊은 신임을 받았을 뿐 아니라 혜종의 후견인이었다. 그러나 혜종이 정치적 위기

갑곶돈
요는 박술희에게 반역의 누명을 씌워 갑곶으로 유배시켰다. 사적 제306호. 경기 강화군 강화읍 갑곶리에 있다.

《고려사》 왕규전
왕규가 왕실에 대하여 반기를 들었다하여 반역전에 편입되어 있다.

를 맞자 서로 다른 선택을 했다. 박술희는 우직하게 태조의 유언을 지켜 끝까지 혜종의 곁을 떠나지 않았다. 그러나 왕규는 재빨리 이해득실을 따져 자신의 사위인 혜종을 제거한 뒤 외손자인 광주원군을 왕위에 앉히려 했다. 그래서 마침내 태조의 또 다른 아들인 요·소의 세력을 이용하여 혜종의 측근이었던 박술희를 제거하였다. 그러나 칼날은 다시 돌아와 그 자신도 같은 말로를 맞게 되었다. 현대의 정치나 일상생활 속에서도 이 같은 예는 많다. 인간이 서로 화목하면서 영원히 좋은 길을 같이 갈 수는 없는 것일까. 의보다 이익이 우선시되는 이 세대에 한번 깊이 생각해볼 문제다.

펜은 칼보다 강하다

서희와 소손녕
나라와 나라의 충돌은 곧잘 무력을 동원하며, 이는 곧 전쟁으로 번진다. 이때 핵미사일이나 전투기 등 첨단 무기와 무력의 강대함은 강대국과 약소국을 구분하는 기준이 된다. 그러나 과연 힘 그 자체가 모든 것일까? 무력만이 변함 없는 승리를 약속하지는 않는다. 때로는 풍부한 지식과 조리있는 언변이 훨씬 더 큰 힘을 발휘하는 경우가 있다. 펜이 칼보다 강함을 보여준 사건이 고려시대에 있었다.

서희徐熙, 소손녕蕭遜寧을 초조하게 만들다

서희(942~998)는 이천 서씨의 명문 가문에서 태어났으며 어릴 때 이름은 염윤廉允이었다. 아버지는 고려 광종光宗(재위 949~975)대에 내의령內議令(정사의 협의와 간쟁을 맡은 내의성의 장관)을 지낸 서필徐弼이었다. 서필은 광종에게 직언을 서슴지 않았던 인물로, 서희도 아버지를 닮아 성품이 엄격하고 강직하였다.

광종 11년(960) 18세에 과거에 급제한 그는 광평원외랑과 내의시랑 등을 지내고 송宋나라에 사신으로 가 국교를 여는 데 앞장섰다. 그의 인격에 감복한 송 태조 조광윤趙匡胤은 검교병부상서檢校兵部尙書(현재의 명예직인 국방부장관)를 제수하였다. 성종成宗 2년(983)에는 병관어사兵官御事(국방부장관)에 올랐는데 이때 그의 나이 41세였다. 이후로도 승진을 계속해 내사시랑內史侍郎(현재의 부총리)이 되었다.

그의 진가는 성종 12년(993), 거란이 쳐들어왔을 때 발휘되었다. 이 때 그는 중군사中軍使였고 시중 박양유는 상군사, 문하시랑 최량은 하군사였다. 이들은 북계北界에 주둔하여 방어하는 임무를 맡았다. 성종도 스스로 출동하여 진두지휘하고자 했다. 그러나 거란의 동경유수東京留守 소손녕이 봉산군(봉천)을 점령하였다는 소식이 들어와 성종은 급히 안북부(평남 안주)로 돌아왔고 서희는 군사를 이끌고 봉산을 구하려 했다. 그러자 소손녕이 기세등등하게 엄포를 놓았다.

"우리 요나라는 고구려의 옛 땅을 차지했다. 그런데 너희들이 경계를 넘어왔으므로 이것을 깨우쳐주려는 것이다. 복종하지 않으면 모조리 없애버릴테니, 빨리 항복하라."

이때 서희가 성종에게 아뢰었다.

"화친하는 것이 좋겠습니다. 싸워보았자 이로울 것이 없습니다. 가

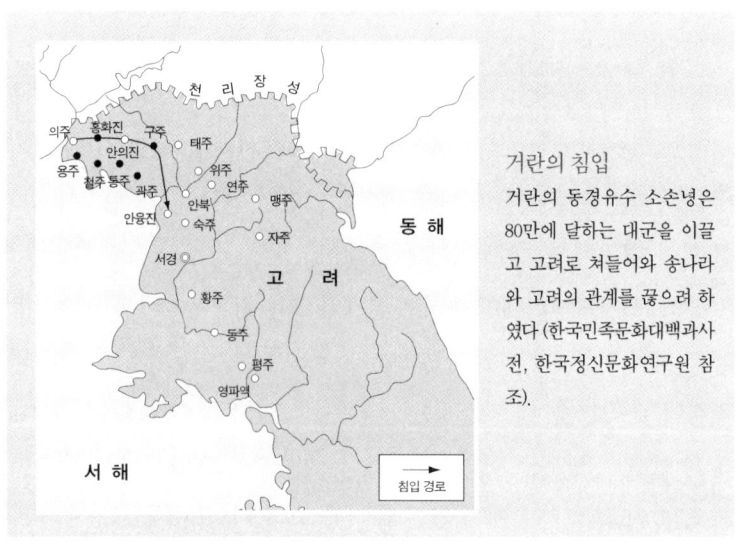

거란의 침입
거란의 동경유수 소손녕은 80만에 달하는 대군을 이끌고 고려로 쳐들어와 송나라와 고려의 관계를 끊으려 하였다 (한국민족문화대백과사전, 한국정신문화연구원 참조).

능하면 평화적으로 해결하는 것이 개인이나 국가에 좋습니다."

서희의 말이 일리 있다고 생각한 성종은 이몽전을 거란 진영에 보내어 화평을 청하였다. 그러자 기고만장해진 소손녕은

"우리는 80만에 달하는 대병이다. 항복치 않으면 한 사람도 살아남기 힘들 것이다. 임금과 신하가 모두 나와 항복을 하라."

즉 고작 신하 한 사람으로는 안 된다는 것이었다.

이 소식을 전해 들은 성종은 신하들을 모아 비상회의를 열고 어떻게 대처할지를 의논했다. 여러 의견이 분분한 가운데 어떤 신하가 말하였다.

"폐하는 일단 개경으로 돌아가십시오. 그런 뒤에 중신들이 군사를 거느리고 찾아가 항복하는 것이 좋겠습니다."

하지만 어떤 자는 또 이렇게 말하였다.

"저들이 원하는 것은 고구려의 옛 땅이니 서경 이북의 땅을 떼어줘야 합니다. 그리고 황주에서 절령까지를 경계로 삼아야 합니다."

성종도 어찌할 수 없었다. 적은 80만 대군이었다. 마침내 땅을 떼

서희의 동상
서희는 송나라에 사신으로 가 국교를 여는 데 앞장서는 등 외교에 뛰어난 실력을 발휘했다.
경기 이천군 이천읍에 있다.

어주자는 할지론割地論을 따르려 하였다. 그래도 순순히 적에게 내줄 수 없다는 일념으로 서경의 쌀 창고를 열어 백성들에게 나누어주고 그래도 남는 쌀은 대동강에 버리게 했다.

보다 못한 나머지 서희가 나서 아뢰었다.

"식량이 충분하면 성도 지킬 수 있고 싸움도 이길 수 있습니다. 싸움의 승부는 힘의 강약에 있는 것이 아니라 적을 아느냐 모르느냐에 달려 있습니다. 그런데 어찌 식량을 버리게 하십니까. 하물며 식량은 백성들이 피땀 흘려 거둔 결실인데, 적의 수중에 들어갈 망정 헛되이 강물에 버리십니까. 이는 하늘의 뜻을 거스르는 것이옵니다."

그의 말이 옳다고 생각한 성종은 쌀을 버리라는 명령을 중지하였다.

서희는 또 아뢰었다.

"거란의 동경에서 우리 안북부에 이르는 수백 리 땅은 원래 여진족이 살던 곳입니다. 광종이 그것을 빼앗아 거기에 가주·송성 등의 성을 쌓았습니다. 이제 거란이 온 것은 이 두 성을 다시 차지하려는 것뿐인데, 고구려의 옛 땅을 가지겠다고 큰 소리 치는 까닭은 우리를 두려워하기 때문입니다. 땅을 떼어 적에게 주는 것은 만대의 치욕이니 아무리 그들의 병력이 강하다고 하여 서경 이북을 줄 수는 없습니다. 삼각산 이북도 고구려의 옛 땅이니 만약 저들이 또 요구한다면 주시겠습니까? 그것은 신이 군사를 이끌고 한번 더불어 싸운 뒤에 논의해도 늦지 않습니다."

한편 진지에서 기다리고 있던 소손녕은 초조하고 불쾌했다. 이몽전이 돌아가 자신의 말을 전했건만 아무런 소식이 없었기 때문이다. 그는 실력을 행사하기 위해 군사를 휘몰아 안융진(평남 안주 인근)을

쳤다. 그러나 중랑장 대도수와 낭장 유방이 지형지물을 이용해 방어해서 소손녕은 더 이상 앞으로 나아갈 수가 없었다. 자존심이 상했지만 어쩔 수 없는 노릇이라 사람을 보내 다시 항복을 재촉했다.

한편 성종도 전쟁만을 고집할 수는 없었다. 먼저 화평사신으로서 합문사인 장영을 거란 진영으로 보내 화친을 청하였다. 소손녕은 이를 선뜻 받아들이지 않고 다시 거만하게 요구했다.

"미관말직에 있는 자를 나에게 보내다니 용납할 수 없다. 다시 대신을 보내 나와 대면하게 하라."

장영이 돌아와 이를 성종에게 전하자, 다시 회의를 소집하고 누가 거란의 진영에 갈 것인지 물었다. 그러나 상대는 80만 대군을 거느린 장수가 아닌가. 모든 대신들이 두려워하며 침묵하는 중에 서희가 앞으로 나섰다.

"폐하! 신이 비록 어리석고 부족하나 명령을 받겠습니다. 저를 보내주십시오."

80만 대군보다 강한 말 한마디

서희는 국서國書를 받들고 소손녕의 진영에 갔다. 통역하는 자에게 상견례를 어떻게 할 것인지 물어보자 소손녕이 대답했다.

"나는 대국의 장수다. 마땅히 뜰 아래에서 절해야 한다."

그러나 서희는 딱 잘라 거절했다.

"신하가 군주를 뵐 때는 아래에서 절하는 것이 예이다. 그러나 양국의 대신이 서로 보는데 어째서 그렇게 하겠는가?"

그러나 소손녕도 지지 않았다. 이러한 힘겨루기가 서너 번 왔다 갔다 했다. 그래도 소손녕이 뜻을 굽히지 않자 서희는 침소로 들어와

서희 묘
옛 고구려 땅이 거란 소유라는 소손녕의 주장에 대해 서희는 고려가 고구려의 옛 땅에서 일어났으므로 국호를 고려라 하고 평양에 수도를 세운 것이라 주장해 소손녕을 설득, 말 한마디로 거란군을 철수시켰다. 경기 이천군 이천읍에 있다.

드러누워버렸다. 마음대로 해보라는 배짱이었다. 그러나 국제정세를 환히 꿰뚫어 본 서희는 마음속으로 여러 가지 계산을 하고 있었다.

소손녕은 초조해졌다. 사실 이번 침략의 목적은 송나라와 고려의 관계를 끊으려는 것이었다. 고려가 듣지 않으면 무력을 행사하려 했다. 그러나 안융진전투를 해보니 그것도 만만치 않았다. 그래서 협상에서 유리한 위치를 차지하기 위해 군신의 예를 행하려 한 것인데 이 또한 상대가 녹녹치 않았다. 마침내 그는 자존심보다는 목적을 달성하는 것이 중요하다고 여겨 서희가 당에 올라와 대등한 예를 행하도록 하였다. 일단 기싸움에서 진 것이었다.

서희는 마지못해 이에 응하는 척 하고 당에 올라 서로 나란히 읍揖하고 얼굴을 마주 대하였다. 소손녕이 먼저 서희에게 말했다.

"그대 나라가 신라 땅에서 일어났고 고구려 땅은 우리의 소유이다. 그런데 그대 나라가 우리 땅을 점령하였고 또 우리와 국경을 접하였는데도 바다를 넘어 송을 섬기고 있다. 그런 고로 우리가 친히 출병한 것이다. 만일 땅을 베어서 바치고 조공을 하면 무사할 것이다."

그러자, 서희가 의연히 말을 받았다.

"아니다. 우리나라는 고구려의 옛 땅에서 일어났으므로 국호를 고려라 하고 평양에 수도를 세운 것이다. 땅의 경계로 본다면 그대 나라의 동경도 다 우리 경내에 있는 것인데 어찌 국경을 침범했다 하는가? 압록강 안팎도 또한 우리의 경내인데 지금 여진이 그 사이를 막아 조공을 바치지 못했다. 만일 여진을 쫓고 우리 옛 땅을 되찾아 요새를 쌓고 도로를 이으면 왜 수교하지 못하겠는가. 장군께서는 나의 말을 당신 나라 임금에게 전하시오."

여기에서 고려가 평양에 수도를 세웠다는 것은 사실이 아니었다. 서희가 몰라서 그렇게 말한 것은 아니다. 아마도 평양을 제2의 수도로 삼았다는 뜻이거나, 소손녕이 고려의 사정을 잘 모르리라 생각해 한 말일 것이다. 나아가 삼국시대 고구려의 예를 들어 지금의 형세를 논하였다. 서희의 말은 워낙 조리가 있고 굳건하였으므로 고려의 역

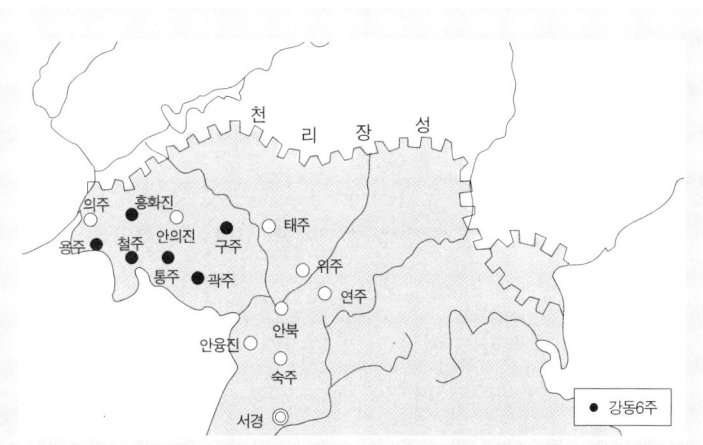

강동6주
소손녕과의 담판에서 고려는 거란의 연호를 쓰고 송과 외교를 끊기로 약속하는 대신 강동6주를 얻는 실리를 챙겼다 (한국민족문화대백과사전, 한국정신문화연구원 참조).

사에 대해 문외한인 소손녕은 단 한 마디도 반박하지 못했다. 소손녕이 서희의 말을 자기 나라 임금에게 그대로 전하자 거란의 임금은 조서를 보내 답하였다.

"고려가 이미 화해를 청하니, 마땅히 전쟁을 그만둬야 한다."

이로써 두 나라는 화해를 하였다. 고려는 거란의 연호를 쓰고 송과 외교를 끊기로 약속하였다. 대신 압록강 이남의 강동6주江東六州를 얻는 실리를 챙겼다.

소기의 목적을 이루었다고 생각한 소손녕은 서희에게 잔치를 베풀어 위로하고자 했다. 그러자 서희는 이를 거절하였다.

"우리가 비록 도리를 잃지 않았지만 상국上國이 군사를 수고롭게 멀리 오도록 한 것은 사실이다. 군사들은 피곤하여 지쳐있는데 우리만 잔치를 베풀고 음악을 연주하면 되겠는가."

소손녕이 답하였다.

"그렇긴 하오만 양국 대신이 서로 만났는데 어찌 기쁨을 나누지 않으리오."

하며 굳이 청하자 마침내 서희는 이를 허락하였다. 주객이 전도된 셈이었다. 술잔을 기울이고 담소도 나누며 서희는 이렇게 7일을 거란 진영에서 머물다가 돌아왔다. 소손녕은 이별의 선물로 낙타 열 마리, 말 1백 필, 양 1천 마리와 비단 5백 필을 주었다.

성종은 크게 기뻐하며 떠날 때와 마찬가지로 포구까지 나가 그를 맞았다. 서희는 그 공으로 평장사平章事(정2품)에 전보(동일한 직급 안에서 다른 자리로 임용됨)되었다. 멋진 한판을 겨루고 돌아온 것이었다.

이후 서희는 바로 강동6주에 대한 지배권을 확실히 하기 위해 군사를 이끌고 이곳에 성을 쌓았다. 성종 13년(994) 흥화진(의주)·용주

(용천) · 통주(선천) · 철주(철산) · 귀주(귀성) · 곽주(곽산) 등지에 성을 쌓아 우리 영토로 들인 것이다. 그는 목종穆宗(재위 997~1009) 원년(998)에 57세로 세상을 떠난 뒤, 성종 묘정廟廷의 배향공신이 되었다. 그리고 그의 후손들은 음서(과거를 보지 않고 벼슬을 함)의 혜택을 누렸다.

요나라 장군 소손녕과 비교했을 때 약소국의 대신 서희는 불리한 입장이었다. 그러나 80만 대군 속에 단신으로 뛰어들어 승리한 것은 서희였다. 그는 풍부한 지식과 조리 있는 말로 대군을 물리치고, 피 한 방울 흘리지 않고 압록강 동쪽의 땅을 얻었다. 최종적인 승리는 결코 물리적 힘의 강하고 약함에 있지 않다. 많은 지식과 논리적인 사고가 문제를 해결하고 완고한 적을 굴복시킬 수 있었던 것이다. 현재 지구상에는 무력으로 다른 나라를 굴복시키려는 행태가 되풀이되고 있다. 무력은 무력을, 복수는 복수를 낳는다. 이러한 상황에서 어떻게 대처하는 것이 현명한 일인지 생각해봐야 한다.

인륜과 권력의 속성은 무엇인가

목종과 천추태후, 그리고 대량원군
고려 초기 왕실에서는 근친혼이 흔했다. 그것은 신라의 풍습이었고 이는 왕실의 세력을 결집하는 데 도움이 되기도 했다. 그러나 여러 가지 폐단을 일으키기도 하였으니, 왕위계승쟁탈전이 극심하게 일어났던 것이다. 이는 태조 왕건이 부인을 스물아홉 명이나 두었기 때문이었다. 목종穆宗과 천추태후千秋太后, 그리고 대량원군大良院君(뒤의 현종)의 관계도 거기에서 비롯한 비극적인 케이스이다.

비극적인 탄생

고려 제7대 임금 목종은 제5대 경종景宗(재위 976~981)의 아들이었다. 경종과 제3비 헌애왕후獻哀王后 황보씨(뒤의 천추태후)와의 사이에서 태어났다. 그러나 다음 해에 경종이 죽자 6대 임금 성종成宗(재위 981~997)이 궁중에서 그를 키웠다. 그리고 성종의 사위 자격으로 왕위에 올랐다. 그러나 왕위에 오른 지 얼마 안 되어 후계자 문제가 발생했다.

　문제의 발단은 경종이 26세의 젊은 나이로 죽으면서 비롯되었다. 그에게는 이미 다섯 명의 부인이 있었는데 이들이 졸지에 과부가 되어버린 것이다. 꽃이 예쁘면 벌이 날아드는 것은 당연한 이치였다. 경종의 제4비 헌정왕후憲貞王后 황보씨는 경종이 죽은 후 왕륜사王輪

寺의 남쪽 자기 집에서 살고 있었는데 얼마 후 곁에 살던 태조의 아들 안종安宗 욱郁이 그 집을 왕래하다 간통을 하여 급기야 임신을 하게 되었다. 뒤늦게 이 사실을 안 성종은 안종을 사수현(경남 사천)으로 귀양 보냈다.

성종은 안종을 귀양 보내면서 안타까운 마음으로 말하였다.

"숙부, 너무 실망하지 마세요. 숙부가 대의를 범했기에 어쩔 수 없소. 내 후일 다시 부를 것이니 초조해하지 말고 기다리세요."

한편 달이 차오자 산모는 버드나무 가지를 부여잡고 아이를 낳다 죽었다. 그가 바로 대량원군이었으며 후일의 현종顯宗(재위 1010~1031)이었다. 성종은 보모를 택하여 대량원군을 길렀다. 아이가 두 살이 된 어느 날 성종이 보려고 부르니 성종을 우러러보면서 아버지라 부르고 무릎 위에 앉아 옷깃을 만지면서 또 두 번이나 아비를 불렀다. 성종이 불쌍히 여겨 눈물을 흘리면서 말하였다.

"이 아이가 깊이 아비를 생각하는구나!"

낳자 마자 어머니를 잃고 아버지 또한 얼굴도 보지 못하였으니 자신을 아버지라 부르는 것도 무리가 아니었다. 성종은 눈물을 흘리면서 아이를 아버지 곁으로 돌려보냈다.

안종은 글을 잘 지었을 뿐 아니라 천문과 지리에도 능통하였다. 그리하여 하루는 대량원군을 불러 금 한 냥을 주면서 말하였다.

"내가 죽거든 이 고을 성황당의 남쪽 귀룡동歸龍洞에 무덤을 쓰되 반드시 엎어서 묻어라."

귀룡동은 용이 돌아갈 마을이란 뜻인데 엎어 묻으면 더 빨리 돌아간다고 생각한 것이었다. 용은 곧 임금을 의미하였다. 내 아들이 빨리 개경으로 돌아가 왕이 되어주었으면 하는 바람이었다. 성종 15년

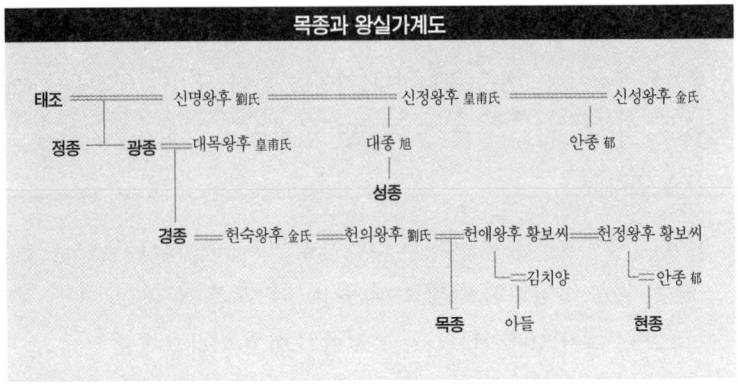

(996) 안종이 죽자 대량원군은 개경으로 돌아왔다. 《고려사》에 전하는 이야기이다.

무소불위의 권세를 휘두르다

그러나 한편 대량원군의 수도 입성을 못마땅하게 생각하는 사람이 있었으니 그것은 헌애왕후였다. 그녀는 헌정왕후의 언니였다. 헌애왕후는 성종이 재위 16년 만에 죽고 목종이 즉위하자 정권을 장악하였다. 목종의 나이 이미 18세가 되었으나 그의 친정을 허락하지 않고 섭정을 하였던 것이다. 이때부터 그는 천추태후라 불리면서 무소불위의 권한을 행사하였다. 자신의 힘에 의하여 목종이 왕위에 올랐기 때문이었다. 성종이 죽자 헌애왕후는 혹 동생의 아들인 대량원군이 왕위를 노리고 있는 것이 아닌가 의심하였다. 성종이 아들을 낳지 못하고 죽었기 때문이다. 대량원군도 어머니로 따지면 경종의 아들이었다. 때문에 그는 선수를 쳐 자신의 아들인 목종을 왕위에 앉힌 것이었다.

목종이 즉위한 후에도 대량원군은 천추태후에게 눈엣가시 같은 존재였다. 특히 김치양金致陽과의 사이에 아들을 하나 낳으면서 미움은 도를 더하였다. 김치양은 원래 천추태후의 외가쪽 친척이었다. 그는 중이 되어 천추궁을 출입하게 되었고, 김치양과 천추태후는 결국 불륜관계를 맺었다. 성종은 이 소문을 듣고 김치양을 먼 곳으로 귀양보냈다. 그러나 목종이 즉위하면서 천추태후는 그를 다시 개경으로 불러들였고 불륜관계를 지속하였다. 마침내 아들을 하나 낳으니 천추태후는 그로 하여금 목종의 뒤를 잇게 하려고 했다.

천추태후는 대량원군이 정치에 간여하지 못하도록 머리를 깎고 중이 되게 하였다. 처음에는 숭교사라는 절에 보냈다가 목종 9년(1006)에는 삼각산 신혈사神穴寺에 거주토록 하였다. 그리하여 사람들은 그를 '신혈소군神穴小君'이라 불렀다. 그래도 김치양과 천추태후는 마음이 놓이지 않아 하루는 궁녀를 시켜 독을 넣은 술과 떡을 보냈다. 궁녀가 찾아와 대량원군을 직접 만나려 하자, 이를 눈치 챈 그 절의 승려는 소군을 굴 속에 숨겨놓고 거짓말을 하였다.

"소군은 지금 산으로 산보하러 나갔소. 돌아오면 줄 것이니 놓고 가시오."

궁녀가 돌아간 후 떡을 내버리자 까마귀와 참새들이 그것을 먹고 즉사했다고 한다.

그러는 와중에 김치양의 전횡도 눈뜨고 볼 수 없을 정도였다. 천추태후라는 든든한 배경을 등에 업고 우복야 겸 삼사사右僕射 兼 三司事(정2품)까지 오른 그는 친척과 도당을 모두 요직에 배치하였다. 인사권을 장악하고 뇌물을 받아먹으며 3백여 칸이나 되는 호화 주택을 짓고 살았다. 자기 고향에는 성수사星宿寺란 큰 절을 짓고 궁성의 서북쪽에도 시왕사十王寺란 절을 지었다.

목종은 그를 외방으로 내치려 하였지만 어머니 천추태후의 노여움을 사면 어떤 일이 벌어질지 몰랐다. 부득이 그는 정황을 살피면서 대량원군을 보호하려 애썼다. 대량원군도 나이를 먹으면서 태조 왕건의 손자라는 자부심을 갖고 포부를 키웠다. 그는 모진 고통과 역경을 참고 견디며 후일을 기약하였다. 그 심정을 그는 〈시냇물〉이라는 시를 지어 풀어냈다.

백운봉에서 흘러내리는 한 줄기 시냇물	一條流出白雲峯
만경 창파 먼 바다로 향하는구나	萬里滄溟去路通
졸졸 흘러 바위 밑에만 있다고 말하지 마라	莫道潺湲巖下在
용궁에 도달할 날 그리 멀지 않았으니	不多時日到龍宮

〈작은 뱀〉이란 시에도 그의 인내심과 포부가 잘 드러난다.

약초 밑에 도사리고 앉아 있는 작고 작은 저 뱀	小小蛇兒遶藥欄
온몸에 붉은 무늬 찬란히 번쩍이네	滿身紅錦自斑斕
언제나 꽃밭에만 있다고 말하지 말라	莫言長在花林下
하루 아침에 용龍되기란 어렵지 않으리니	一旦成龍也不難

탐욕스런 권력 추구의 말로

기다리던 날은 서서히 다가오고 있었다. 대량원군은 어느 날 닭 우는 소리와 다듬이 소리가 요란히 들려오는 꿈을 꾸었다. 깨고 난 후 술사에게 물으니 "닭 울음은 꼬끼요鷄鳴高貴位이고 다듬이 소리는 어근당 어근당砧響御近當이니 곧 왕위에 오를 징조입니다"라고 해몽했다.

현종릉
처음에 대량원군에 봉해졌으나 천추태후의 강요로 삼각산 신혈사에서 지내다가 1009년, 강조의 옹립으로 왕위에 올랐다. 경기 개풍군 중서면 곡령리에 있다.

 마침내 목종 12년(1009), 왕이 연등회를 관람하던 중 천추전이 불타는 사고가 있었다. 천추태후는 이를 목종 일파의 행위라 몰아부쳤다. 이를 견디다 못한 목종은 몸져누웠고 이 기회를 틈타 천추태후와 김치양 일파는 자신의 아들을 왕위에 앉히려 하였다. 목종의 입장에서 1백 년 가까이 지켜온 왕실을 김치양에게 넘겨줄 수는 없었다. 또 그 아들은 불륜의 소산이었다. 아들과 어머니의 관계를 떠나 이는 있을 수 없는 일이었다. 그리하여 목종은 선수를 쳐서 채충순·최항 등과 상의하여 대량원군을 후사로 삼기로 하였다. 황보유의를 신혈사에 보내 대량원군을 맞아오게 하였고, 군사적인 열세를 극복하기 위해 서북면도순검사였던 강조康兆를 불러들였다.

 강조는 개경을 향해 달려가 동주洞州의 용천역龍川驛에 이르렀다. 그런데 목종에게 미움을 사 외직으로 쫓겨나 있던 위종정·최창 등이 천추태후와 김치양이 강조를 죽이기 위해 거짓 왕명으로 부른 것이라고 속였다. 이 말을 믿은 강조는 목종이 죽고 조정이 다 천추태후와 김치양의 세상이 된 지금, 잘못하면 죽음만 당할 뿐이라 생각해 본영으로 돌아갔다. 그러나 아버지로부터 왕의 복수를 하고 국가를 보호하라는 편지를 받고 다시 출동했다가 평주(황해도 평산)에서 놀라운 소식을 들었다. 죽은 줄 알았던 목종이 살아있다는 것이었다. 한편으로 안도하였으나 늦게 온 것에 대한 문책은 면할 길이 없었고 다시 군사를 돌이킬 수도 없었다. 내친 김에 그는 정변을 단행하여 대량원군을 현종으로 옹립하고 김치양 부자를 살해하였다. 목종은 폐위하여 충주로 내쳤다. 목종은 충주로 가는 도중 파주 적성현에 이르러 강조가 보낸 자에게 시해당하였다. 천추태후는 고향인 황주로 내려가 21년 동안 살다 66세에 죽었다. 한편, 강조의 정변으로 고려는 거란의 침입을 맞게 되었고 현종은 나주로 피난가는 신세가 되었다.

목종과 천추태후는 모자母子 사이였다. 목종과 대량원군은 외사촌 형제였으니 천추태후에 있어 대량원군은 조카였다. 그러나 권력에 있어 이런 것은 문제가 되지 않았다. 그들이 권력을 탐하지 않았던들 얼마나 행복한 정을 나눌 수 있는 사이였던가? 불륜과 탐욕으로 얼룩졌던 그들의 관계는 목종의 죽음과 천추태후의 귀향으로 끝을 맺었다. 뿐만 아니라 한반도에 이민족의 침입을 불러들이게 되었다. 권력의 속성과 허무함을 생각하게 해준다.

역사의 영원한 화두, 왕위계승

숙종과 이자의

과연 누가 다음 왕위를 이어받을까. 왕조시대에 이 문제는 언제나 갈등과 싸움을 불러왔다. 각자의 입장과 정치에 바라는 바가 달랐기 때문이다. 왕은 그만큼 중요한 존재였다. 고려왕조는 중기로 넘어오면서 왕실의 권위가 약화되고 반대로 외척세력이 커지기 시작했다. 여러 외척이 있었으나 그 중에서도 인주(경원) 이씨의 세력이 가장 강했다. 이들은 때때로 왕실을 넘보았고 이러한 과정에서 왕실과 마찰을 빚었다. 숙종肅宗(재위 1095~1105)과 이자의李資義의 대결 또한 그 중 하나였다. 서로를 견제하던 두 사람은 마침내 무력으로 격돌하였다.

왕위쟁탈전에 끼어든 이자의

인주 이씨가 두각을 나타내기 시작한 것은 현종 무렵이다. 현종의 장인으로 김은부가 있었는데 그의 장인이 인주 이씨 이허겸이었다. 이를 계기로 왕실과 관련을 맺게 된 인주 이씨는 이허겸의 손자인 이자연이 세 딸을 문종의 왕비로 들이면서 강력한 외척으로 떠올랐다. 문종文宗(재위 1046~1083)의 뒤를 이은 순종順宗·선종宣宗도 인주 이씨 가문에서 왕비를 맞았다.

문제는 선종이 죽자 그의 아들이 어린 나이로 왕위에 오르면서 시작되었다. 그가 곧 11세에 즉위한 헌종獻宗(재위 1094~1095)이었다. 그는 나이가 어렸을 뿐 아니라 몸이 병약해서 그의 어머니인 사숙태후思肅太后가 섭정하였다. 왕의 존재는 유명무실했고 많은 사람들은 얼마 안 가 왕이 죽을 것으로 짐작했다. 나이가 어렸기 때문에 후사도 없었다.

자, 그럼 다음 왕위는 누구의 것인가? 다들 나름대로 다음 보위를 이을 사람을 점쳤다.

이때 나선 사람이 바로 이자의였다. 이자의는 이자연의 손자로서 자신의 누이동생 원신궁주를 선종의 후궁으로 들여보냈다. 거기서 아들을 하나 얻었는데 바로 한산후漢山候 윤昀이었다. 그는 헌종의 배다른 동생이며 이자의에게는 생질이었다. 이자의는 자신의 어린 생질을 왕으로 앉히고 자신이 실제적인 권력을 휘두르려 하였다. 그러나 여기에는 방해하는 세력이 많을 터. 뜻을 이루려면 충분한 힘이 필요했다.

그는 우선 재화를 모으고, 힘세고 무예가 뛰어난 자들을 모아 활쏘기와 말타기 훈련을 시켰다. 그리고 때때로 장졸들에게 말하였다.

"지금 병이 든 주상께서 언제 돌아가실지 모르는 이 때를 틈타 왕위를 노리는 자가 있다. 너희들은 마땅히 힘을 다하여 한산후를 받들어야 한다."

왕위를 노리는 자라 함은 문종과 인예순덕왕후 사이에서 태어난 선종의 여러 동생들을 가리키는 것이었다. 출가한 세 사람 외에도 계림공鷄林公 희熙를 비롯하여 상안공 수·금관후 증·변한후 음·낙랑후 침 등이 있었지만 다른 사람들은 이미 죽고, 계림공 희만 남아 있었다. 또 인경현비와의 사이에서 조선공 도·부여후 수·진한후 유도 있었다.

마침내 이자의는 거사의 날짜도 비밀리에 잡아두었다. 그러나 세상에 비밀은 없는 법. 정보는 금방 새어나갔다. 그런데 이 소식은 선

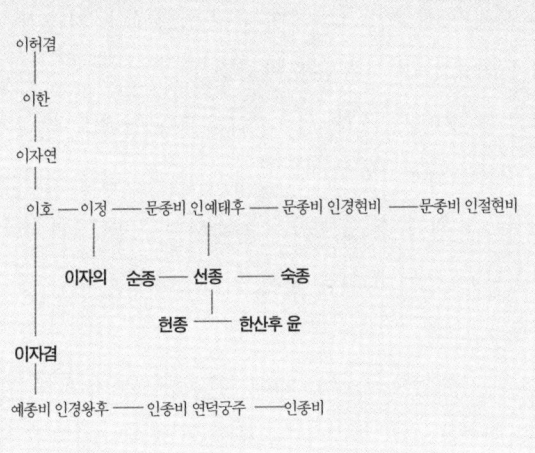

종의 아우들 중 제일 나이가 많았던 계림공 희에게는 오히려 낭보였다. 헌종이 언제 죽을지 모르는 지금 자신이 가장 유력한 후보자라고 생각했기 때문이다. 헌종의 이복동생인 한산후가 있지만 그는 적자가 아니었고 나이도 너무 어렸다. 아니, 애초에 선종이 왕위를 어리고 병약한 아들에게 물려줄 것이 아니라 능력 있는 동생인 자신에게 물려주었어야 했다. 왕은 어느 정도 나이를 먹고 사리판단을 할 수 있어야 권위가 서는 법이다. 그래서 태조대왕이 남긴 〈훈요10조〉에는 왕의 형제가 왕위를 계승할 수 있다고 했다. 이미 후사가 없던 순종이 그의 아우인 선종에게 왕위를 물려준 예가 있었다.

계림공 희, 이자의를 제거하고 왕위에 오르다

계림공에게 지금의 왕위계승은 잘못된 것이었다. 이런 마당에 이자의가 한산후를 왕위에 앉히려는 것은 그를 제거할 빌미를 주었다. 그는 내심 회심의 미소를 지으며 즉시 평장사 소태보邵台輔를 불렀다.

"국가의 안위가 재상인 그대에게 달려 있습니다. 지금 일이 급하니 공은 사직을 위해 빨리 이를 도모하시오."

이를 어찌 할 것인가. 소태보는 심각하게 고민했다. 잘못하면 죽음을 당하는 일. 그러나 이자의보다는 종실인 계림공을 택하는 것이 명분과 실리 둘 다 챙길 수 있으리라 생각하고 그는 무관 중 최고위인 상장군 왕국모王國髦로 하여금 군사를 거느리고 들어와 왕을 보호하게 하였다.

왕국모는 무장이었으나 선종 때에 직문하성을 지낸 바 있었다. 군권을 장악하던 왕국모는 이것이 출세의 기회라 생각하고 재빨리 움직였다. 먼저 힘이 장사였던 고의화를 시켜 이자의를 선정문 안에서 해치웠다. 또 이자의와 같은 무리였던 합문지후 장중·중추원·당후관 최충백 등을 선정문 밖에서 죽였다. 군사를 나누어 보내 이자의의 아들 주부注簿 이작李綽과 흥왕사 대사 지소, 장군 숭렬·택춘과 중랑장 곽희, 별장 성보·성국과 교위 노점, 대정 배신 등 17인을 잡아 죽였다. 이들은 이자의의 아들 이작과 친한 무관들로 무력으로 대항할 수 있는 수단을 없애버린 것이었다.

다음으로는 이자의 편인 조정의 신하들을 제거했다. 평장사 이자위·소경 김의영·사천 소감 황충현·봉어 황영·소감 서황·시어사 왕태소·지후 이자훈 등 50여 명을 남쪽 변방에 귀양보냈다. 이들은 이자의에 직접 가담은 하지 않았으나 새로운 정권을 세우는 데 방해가 될 수 있는 인물들이었다. 곧이어 이자의의 재산을 몰수하고 이자의 당에 속한 자들의 처자들은 변방으로 내쫓아 관노비로 삼았다. 다시는 정치에 간여하지 못하게 하려는 처사였다. 한산후 윤과 그 어머니 원신궁주는 경원군으로 추방되었다. 헌종 원년(1095)의 일은 이렇게 끝맺었다.

그러자 헌종은 계림공 희를 중서령中書令(종1품)에 임명하였다. 중서령은 형식상으로는 최고위의 직책이되, 실제 업무는 보지 않는 명예직이었다. 왕의 밑에 있는 사람들 중 최고라는 의미만 가진 것이었다. 그러나 계림공 때는 그 권위가 왕을 능가하였고, 실질적인 권력을 뺏긴 왕은 허수아비에 불과했다. 이를 안 헌종도 몇 개월 후 계림공에게 왕위를 넘겼다. 선양의 조서에는 이렇게 쓰여 있었다.

"내가 아버지의 유업을 받들어 외람되이 왕위에 올랐다. 그러나 나이가 어리고 몸이 허약하여 나라의 권신들을 옳게 통솔하지 못하였고 백성들의 기대에 미치지 못하였다. 그리하여 음모와 책동이 끝없이 일어나며 역적과 난신이 대궐을 자주 침범하였다. 내가 보기에는

의천 영정
숙종은 불교를 신봉하여 많은 불회佛會를 열고 대각국사 의천을 통해 천태종을 개창하였다. 전남 승주군 선암사 소장.

숙부 계림공에게로 대세가 기울어져 하늘이 그를 돕고 있는 듯하다. 너희 백성들은 그를 섬겨 국가의 위업을 받들어라."

그로부터 2년 뒤, 헌종은 14세에 죽었다.

이후 숙종으로 즉위한 계림공은 많은 업적을 남겼다. 외척세력을 억제하고 태자의 지위를 강화하여 왕실의 위상을 높혔다. 또한 대각국사 의천을 통해 천태종을 개창하고, 남경을 경영하였다. 또 주전鑄錢정책을 실시하고, 별무반을 창설하는 등 왕권의 강화를 도모하고 안정된 국가체제를 수립하였다.

숙종과 이자의. 이들 모두는 한 시대에 권력의 중심에 있던 자들이었다. 전자는 종실이었고 후자는 왕실의 외척세력이었다. 하나는 왕이 권력을 쥐고 있어야 정치가 올바로 돌아간다는 생각을 가졌고, 다른 하나는 왕 대신 신하가 정치를 좌우할 수도 있다는 생각을 가지고 있었다. 결국 계림공 희가 승리하여 이자의를 제거하고 왕위에 올랐다. 유교적으로 보면 신하가 왕을 내쫓은 것이요, 인륜을 따지더라도 숙부가 조카를 몰아낸 것이었다. 그러나 숙종의 집권 후 고려의 정치와 제도가 정비되고 발전하였음은 부인할 수 없는 사실이다. 우리는 바람직한 지도자상에 대해 다시 생각해보아야 할 것이다.

친인척의 권력 개입은 어떠한 결과를 가져오는가

인종과 이자겸

친척이란 혈연으로 이어진 가장 가까운 사람이다. 그러나 권력 앞에서는 이러한 연결고리도 단순히 이용의 대상이 되고 만다. 고려는 내내 왕의 외가, 외척 때문에 많은 환란을 겪어야 했다. 이자의의 난이 진압된 이후 어느 정도 왕권이 안정을 되찾은 고려였으나, 새롭게 이자겸李資謙(?~1126)이 등장한 후로 다시금 외척세력이 국정에 깊이 관여하였다. 그는 왕에 버금가는 권세를 누렸으나 권력에 대한 욕심은 끝이 없어, 이자겸은 좀 더 많은 권력을 소유하기 위해 온갖 방법을 동원하였다.

외척세력의 우두머리 이자겸

숙종이 이자의를 제거한 후 인주 이씨의 기세는 주춤하는 듯했다. 그러나 인종仁宗(재위 1122~1146)대에 이르러 다시 외척세력이 등장하였는데 그 중심 인물이 바로 이자겸이었다. 그는 이자연의 손자이며 이호의 아들이었다. 처음 음서로 합문지후閤門祗侯가 된 이자겸이었지만, 그의 둘째 딸이 예종睿宗(재위 1105~1122)의 왕비가 되어 원자까지 낳자 그의 지위는 갑자기 높아졌다. 참지정사參知政事·상서좌복야尙書左僕射(2품)라는 재상의 반열에 오르고 익성공신에까지 임명되자 그의 위세는 하늘을 찌를 듯했다.

그러나 한안인韓安仁·문공미文公美 등의 신진세력들은 이자겸을 견제했다. 특히 예종의 태자 시절 스승이었던 한안인은 이자겸이 권세를 쥐고 흔드는 것을 못마땅해했다. 그는 예종의 총애를 방패로 당을 규합하여 이자겸에 대항하였다. 그러나 예종이 죽고 그 아들 인종이 즉위하면서 전세는 역전되었다. 14세에 즉위한 인종은 이자겸의 외손자로 그의 집에서 자랐기 때문에 이자겸의 말을 거역할 수 없었다. 이제 이자겸의 세상이 된 것이다. 그는 우선 정적인 한안인·문공미 등을 유배 보냈다. 눈엣가시 같았던 존재들을 없애자 이자겸은 이제 거리낄 것이 없었다.

그러자 이에 빌붙어 출세를 꾀하는 자들이 왕에게 아뢰었다.

"이공은 폐하의 외할아버지입니다. 따라서 임금에게 올리는 글에도 신臣이라 칭하지 말며 연회에도 백관과 함께 뜰에서 하례賀禮치 말게 해야 할 것입니다."

군신의 예의를 지킬 필요가 없다는 말이건만 감히 반대하는 사람이 없었다. 단 한 명 김부식만이 이의를 제기하고 나서 부결되었다. 그래도 얼마 후 이자겸은 양절익명공신亮節翼命功臣에 책봉되었고 중서령(종1품)에 영문하상서도성사領門下尚書都省事·판이병부사判吏兵部事에 올랐다. 모든 신하들의 우두머리로서 문신과 무신의 인사권을 좌지우지할 수 있는 지위였다. 그의 아들들도 모두 요직에 앉았다. 또 아들 중 출가한 의장을 수좌首座로 삼아 전국의 승려들을 통제하게 했다. 이로써 이자겸은 불교계마저 장악한 것이다. 마침내는 그 위세에 눌려 왕이 건덕전 문 밖으로 직접 나가 조서를 전하는 사태도 벌어졌으니, 신하가 임금을 보러 오는 것이 아니라 되려 임금이 신하를 보러 나가는 상황이었다.

이자겸은 한 걸음 더 나아가 자신의 셋째 딸과 넷째 딸을 인종과 혼인하게 하였다. 다른 외척이 등장할 것을 경계하여 외손자를 사위로 삼은 것이었다. 이렇게 되자 무소불위의 권세는 그칠 줄을 몰랐다. 이자겸은 자신의 가속인 소세청을 송나라에 보내어 표表를 올려 지군국사知軍國事라 자칭하였다. 이는 모든 국가의 일을 총괄하는 직이라는 뜻으로 왕을 칭한 것이나 다름없었다. 더욱이 자신의 생일을 인수절仁壽節이라 하고 왕태자와 같이 예를 갖추도록 했다.

이에 힘입어 이자겸의 아들들도 다투어 호화 주택을 세웠다. 여기저기서 뇌물을 들고 와 인사청탁을 하는 자들이 줄을 이었고, 전국 각지의 뇌물을 실어나르느라 소·말과 수레가 그칠 날이 없었다. 집에는 고기가 산처럼 쌓여 썩는 냄새가 코를 찔렀다. 심지어 국가의 중대사가 있다 싶으면 임금을 자기 집으로 오라고 부를 정도였다.

노골적으로 왕위를 넘보다

인종은 성품이 어질고 학문을 좋아하며 스승과 벗에 대한 예가 밝았다. 그러나 일이 이 정도까지 되니 인종도 더 이상 참을 수가 없었다. 그리하여 이를 눈치 챈 내시 김찬·안보린 등은 동지추밀 지록연과 함께 이자겸을 제거할 작전에 돌입하였다. 그들은 상장군 최탁·오

옥새
이자겸은 인종에게 옥새를 받았다가 다시 돌려준 것을 곧 후회하고 온갖 방법으로 왕위에 오르려하나 거꾸로 같은 편이었던 척준경에게 죽임을 당하였다.

탁, 대장군 권수, 장군 고석 등을 불러 세밀한 작전 계획을 짰다. 그들은 야밤을 틈타 궁에 들어가 척준경拓俊京의 동생 척준신과 척준경의 아들 내시 척순 및 김정분·전기상·최영 등을 죽여 시체를 궁성 밖에 던졌다. 척준경은 이자겸의 군사적 후원세력이었고 김정분 등은 그 일파였다. 1차 작전은 성공하였다.

그러나 그 일파 중 학문이란 자가 궁성을 넘어가 이자겸에게 이 사실을 알렸다. 이자겸은 즉시 척준경과 아들 이지미李之美를 불러 대책을 논의하고 행동을 개시하였다. 자신의 반대파인 최탁·오탁·권수 등의 집을 불지르고 군사를 보내 궁궐의 대문인 승평문을 봉쇄하였다. 아들 의장도 현화사玄化寺로부터 승군 3백여 명을 거느리고 궁성 밖에 이르렀다.

이제는 어찌할 것인가. 궁궐로 쳐들어가자니 인종 쪽 세력이 만만치 않았다. 그렇다고 문 앞에서 마냥 기다릴 수만은 없었다. 이때 척준경이 나서 말하였다.

"이제 날이 저물어 어두워지면 적이 밤을 틈타 빠져나올까 염려됩니다. 지금 방법은 하나밖에 없습니다. 궁궐에 불을 지르는 것입니다."

곁에 있던 이수李壽가 말렸으나 척준경은 듣지 않았다. 궁궐이 불타오르자 인종을 모시고 있던 신하들은 달아나거나 척준경의 칼날에 쓰러졌다.

결과는 인종 측의 패배였다. 인종은 어쩔 수 없이 옥새를 이자겸에게 넘겨주고 선위禪位한다는 조서를 반포하였다. 그러나 이수가 다시 이를 막았다.

"비록 주상의 조서가 있으나 어찌 이공公이 이를 받겠습니까."

이자겸은 주춤하고 다시 옥새를 돌려주었다. 그 외에도 이자겸과 척준경은 난이 일어나던 날에 숙직한 자는 모두 죽이려 했지만 이수가 강력히 반대하여 그렇게 하지 못하였다. 이수는 이자겸과 육촌 형제간이었으나 양심이 있는 사람이어서 그 덕분에 많은 사람들이 목숨을 건질 수 있었다.

　그러나 이자겸은 곧 인종이 옥새를 줄 때 거절한 것을 후회했다. 어차피 지금 상황은 그가 왕이나 다름없었다. 시중에는 곧 '십팔자+八子'가 왕이 된다는 소문이 퍼졌다. '십팔자'는 '이李'를 쪼개놓은 글자이니 곧 이씨가 왕이 되리라는 뜻이었다. 이 소문을 들은 이자겸은 내친김에 인종을 제거하고 왕위에 오르려 했다. 그는 넷째 딸을 불러 인종에게 떡을 갖다주도록 했다. 떡 속에는 독이 들어 있었다. 그녀는 그것을 알았지만 아버지 명을 거역할 수 없었고, 그렇다고 남편을 죽일 수도 없었다. 그래서 떡을 주면서 인종의 귀에 속삭였다.

　"떡을 드시지 마십시오."

　인종은 그 말이 무슨 뜻인지 알아차리고 떡을 먹는 척하다 밖에 버렸다. 또 한번은 독이 든 약을 보약이라 속이고 인종에게 주도록 했다. 왕비는 약을 들고 문지방을 넘다 걸려 미끄러진 척하면서 약사발을 엎었다. 왕비의 헌신적인 노력 덕분에 인종은 목숨을 구할 수 있었다.

척준경을 이용하여 이자겸을 제거하는 인종

이즈음 이자겸과 척준경의 사이가 조금씩 벌어지기 시작했다. 어느 날 이자겸의 아들 이지언의 종과 척준경의 종 사이에 다툼이 일어났는데 이지언의 종이 이렇게 말했다.

"너의 주인이 태자를 쏘고 궁궐을 불태웠으니 죽어 마땅하다. 너도 앞으로 관노官奴가 될 것이니 어찌 나를 욕하리오."

척준경이 이를 듣고 크게 노하여 이자겸의 집으로 달려가서 항의하였다.

"내가 누구를 위하여 그런 행동을 했는데 이제 와서 그런 말을 하는가? 지난번의 난은 다 당신들이 한 짓인데 어째서 나만 죽어 마땅하다 하느냐. 나는 이제 고향에 내려가 다시는 돌아오지 않겠다."

그리고는 칩거해버렸다.

이를 들은 인종은 척준경을 이용해서 이자겸을 없애려 했다. 그리하여 척준경에게 안장과 말을 하사하고, 내의內醫 최사전을 시켜 자신의 뜻을 전달하고 때가 되면 협조할 것을 당부하였다. 왕은 어느 날 환관 조의를 시켜 척준경에게 밀지를 보냈다.

"오늘 숭덕부(이자겸의 집)의 군대가 무기를 가지고 궁전 북쪽을 뚫고 들어온다는 정보가 있었소. 내가 해를 당하는 것은 부덕의 소치이

이자겸조
《고려사》 열전 중 이자겸에 대한 기록이 실린 부분. 이자겸은 두 딸을 인종과 결혼시키고 어린 외손자를 왕위에 앉혀 권력을 독점하였으나 이러한 지나친 권력욕은 결국 인주 이씨 가문이 몰락하는 화를 부르고 말았다.

나 태조께서 창업하신 뜻을 거스를까 염려되오. 임금을 왕씨가 아닌 이성異姓으로 바꾸게 되면 이는 짐의 죄일 뿐 아니라 대신들도 부끄러움을 면하지 못할 터, 그대는 오직 충성으로 일을 도모하시오."

척준경은 곧 이것을 상서 김향金珦에게 보였다. 김향이 꿇어앉아 하늘을 우러러 울며 말하였다.

"임금의 뜻이 이와 같으니 비록 몸이 망하고 족族이 멸하더라도 어찌 나아가지 않으리오?"

둘은 손을 마주잡고 충성을 다짐하였다. 그는 비록 학식은 없으나 진실하고 능히 일을 감당할 만한 재간이 있었다. 딸이 이자겸의 아들 이지보李之甫에게 출가하였으나 인척으로서 아부하는 일이 없었다. 그는 무장을 하고 장군 7인과 대궐에 들어가 왕을 알현하였다. 이어 척준경이 이자겸 및 처자를 팔관보八關寶에 가두고 이자겸의 부하 강호·고진수 등을 베었다. 군사들을 보내어 이자겸의 수하에 있던 무리들을 체포하고 왕이 광화문에 나가 중인衆人에게 고하기를,

"대역부도大逆不道를 의義로서 제거하였다."

하니 뭇 사람이 다 만세를 부르고 기뻐 손뼉을 치면서 눈물을 흘리는 자도 있었다. 이자겸의 아들 이지미가 변을 듣고 1백여 명을 거느리고 광화문에 이르렀으나 들어가지 못하고 이자덕 등과 함께 병부에서 붙들렸다. 이는 모두 《고려사》 이자겸전에 전해진다. 이자겸은 전라도 영광으로, 그의 아들들도 모두 먼 곳으로 귀양보냈다. 이자겸은 유배지에서 7개월을 머물다 인종 4년(1126) 12월 굴곡 많은 생을 마쳤다.

인종과 이자겸. 그들은 외할아버지와 외손자 사이이기도 했고 장

인과 사위이기도 했다. 이자겸은 나이 어린 외손자를 왕위에 앉혀놓고 권력을 독점하였고 그것도 모자라 자신의 두 딸까지 정략적으로 결혼시켜 옭아매려 하였다. 그러나 인종도 왕으로서의 권위를 세워야 했고 아무리 가까운 친척이라고 해도 왕권을 침범하는 것을 참아 넘길 수는 없었다. 마침내 인종은 이자겸을 제거하고 그의 집안을 모두 멸절시켰다.

아무리 왕의 친척이자 왕과 맞먹는 강력한 권력을 소유했다고는 하나, 결국 이자겸은 찬탈자이며 나라의 정치를 어지럽히는 존재일 수밖에 없었다. 그렇기 때문에 그는 나라의 올바른 체계와 순리를 되찾기 위해 제거되야만 했다. 예나 지금이나 정치지도자의 친인척들이 정치에 개입하는 것은 바람직하지 않은 것이다.

개혁과 보수의 갈림길에서

묘청과 김부식

나라가 어지러워지고 질서가 혼란해지면 흔히 개혁의 목소리가 높아지게 마련이다. 새로이 나라 안을 고치고 체제를 바꾸면 이전보다 훨씬 나아지리라는 기대를 하는 것이다. 이와는 반대로 이전의 것을 고스란히 지켜나가고자 하는 주장이 있다. 서투른 개혁은 오히려 위험과 혼란을 낳으므로 옛 것을 존중하자는 보수적 입장이다. 고려시대에 벌어졌던 개혁과 보수의 충돌은 묘청의 난으로 번졌고 이 둘의 대결은 개혁파의 패배로 끝을 맺었다. 과연 양쪽은 어떤 이유로 입장을 고수하였으며 그토록 격렬한 충돌을 일으켰는가.

개혁의 선두에 서다

고려 인종의 시대, 이자겸세력이 제거되었으나 그 후유증은 컸다. 궁궐이 불타고 많은 사람들이 희생되었으며 개경의 민심도 흉흉해졌다. 왕의 권위도 땅에 떨어지고 인종 3년(1125) 군신관계를 강요하는 금金나라의 압박도 계속되었다. 이러한 상황 속에서 새로운 정치세력이 부상하기 시작하였다. 이들은 임금이 황제를 칭하여 추락한 왕권을 회복해야 하며 독자적인 연호를 사용하여 자주성을 높이고 불손한 금나라를 정벌해야 한다고 주장하였다. 그리고 그러기 위해서는 수도를 서경으로 옮겨 새롭게 시작해야 한다고 목소리를 높였으니 이들이 바로 묘청妙淸(?~1135) 일파였다.

묘청이 언제 어디서 어느 가문에서 태어났는지에 대해서는 아무 기록이 없다. 다만 서경의 중이었으며 후에 이름을 정심淨心으로 개명하였다는 사실을 알 수 있을 뿐이다. 그는 원래 풍수도참설에 능하여 서경의 일관이었던 백수한白壽翰도 그를 스승으로 모셨다. 그들은 개경의 지덕이 쇠진하였기 때문에 왕기王氣가 있는 서경을 수도로 해야 한다고 주장했다. 서경 사람인 정지상鄭知常은 그들의 말을 믿었고, 인종도 서경에 행차하여 관정도량灌頂道場을 베풀고 유신정령維新政令을 반포하였다.

또 묘청은 내시낭중 김안과 모의하였다.

"우리가 만약 임금을 모시고 옮겨가서 서경을 수도로 만든다면 마땅히 중흥공신이 될 것이니 우리뿐만 아니라 자손들에게도 무궁한 복이 될 것이오."

근신 홍이서·이중부, 대신 문공인·임경청 등도 그 의견에 따라 "묘청은 성인이요, 백수한은 그 다음 가는 성인이니 국가의 일을 그들에게 자문한 후에 시행하고 그 의견을 허심탄회하게 받아들인다면

대화궁터
묘청은 풍수지리설을 들어 수도를 서경으로 옮길 것을 강력하게 주장해 대화궁을 세웠다.

정사에 득이 될 것이요 국가의 태평을 보존할 것입니다"라는 내용의 상소문을 작성하여 관원들에게 서명하도록 하였다. 많은 사람들이 여기에 서명하였지만 김부식金富軾(1075~1151)과 임원애, 이지저만이 서명하지 않았다.

묘청 등은 또 건의하기를 "신들이 보건대 서경의 임원역 땅은 음양가들이 이르는바 대화세大華勢의 곳이라, 만약에 궁궐을 세우고 계시면 천하를 합병할 수 있고 금나라가 방물을 바치고 항복할 것이며 36개 나라가 조공을 바치게 될 것입니다" 하였다. 그래서 인종 6년(1128) 11월부터 이듬해 2월까지 임원역지에 대화궁大花宮을 지었고 7년에 대화궁이 완성되자 인종은 또 서경으로 행차하였다. 이때 묘청의 도당 중에서 어떤 자는 표문을 올려 "황제를 칭하고 연호를 제정하라稱帝建元"고 권고하였으며 또 어떤 자는 금을 쳐서 멸하자고 주장하였다. 그러나 사람들은 모두 불가능하다고 여겼고 인종도 듣지 않았다.

묘청에 대한 기록
《고려사》 열전 중 묘청과 관련한 기록.

왕은 새 궁전의 건룡전에서 신하들의 축하인사를 받았다. 이 자리에서 묘청은 정지상·백수한 등과 함께 "방금 임금이 건룡전에 좌정할 때 공중에서 좋은 음악소리가 들렸으니 이것이 새 대궐로 이사온 데 대한 상서로운 징조입니다" 하고는 축하하는 표문을 작성하여 모든 재상들에게 서명을 요구하였다. 그러나 재상들은 이를 거절하였다.

"우리가 늙었어도 아직 귀는 먹지 않았는데 공중에서 나는 음악은 들어보지도 못하였다. 사람은 속여도 하늘은 못 속인다."

그러자 정지상이 분해서 "이것은 비상히 상서로운 징조이며 마땅히 역사에 기록해서 후세에 전할 일인데 대신들이 저러하니 실로 통탄할 일이다" 하였으나 표를 올리지는 못하였다.

한편 그는 도교의 술수도 부릴 줄 알았다. 소위 '태일옥장보법太一玉帳步法'이란 것이었다.

인종 10년, 이자겸의 난으로 불탔던 궁궐을 지을 때 최홍재·문공인·임경청 등이 공사를 감독하였다. 이곳의 집터를 닦기 시작하였을 때 묘청은 최홍재 등 역사役事 담당관원들에게 모두 공복을 입혀 차례로 세우고 장군 네 사람은 갑옷차림으로 칼을 든 채 사방에 서도록 하였다. 또 군사 120명은 창을 가지고 300명은 횃불을 잡고 20명은 촛불을 잡고 둘러서게 하였다. 그리고 나자 묘청은 중앙으로 가서 길이 360보나 되는 흰 삼줄 네 가닥을 늘이고 그것을 사방에서 네 번 당기며 술법을 행하며 말하기를 "이는 태일옥장보법인데 선사 도선이 이를 강정화에게 전수하였고 강정화가 나에게 전하였는데, 내가 늙으면 백수한에게 이를 전수하리니 여러 사람의 알 바가 아니다"라고 하였다. 《고려사》 권 127 묘청전

때때로 묘청과 백수한은 인종에게 서경으로 행차할 것을 청하였다.

"개경의 지세가 쇠하였으므로 하늘이 재화를 내려서 궁궐이 불탔으니 자주 서경으로 행차하시어 재앙을 물리치고 복을 맞이하여 무궁한 왕업을 누리소서."

왕이 여러 일관에게 물으니 모두 반대하였으나 정지상과 김안 그리고 몇몇 대신들은 찬성하고 나섰다.

"묘청이 말하는 것이 곧 성인의 법이니 어길 수 없습니다."

그리하여 왕은 서경으로 행차하였다. 서경에 다다르자 검교태사 이재정 등 50여 인이 묘청의 뜻에 맞추기 위해 황제를 칭하고 연호를 제정하자는 글을 인종에게 바쳤다. 정지상 등은 이것을 계기로 "대동강에 상서로운 기운이 있는데 이것은 신룡神龍이 침을 토하는 것입니다. 1천 년에 한 번 보기 드문 일이니 왕께서 위로는 천심에 답하고 아래로 인심에 따르면 금나라를 제압할 수 있을 것입니다" 하였다.

그런데 신룡이 침을 토한다고 한 것은 조작이었다. 묘청, 백수한 등은 남몰래 큰 떡을 만들어 속에 기름을 가득 채우고 작은 구멍을 뚫어 강물 속에 가라앉혔는데, 신룡의 침이란 바로 여기에서 나온 기름이었다.

이러한 묘청 등의 책동에 대해 임원애는 왕에게 글을 올려 묘청 무리가 갖은 모략으로 백성들을 현혹하니 이들을 처단해야 한다고 주장하였다. 그러나 왕은 듣지 않고 서경의 대화궁에 자신의 옷을 두게 하였다. 이렇게 하면 경사가 있으리라는 묘청의 말을 따른 것이었다.

그러자 직문하성 이중과 시어사 문공유 등이 상소하여 이르기를 "묘청과 백수한 등은 모두 요망한 자들입니다. 그들의 말이 괴이하고 황당해서 믿을 수 없는데 근신 김안과 정지상·이중부, 환관 유개 등이 묘청의 심복이 되어 서로 칭송·추천하고 그를 가리켜 성인이라 합니다. 또 대신까지도 그들을 믿고 따르는 자가 있어서 전하께서도 의심스러워하지 않게 되었습니다. 그러나 정직한 인사들은 그 자들을 원수처럼 미워하고 있으니 속히 멀리 물리치시기를 바랍니다" 하였다. 물론 인종은 이 청도 따르지 않고 묘청의 말을 들어 서경에 자주 행차하였는데 그럴 때마다 홍수·한발·폭풍·우박·낙뢰 등의 재변이 꼬리를 물고 일어났다. 대동강에서 뱃놀이를 할 때 갑자기 폭풍이 불어 인종이 황급히 대피했는가 하면 대화궁 근방 30여 곳에 벼락이 떨어지기도 하였다. 이에 인종도 점차 이들을 의심하기 시작하였다.

그러자 묘청 일파는 그들의 의도대로 서경 천도가 어려움을 알고 무장 봉기를 감행하였다. 인종 13년(1135), 묘청은 분사시랑 조광, 분사병부상서 유감 등과 더불어 거사하였다. 그는 왕의 조서를 위조하여 막료들 및 각 성의 수장들을 서경의 소금 창고에 가둬버렸다. 그리고 각 성의 병력을 강제로 동원해 인근의 말을 약탈하여 성내로 끌어들였다. 그들은 국호를 대위大爲, 연호를 천개天開라 하고 또 그들의 군대를 천견충의군天遣忠義軍이라 하였다. 그리고 성공했을 때를 대비하여 양부대신과 각 도의 수령들을 모두 서경인들로 임명한다는 문서를 작성해두었다.

묘청 일파 토벌에 나선 김부식

이에 조정에서는 김부식을 우두머리로 하여 토벌군을 편성하였다. 중군에는 김부식·임원애·윤언이 등을 통솔 책임자로 하였고 좌군에는 김부의·김단·윤언민 등을 그리고 우군에는 이주연·진숙 등을 세웠다. 김부식은 떠나기에 앞서 여러 장수들에게 "서경의 반란에 정지상 · 김안 · 백수한 등이 공모하였으니 이들을 제거하지 않으면 서경을 되찾을 수 없다" 하고는 병사들을 시켜 이들을 죽이고 왕에게 보고하였다. 김부식이 정지상을 묘청의 당으로 지목하여 죽인 것은 정지상의 문장과 재주에 대하여 시기심을 가지고 있었기 때문이라고 한다. 《고려사》 묘청전에도 "김부식과 정지상은 평소에 글에서의 명망이 서로 비등하였으므로 김부식이 불만을 품고 묘청과 내통했다는 구실로 살해하였다"라고 되어 있다.

김부식은 문종 29년(1075) 경주 김씨 김근의 셋째 아들로 태어났다. 김근은 현재의 국립대학총장 격인 국자제주를 지냈으며 좌간의대부까지 올랐고 또 김부식의 증조부는 경주의 주장州長을 지낸 김위영이었다. 그러기에 그는 유복한 집안에서 높은 수준의 교육을 받았으리라 짐작할 수 있다.

김부식은 숙종대에 과거에 합격하여 안서도호부 사록참군사로 관직생활을 시작한 인물이었다. 그 후 한림학사로 임명되었으며 우사간, 중서사인을 역임하였다. 한림원에 들어가 근무한다는 것은 선비로서는 아주 큰 영예였다. 여기에서는 당대 최고의 문사들이 모여 왕에 대한 자문은 물론 외교 문서나 왕의 교서를 작성하는 임무를 수행하였기 때문이다.

이러한 학식과 경륜으로 인하여 김부식은 왕에게 《주역周易》이나 《상서尙書》 등 유교 경전을 강의하였고 송나라와의 외교 사절로도 활약했다. 고려에 왔던 송나라 사신 서긍徐兢은 《선화봉사고려도경宣和奉使高麗圖經》에서 김부식을 묘사하기를, "몸집은 크고 얼굴은 검으며 눈알이 튀어나왔다. 그러나 아는 것이 많고 글을 잘하여 따르는 선비가 많고 그를 이길 만한 사람이 없다"라고 하였다.

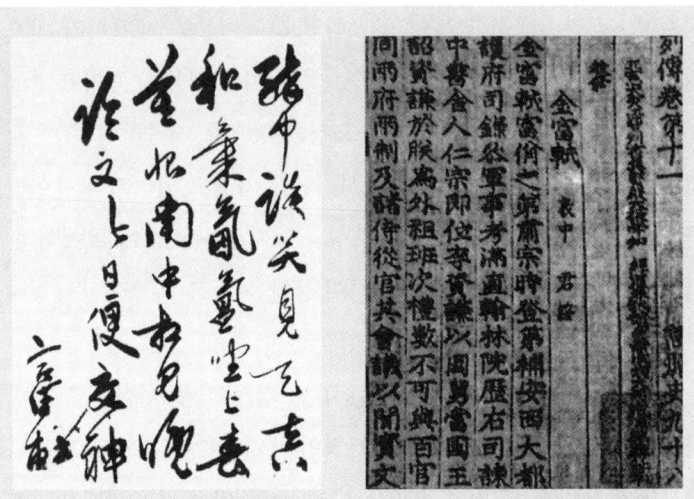

김부식
김부식의 글씨와(왼쪽) 《고려사》 열전에 나오는 김부식에 관한 기록(오른쪽). 유학자이자 《삼국사기》도 편찬한 역사가인 김부식은 아는 것이 많고 글을 잘하여 따르는 선비가 많고 그를 이길 만한 사람이 없었다 한다.

그가 묘청 일파와 대립하는 선봉에 선 것은 정치적 입지 때문이었다. 인종의 외척인 이자겸을 내내 견제해왔던 김부식은 마침내 이자겸이 사라지자 새롭게 인종의 외척이 된 임원애와 손을 잡고 막강한 권력을 행사했다. 이런 마당에 인종이 개경을 버리고 서경으로 간다면 이는 자신의 권력 기반이 송두리째 흔들리게 되는 것이다. 그래서 묘청 등의 주장을 묵살하였고 마침내는 토벌군의 대장이 되었다. 서경으로 출동한 김부식의 토벌군은 1년여 만에 평양성을 점령하고 묘청 일당을 제거하였다.

진취사상 대 보수사상

위의 내용은 대체로 《고려사》의 내용을 근거로 기술하였다. 그렇다면 묘청 일파의 거사는 반란에 불과했는가. 물론 그들이 주장한 금국정벌론은 당시의 현실에서 볼 때 무리한 주장이었다. 그러나 기록을 검토해보면 과연 묘청이 실제로 그의 주장대로 하려 한 것이었을까 하는 의문이 든다. 그는 다만 금의 압력이 계속되는 상황에서 서경을 중심으로 민심을 하나로 모으기 위해 이런 주장을 했을 가능성이 있다. 그리고 그가 행한 여러 술책들도 자신의 주장을 관철시키기 위하여 정치가들이 행하는 흔한 술책으로 볼 수도 있다.

이렇게 본다면 묘청 일파는 일종의 현실개혁운동가였다. 묘청은 인종대의 정치·사회적인 불안요인이 당시 집권층의 경제적 수탈과 정치적 무능, 이를 통한 대금對金의존도의 심화에 있었다고 간파하고 이를 개혁하려 한 것이다. 그것은 인종 5년, 왕이 서경에 행차하여 내린 '유신지교維新之敎'에서도 알 수 있다. 이 교서는 묘청, 백수한, 정지상 등이 왕에게 요청한 것으로서 모두 15개 조항으로 되어 있다. 그것을 분석해보면 풍수지리에 관한 것은 1개 항뿐이고 관리들의 비리척결이나 훌륭한 인재선발에 관한 것이 4개 항, 그리고 나머지 10개 항은 모두 백성들의 생활향상에 직·간접으로 관련된 것들이다. 즉 인종은 이 교서를 통하여 왕권을 회복하고 정치기강을 세움과 동시에 민생을 구하는 정책을 시행하려 한 것이다.

이 교서가 발표된 후 묘청 등은 적극적으로 서경천도운동을 전개하였다. 그가 개혁의 중심지로 서경을 택한 것은 그가 서경 출신이라는 이유도 있었겠지만 서경은 옛 고구려의 수도로 고려 초기 이래 중시되었기 때문이었다. 또한 금과 사신 왕래가 빈번하여 서경 지역이

다른 지역보다 경제적 피해가 컸고 과중한 역과 별공別貢의 상납에 시달렸던 탓도 있었으리라.

　이렇듯 묘청을 긍정적으로 평가한 것은 신채호가 최초였다. 즉 그는 이 사건을 낭·불郎·佛 대 유가儒家, 국풍파國風派 대 한학파漢學派, 독립당 대 사대당, 진취사상 대 보수사상의 싸움으로 보고 "조선 1천 년 이래 제일 큰 사건"이라 평하였다. 그리하여 묘청은 전자의 대표요 김부식은 후자의 대표라 하였다. 그러나 이 사건의 실패로 고려 후기부터 조선시대에 이르기까지 사대사상이 만연하여 결국 우리나라는 일본의 식민지 국가가 되었다고 주장하였다. 비록 이러한 평가는 일제시대의 암울함 속에서 진취적인 민족정신을 일깨우기 위한 목적으로 나오기는 하였지만 타당한 주장이다.

　묘청과 김부식. 이 둘은 지금의 어지러운 고려를 어떻게 꾸려나갈지 고민하였다. 그러나 한쪽은 개혁을 다른 한쪽은 보수를 부르짖었다. 묘청은 시대를 바꾸기 위해 새로운 개혁을 시도하였으나 이미 기득권을 갖고 있던 김부식의 반대와 대립으로 좌절했다. 개혁이 무조건 옳다고는 볼 수 없으나, 개혁을 통해 숨겨져 있던 보수의 일면이 드러나기도 한다. 역시 개혁은 쉬운 일이 아니다. 우리는 이를 묘청의 예에서 볼 수 있는 것이다.

힘의 논리가 지배하는 정치의 위험성

이의민과 최충헌
묘청의 난의 실패는 곧 바로 무신의 난, 곧 무인 정권의 수립으로 이어졌다. 무신의 난은 오랫동안 문신들이 독점해온 정치에 반발하여 무신들이 일으킨 쿠데타였다. 무력으로 문신 지배층을 쫓아낸 무신들은 이제 자신들만의 체제를 설립하고 새로운 정치를 시작하였다. 그러나 이러한 시도는 결코 순탄치 않았을 뿐더러 무신들도 권력의 맛에 물들어 빠르게 부패하였고, 자신들끼리의 세력다툼이 심화되어 새로운 쿠데타를 되풀이했다.

힘으로 출세한 천민

이의민은 경주 출신의 천민이었다. 아버지 이선은 소금과 체를 파는 떠돌이 장사꾼이었으며 어머니는 절의 여종이었다. 그는 신장이 8척에 이르고 힘이 장사였다. 그 위의 두 형들도 그에 못지 않아 이의민 삼형제는 경주에서 유명한 불량배였다.

경주에 내려갔던 안렴사 김자양은 민심을 얻기 위해 이들을 잡아 죄를 묻고 고문하였다. 모진 고문 끝에 두 형은 죽었지만 이의민은 어찌나 끈질긴지 고문을 이겨냈다. 김자양은 이의민을 보니 힘이 장사이고 운동을 잘하여 써먹을 데가 있을 것 같아 서울로 보냈다. 상경하던 중 이의민은 도성 남쪽의 연수사延壽寺라는 절에 묵었는데, 그 날 밤 성문에서부터 궁궐에까지 이른 사다리를 타고 올라가는 꿈을 꾸었다고 한다.

이후 이의민은 열심히 군인으로서 임무를 수행하였다. 그리하여 사졸로 출발한 그는 분대장에 해당하는 대정隊正이 되었다. 어느 날은 의종毅宗(재위 1146~1170)의 앞에서 수박手搏(손으로 치고 막는 무술로 오늘날의 태권도와 택견과 비슷한 운동) 시범을 보였는데 이의민의 무술을 본 의종은 대정에서 별장別將(정7품으로 현재의 중대장급의 지휘관)으로 무려 3단계나 승진시켰다. 이처럼 의종의 총애를 받았지만 그는 출세를 위해서는 수단과 방법을 가리지 않는 인물이었다. 무인정변이 일어나자 이때야말로 자신이 출세할 기회라 생각하고 닥치는 대로 사람을 죽였고, 명종明宗 3년(1173) 김보당의 난*이 일어났을 때는 의종을 무참하게 때려죽였다. 은혜를 원수로 갚은 것이었다. 그 대가로 그는 대장군(大將軍: 종3품)이 되었다.

명종 4년에 일어난 조위총의 난** 때에도 그는 맹활약하였다. 정동대장군지병마사가 된 그는 조위총의 군사와 맞아 싸웠다. 적이 쏜 화살에 눈이 맞았으나 손으로 화살을 뽑은 그는 그대로 진군하여 적

수박희
중국 길림성 무용총 벽화. 수박희는 고려시대에 무술 훈련의 기본기로 삼았고 이의민은 의종 앞에서 이 무술을 선보여 파격적으로 승진하였다.

을 대파하였다. 그야말로 지독한 인물이었다. 이 모습을 본 조위총의 군사들은 이의민이 출동했다는 소리만 들으면 싸움도 제대로 해보지 못하고 꼬리를 감추었다. 이때의 공로로 그는 상장군上將軍(정3품)에 올랐다. 무인정변이 일어난 지 4년 만에 관직으로는 무반 중 최고직에 올랐으나 그가 실권을 장악한 것은 아니었다. 이의방李義方이나 정중부鄭仲夫 등이 문반직에 앉아 권력을 휘둘렀고 또 천민 출신이라는 것 때문에 이의민은 다른 무인들로부터 질시를 받았다.

경대승慶大升이 정중부를 제거하고 정권을 잡자 이의민에게 위기가 닥쳐왔다. 관리들은 경대승에게 나아가 축하하였지만 경대승은

---

* 계사(癸巳)의 난이라고도 한다. 김보당은 명종 1년(1171) 우간의대부를 지냈으며, 의종 때 최윤의·이원응·오중정·이준의 등을 탄핵하다가 공부시랑으로 좌천되었다. 이로 인해 점차 무신 정권에 비판적으로 되었다.
1173년, 앞서 군사를 일으켜 정권을 잡은 정중부·이의방 등을 물리치고 전왕(前王) 의종을 다시 세우고자 녹사 이경직·장순석 등과 거병하기로 모의하였다. 동계(東界)에서 군사를 일으키고 장순석 등은 거제도로 유배된 의종을 받들고 경주로 나와 웅거하였다. 그러나 장군 이의민, 산원 박존위에게 모두 패하였다. 김보당은 체포된 다음, 문신으로서 이 모의에 가담하지 않은 자가 없다고 말하여 많은 문신이 죽음을 당하였다. 이후 무신들이 정부의 요직을 독점하고 정권을 잡아 무신 정권을 확립하였다.

** 1774년(명종 4)부터 1176년까지 2년 동안 평양을 중심으로 정중부 등의 무신 정권에 대항해서 일어난 대병란.
병부상서 겸 서경유수 조위총은 1174년 9월 정중부, 이의방 타도를 명분으로 서경에서 군사를 일으켰다. 연주성을 제외한 절령 이북의 40여 성이 모두 이에 호응하여 중앙 정부에 반기를 들었다. 고려 조정에서는 평장사 윤인첨에게 서경을 토멸토록 하였으나 정부군은 절령에서 대패하였다. 이의방이 스스로 군사를 이끌고 나아가 서경군을 격파하고 대동강에 이르러 서경의 성 밖에 진을 쳤으나 추위에 견디지 못하고 철수하였다. 다음해 윤인첨, 두경승 등이 서경을 포위, 고립시켜 지구전을 폈다. 외부세력과 연락이 두절된 조위총은 금나라에 절령 이북 40여 성을 바친다는 조건으로 구원병을 청하였으나, 금나라에서는 이를 듣지 않았다. 이로부터 거의 1년 동안 공방전을 벌이다가 1176년 6월에 이르러서야 정부군의 총공격으로 서경은 함락되고 조위총은 사로잡혀 목베임으로써 만 22개월을 끌던 조위총의 병란은 끝이 났다.

말했다.

"임금을 죽인 자가 아직 살아 있는데 무슨 축하를 받으리오?"

이 말을 들은 이의민은 크게 두려워하여 날랜 용사들을 집에 모으고 병을 핑계대어 고향으로 내려갔다.

그러나 경대승이 죽자 이의민은 정권에 복귀하였다. 무반직을 버리고 문관직을 받은 그는 명종 12년에는 동중서문하 평장사·판병부사東中書門下平章事·判兵部事(정2품)까지 올랐다. 이처럼 무인 집권자들은 무반직보다 문반직을 선호하였다. 무신들이 문신들에 대하여 열등감을 가진 탓도 있었다.

이렇듯 재상급에도 무인들이 등용되었으나 이들은 정사를 제대로 돌보지 않고 매일 술을 마시고 툭하면 싸움을 벌였다. 추밀원樞密院(왕명출납과 숙위 업무를 맡은 관청)에는 김영존과 손석 같은 무인이 있었으나 서로 다투기를 호랑이 두 마리가 성내어 우는 것 같다고 했다.

중서문하성에는 이의민과 두경승이 있었으나 사정은 마찬가지였다. 중서성에 앉아 서로 힘자랑이나 하는 형편이었다. 그러자 일부 지식인들이 시를 지어 이 둘을 조롱하였다.

나는 이와 두를 두려워하나니	吾畏李與杜
위풍이 당당해서 진짜 재상宰相 같네	屹然眞宰輔
황각에 3, 4년 있는 동안에	黃閣三四年
주먹바람만 만고에 제일이더라	拳風一萬古

한편, 이의민의 욕심은 점점 더 커졌다. 오색 무지개가 겨드랑이에

최충헌
최충헌의 일생이 기록된 묘비의 한 부분.

서 나오는 꿈을 꾼 후 자신도 왕이 될지 모른다는 생각을 했다. 또 옛 예언에 "왕손은 12대에 끝이 나고 다시 십팔자가 있을 것이다龍孫十二盡 更有十八子"라는 말을 듣고 그 십팔자('十八子'는 '李'를 뜻함)가 자신일 것이라 생각하였다. 그래서 경상도에서 일어난 김사미 · 효심*의 난을 은근히 지원하면서 신라의 부흥을 꾀하기도 하였다.

---

* 고려시대 1193년(명종 23) 김사미가 농민들을 모아 경상도 운문산을 본거지로 일으킨 반란. 김사미는 별도로 초전에서 난을 일으킨 효심 등과 모의하고 신라 부흥을 표방하며 신라의 유민을 모아 각 지방에서 기세를 올렸다. 반란군은 조정에서 보낸 대장군 전존걸 휘하의 토벌군 장군 가운데 역시 신라 부흥을 꿈꾸는 이의민의 아들 지순을 반란군에 보내 토벌군의 군사기밀을 탐지하여 그 공격을 미리 방어하였다. 이듬해 조정에서 다시 파견한 남로착적병마사 최인, 도지병마사 고용지가 진압하여 김사미는 투항, 참수되었다.

그러나 이의민은 지도자감이 아니었다. 인사를 제멋대로 하면서 뇌물을 받고 관직을 주었으며 백성들의 집과 토지를 강탈하는 일이 예사였다. 길을 가다가 예쁜 여인을 보면 납치하여 취하고는 했다. 이의민의 처 최씨는 이를 질투하여 여종을 때려죽이고 남종과 간통하기도 했다. 그 자식들도 부모를 닮아 온갖 못된 짓을 하고 다녔는데, 그 중 이지영, 이지광이 특히 심해서 사람들은 이들을 '쌍칼雙刀子'이라 하였다.

이러한 이의민의 정권이 오래 갈 수는 없었다. 마침내 최충헌과 최충수崔忠粹 형제가 이의민을 죽이기로 모의하여 제2의 쿠데타를 일으킨 것이다.

최충헌의 초명初名은 최란崔鸞이요 우봉(황해도 금천) 사람이었다. 아버지는 상장군(정3품으로 무반 중 최고위직) 최원호였다. 최충헌은 음서로 양온령(良醞令: 술 만드는 관청의 책임자)에 올랐다. 최충헌의 집안은 무반으로서는 명문가인 것이다.

그가 출세하게 된 계기는 명종 4년에 일어난 조위총의 난이었다. 원수元帥 기탁성이 최충헌을 별초도령에 임명하였던 것이다. '별초'란 특별히 가려 뽑은 군대란 뜻으로 공격 부대 중에서도 최정예 부대였다. 최충헌은 이 부대를 이끌고 선봉에 서서 적을 격파하였고 그 공으로 별장에 올랐다. 그 때부터 무반직에 올라 이의민을 제거하기 직전인 명종 26년경에는 섭장군이 되었다. 경대승이나 이의민 등이 단기간에 장군의 직위에 오른 것을 생각하면 아주 늦은 승진이었다.

최충헌을 비롯한 명문 가문의 무신들은 천민 출신들이 권력을 휘두르는 이의민 정권을 달가워하지 않았다. 본디 이의민 자신이 천민이었기 때문에 그의 정권에는 출신이 형편 없는 자들이 많이 고위직

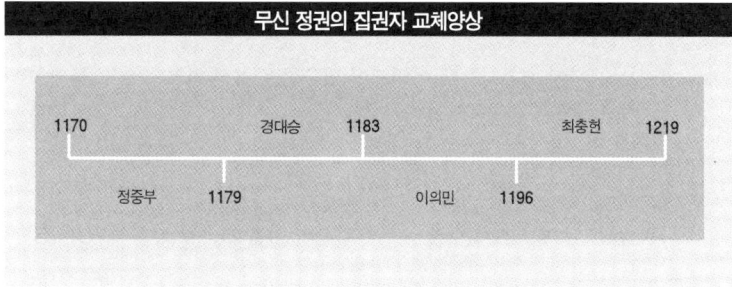

에 있었다. 옥을 다듬는 장인의 아들 조원정, 전리電吏(빠르게 소식을 전하던 일종의 전령) 출신의 정방우, 창고 곁에서 쌀을 주워 먹고 살았던 석린 등이었다. 이런 불만이 결국 이의민을 제거하려는 움직임으로 드러난 것이다.

칼로 일어섰으나 칼로 망하다

기록에 의하면, 최충헌이 아우 최충수와 같이 이의민을 제거하게 된 계기는 집비둘기 때문이었다고 한다. 그 실상은 이러했다.

아우 최충수는 동부녹사東部錄事가 되었는데 성품이 음험하고 용맹스럽고 사나웠다. 이의민의 아들 장군將軍 이지영李至榮이 최충수 집에서 기르는 비둘기를 빼앗았는데 최충수가 돌려주기를 청하면서 말이 매우 거세었다. 이지영이 노하여 결박하게 하니 최충수가 말하기를, "장군이 손수 결박하지 않으면 누가 감히 나를 결박하겠느냐" 하니 이지영이 장하게 여겨 놓아주었다. 최충수가 곧 최충헌에게 고하기를, "이의민의 네 부자父子는 실로 나라의 적인데 내가 이를 베고자 하니 어떻습니까" 하니 최충헌이 어렵게 여겼다. 최충수가 말하기를, "나의 뜻이 이미 결정되었으니 가히 중지할 수 없습니다" 하니 최충헌도 이에 그렇게 여겼다.

마침 왕이 보제사에 행차하는데 이의민이 병을 청탁하여 따르지 않고 몰래 미타산의 별장에 갔다. 최충헌이 최충수와 그 생질 박진재, 노석숭 등과 함께 칼을 소매에 넣고 별장 문 밖에 이르러 이를 기다렸다. 이의민이 장차 돌아오려고 문 밖에 나와 말을 타려고 하니 최충수가 돌입하여 이를 쳤으나 맞히지 못하였는데 최충헌이 바로 앞으로 나가 이를 베니 종자 수십 인이 벌벌 떨며 모두 무너졌다. 노석숭으로 하여금 이의민의 머리를 가지고 달려 서울로 들어와 저자에 효수하니 보는 자가 놀라 떠드는 소리가 서울 안에 진동하였다. | 《고려사》 권129 최충헌전

거사가 성공하자 최충헌은 이른바 〈봉사10조封事十條〉를 올려 10가지 조항에 달하는 개혁책을 제시하였다. 여기에서 그는 지금까지 실정을 조목조목 비판하면서 이를 시정해야 한다고 건의하였다. 그 내용은 부정한 벼슬아치를 쫓아낼 것, 청렴한 자를 뽑아 쓸 것, 높은 자리에 있는 벼슬아치들의 사치를 막을 것 등이었다. 이는 자신들의 거사가 정당했음을 내외에 알리고자 하는 목적도 있었다.

최충헌 정권 초기 재상에 오른 인물들은 두경승·기홍수·임유·

〈봉사10조〉
《고려사》열전 최충헌조에 〈봉사10조〉를 올렸다는 기록. 최충헌은 이의민을 없앤 후 조정에 10가지 조항에 달하는 개혁안을 올렸다. 이는 자신들의 거사가 정당했음을 내외에 알리려는 목적도 있었다.

이문중·김준·최당·최선·차약송·김원의 등이었다. 두경승의 중서령직 임명은 이의민 정권의 붕괴에 따른 민심의 불안을 해소하고 그들을 회유하기 위해서였다. 그러나 나머지 인물들은 대개 명문가 출신이었다. 임유는 문벌인 정안 임씨 출신이었으며 최당과 최선 역시 명문인 철원 최씨 출신이었다. 기홍수와 차약송 등은 양반가 출신이었으니 글자도 모르던 사람들이 재상을 지냈던 이의민 정권과는 모든 면에서 달랐다. 그러나 이의민과 최충헌의 정권은 학벌이나 출신이 정치를 잘하느냐 못하느냐와는 무관하다는 사실을 역설적으로 보여준다.

얼마 안 가 최충헌은 지금까지의 실정에 대한 책임을 물어 명종을 폐위하고 그 아우였던 신종神宗(재위 1197~1204)을 왕으로 옹립하였다. 새로운 정권의 성립을 표방한 것이다. 그리고 나름대로 권력을 남용하지 않으려 노력하였다. 그러나 그 후 아우 최충수가 딸을 태자비로 들이려 하자 이에 반대하여 의견충돌이 일어났다. 이것은 큰 싸움으로 번져 최충헌이 최충수를 죽임으로써 독재 정권을 강화했다.

그도 권력의 맛을 떨쳐버릴 수 없었다. 문·무반의 인사권을 장악한 최충헌은 인사를 마음대로 하였다. 그가 관리들의 인사명단을 작성하여 올리면 왕은 그대로 고개만 끄덕일 뿐이었다. 손님들에게 연회를 베풀 때면 수박시합을 열어 승자에게 즉석에서 교위校尉(정9품)나 대정벼슬을 주기도 했다. 또 그의 친족들을 요직에 배치하여 정권의 보호막을 형성하였다.

한편으로는 자신의 소행 때문에 해를 입을까 불안한 나머지 무술에 뛰어나고 힘센 자들을 모아 6개 반으로 편성하여 자신의 집을 교대로 지키게 하였는데 이를 '도방都房'이라 하였다. 교정도감이란 관청을 두어 정적들을 감시, 탄압하기도 하였다. 심지어 왕을 함부로 갈아치우기도 하였다. 그는 집권 23년 동안에 명종과 희종熙宗(재위 1204~1211)을 폐하고 신종과 희종·강종康宗(재위 1211~1213)·고종高宗(재위 1213~1259) 네 왕을 옹립하였던 것이다.

이의민과 최충헌은 둘 다 무인이었다. 그러나 전혀 다른 입장의 두 사람은 한 시대에서 대결을 벌였고, 이에 최충헌은 이의민을 제거하고 새로운 정치를 열어보고자 했다. 그러나 그도 결국 무인들이 권력을 전횡하던 기존의 구도를 깰 수가 없었고, 부패의 일로를 걷게 되었다. 역시 정치는 그 방면의 전문가가 하는 것이 옳다. 무인은 병란이나 전쟁시에 나라를 지키는 것이 의무이지 정치의 전문가는 아니었다. 때문에 많은 폐단이 속출하였던 것이다. 우리는 이 같은 예를 현대사를 통하여 절실히 깨닫고 있다.

개혁과 반역은 무엇이 다른가

공민왕과 신돈

고려 말, 고려는 원元나라의 압제 아래에 있었다. 내정에 간섭받는 일은 나날이 심해졌고, 이제 고려는 이름만 독립국일 뿐, 반은 원나라의 속국이나 다름없었다. 또한 나라 안에는 원나라의 세력을 등에 업고 권문세족들이 날뛰었으며, 부패한 국가 구조는 어떻게 손을 쓰기도 어려웠다.

이러한 총체적인 위기를 이겨나가기 위해 무엇을 어떻게 해야할까? 시대는 변화를 바라고 있었다. 공민왕恭愍王(재위 1351~1374)은 승려였던 신돈辛旽(?~1371)을 통해 새로운 정치를 펼쳐보고자 했다.

원나라로부터 독립을 꾀하다

공민왕은 22세의 나이로 충목왕忠穆王(재위 1344~1348)의 뒤를 이어 왕위에 즉위하였다. 그는 충숙왕忠肅王(재위 1313~1330, 1332~1339)과 명덕태후 홍씨의 사이에서 태어났다. 그는 원나라 위왕衛王의 딸 노국공주를 아내로 맞았는데 둘 사이의 금슬은 누구보다 좋았다. 왕비의 신뢰에 힘을 얻어, 공민왕은 반원개혁정치를 할 수 있었다. 그는 즉위하자마자 불법적인 인사행정의 온상이었던 정방政房을 혁파하고 전민변정도감을 설치해 토지와 인민의 탈점을 시정토록 하였다. 또한 변발과 호복胡服을 풀고 고려식 복장을 하여 고려의 부흥을 꾀하였다.

당시의 국제정세도 공민왕에게 유리하게 돌아가고 있었다. 당시 원나라는 서서히 쇠망해갔고, 각 지역에서 한족들의 반란이 일어났다. 공민왕 3년(1354), 반란의 토벌을 돕기 위해 출동했던 최영·김용 등 고려군은 원나라의 쇠약한 내부정세를 목격하고 이를 공민왕에게 보고하였다. 이에 용기를 얻은 공민왕은 재위 5년(1356)부터 본격적인 개혁에 착수하여 기황후를 등에 업고 권력을 휘두르던 기철 등의 권문세족을 일망타진하였다. 고려의 내정간섭기관이었던 정동행성을 혁파하고 동북면의 쌍성총관부를 수복하였다. 원나라의 연호도 폐지하고 관제도 문종대의 것으로 복구하였다.

그러나 모든 것이 순조롭지만은 않았다. 원과 권문세족의 반발이 만만치 않았고, 홍건적이 고려로 침략해 들어와 막대한 피해를 입혔다. 특히 홍건적의 두 번째 침략에 개경이 함락되고 왕이 복주(안동)로 피난하기까지 했다. 환궁하던 공민왕은 흥왕사에 머무르다 원과 결탁한 김용 일당의 습격을 받기도 했다. 그 몇 달 후에는 원이 일방적으로 공민왕을 폐위하고 덕흥군德興君을 옹립하였다. 이 일은 최영

원 간섭기의 고려
공민왕은 내정간섭기관이었던 정동행성을 혁파하고 쌍성총관부를 수복하는 등 원에게서 벗어나 독자적인 나라를 세우려 노력하였다 (한국민족문화대백과사전, 한국정신문화연구원 참조).

과 경천흥 등 무장세력의 활약으로 무사히 수습되었지만 공민왕의 개혁의지를 약화시켰다. 무엇보다도 공민왕 14년(1365) 2월에는 사랑하던 왕비 노국공주가 애를 낳다가 죽고 말았다. 왕비를 잃은 공민왕의 슬픔은 너무도 커서 정사에 뜻을 잃고 불교에 귀의하게 되었는데 이때 등장한 사람이 바로 신돈이었다.

짐朕은 사師를 돕고 사는 짐을 도우라

신돈은 계성현(경남 창령 계성면)의 옥천사玉川寺에 있던 노비의 몸에서 태어났다. 원래 이름은 편조遍照이고 자는 요공耀空이었다. 공민왕은 어느 날 누군가가 칼로 자신을 찌르려는 것을 중이 구해주는 꿈을 꾸었다. 그때 마침 김원명이 신돈을 왕에게 소개하였는데 꿈에 본 중과 모습이 흡사하였다. 이렇게 하여 인연을 맺게 된 공민왕과 신돈은 노국공주가 죽자 급격히 가까워졌다. 왕이 재위한 지 오래 되었으나 재상들이 뜻에 맞지 않았으므로 일찍이 말하였다.

"세신世臣 대족大族은 친당親黨이 뿌리를 이어 서로 가리고 덮으며 초야의 신진新進은 정으로 속이고 행동을 꾸며서 명예를 탐하다가 신분이 높아지면 문벌이 측미함을 부끄럽게 여겨 대족과 혼인하여서 다 그 처음을 버리며, 유생은 유약하여 강직함이 적고 또 문생門生이니 좌주座主니 동년同年이라 칭하고 같은 당끼리 어울리고 정에 따르니 3자는 모두 쓰기에 부족하다."

공민왕은 세상을 떠나 독립한 사람을 얻어 크게 써서 폐단을 고치려고 생각하였다. 이러한 때에 신돈을 보니 득도하여 욕심이 적으며 또 미천하여 가까운 당이 없으니 큰 일을 맡겨도 될 것이라 생각하였다. 그리하여 신돈에게 수행을 굽혀 세상을 구할 것을 청하였다.

신돈이 겉으로 기꺼이 따르지 않는 척하여 왕의 뜻을 굳게 하니 왕이 이를 강조하는지라. 신돈이 말하기를,
"일찍이 듣자오니 왕과 대신이 많이 참소하고 이간함을 믿는다 하오니 바라건대 이 같이 하지 않으시면 가히 나라를 복되게 할 것입니다."
라고 하는지라. 왕이 곧 손수 맹세하며 가로되,
"師는 나를 구하고, 나는 사를 구하여 사생결단하여 사람의 말에 미혹함이 없을 것을 부처와 하늘에 증명하리라."
하고 이에 더불어 국정을 의론하였다.　　　　| 《고려사》 권132 신돈전

　권력을 잡은 신돈은 먼저 권문세족들의 관직을 빼앗고 그들의 전민田民을 몰수하였다. 공민왕 14년에는 전권을 위임받아 국정을 총괄하는 첨의사의 우두머리가 되었을 뿐 아니라 관리들에 대한 감찰권까지 쥐었다. 또한 승려들을 총괄하고 앞날을 예언하는 관청의 책임자 역할도 하게 되었다.
　이때부터 신돈의 본격적인 개혁이 시작되었다. 우선 개혁에 장애가 되는 영도첨의領都僉議 이공수·시중 경천흥·판삼사사判三司事 이수산·찬성사贊成事 송경 등을 파면하여 축출하였다. 한편으로 자신의 뜻에 맞는 재신과 추밀들을 가려 뽑아 내재추제內宰樞制를 실시하여, 이들이 국가의 중대사를 처결하도록 하였다. 이는 권문세족이 중심이 된 도평의사사의 권한과 기능을 약화시키고 왕권을 강화시키기 위한 것이었다.
　다음으로 실시한 개혁은 전민변정田民辨整사업이었다. 공민왕 15년, 전민변정도감을 설치하여 권세가들이 빼앗은 토지를 본주인에게 돌려주고 억울하게 노비가 된 자들을 풀어주었다. 이로서 개혁은 일

성균관
신돈은 교육진흥책의 일환으로 성균관을 중건하여 새로운 인재를 등용, 개혁의 받침돌로 사용하고자 하였다.

반 백성들의 지지를 얻을 수 있었고, 농민을 확보하고 세금을 거둘 수 있는 공전을 확대하여 국가 재정을 튼튼히 할 수 있었다. 이 때문에 사람들은 신돈을 성인이라 칭했다.

신돈은 공민왕의 교육 방침을 이어 성균관成均館을 중건하였다. 공민왕의 교육진흥책은 그 이전의 개혁안에도 교육 기능의 강화와 인재 육성을 천명했었다. 성균관의 학생 수를 증가시키고 교육 과정을 오경사서재五經四書齋로 편성하였으며, 과거삼층법科擧三層法을 실시하여 과거시험제도도 강화하였다. 이로써 새로운 인재를 등용하여 개혁의 받침돌로 사용하고자 하였다. 실제로 이 시기에 이색을 비롯하여 정몽주·정도전·이존오·권근 같은 신진문신세력이 조정의 일각에 대두하고 있음은 주목할 일이다.

신돈의 개혁정책	
왕권강화	내재추제 실시, 도평의사사의 권한과 기능 약화.
토지개혁	전민변정 사업 실시. 국가 재정을 튼튼히 함.
교육진흥책	성균관 중건, 과거삼층법 실시.
관료체제	산관 통제, 순자격제 실시.

관료체제의 정비도 함께 추진하였다. 이는 산관散官(실제 업무를 보지 않는 관직자)에 대한 통제와 순자격제徇資格制의 실시로 나타났다. 당시 홍건적과 왜구의 침입을 격퇴하는 과정에서 군공에 대한 대가로 첨설직添設職(현직 외에 설치된 실제 업무를 보지 않는 관직)이 마구 만들어졌다. 따라서 세금을 부담하는 계층이 감소하였고, 이들 산관들이 외방에서 많은 폐해를 끼쳤다. 그래서 이들을 군대에 편입시키거나 개경에 올라와 숙위를 담당케 하였다. 또 순자격제는 능력보다는 근무연한을 준수하여 승진시키는 제도였다. 임기를 채우지 않고 권력자에 빌붙어 승진하는 것을 막으려 한 것이었다.

또한 신돈은 공민왕에게 천도를 건의하기도 하였다. 그는 공민왕 16년 《도선비기道詵秘記》에 '송도松都의 지기가 쇠하였다'는 설을 들어 서경으로 천도할 것을 권하였다. 이것이 이루어지지 않자 이춘부를 시켜 충주로 천도할 것을 건의하였다. 이는 개경에 뿌리내린 권문세족들을 피하고 새로운 도읍지에서 자신의 세력을 형성하고자 함이었으나 권문세족들의 반대로 실행에 옮기지는 못하였다.

속속 드러나는 부작용

이러한 개혁의 뒷받침이 되었던 군사적 기반은 충용위忠勇衛였다. 충용위는 공민왕 5년 무렵 왕실을 수호하고 개혁에 반대하는 자들을 무력으로 제압하기 위해 설치한 것이었다. 신돈의 개혁기에는 충용위 250명을 시켜 항상 신돈을 호위케 하였다.

 이러한 신돈의 개혁으로 민생이 어느 정도 안정되고 국가 재정이 확보되었으며 정치질서도 자리를 잡아가는 듯했다. 그러나 여기저기서 개혁에 따른 부작용이 속출하였다. 무엇보다 큰 것이 권문세족의 반발이었다. 권문세족들은 자신들의 특권과 토지를 순순히 포기하지 않았다. 그리하여 신돈을 제거할 거사를 모의하였다. 그러나 공민왕 16년, 지도첨의 오인택이 경천흥·목인길·김원명 등과 함께 신돈을 제거하려다 실패하였다. 그 이듬해에도 전밀직부사 김정 등이 신돈을 제거할 모의를 하다 발각되어 처단된 바 있었다.

 그런데 공민왕과 신돈 사이에도 조금씩 틈이 생기기 시작하였다. 인간은 권력을 쥐면 누구나 마음껏 휘두르고 싶어지는 법이다. 신돈도 예외는 아니었다. 왕이 각처의 왕릉에 배알할 때 백관들은 왕을 따라 절하였으나 신돈은 배례하지 않았다. 또 평양으로 천도하자는 건의에 공민왕이 찬성하지 않자, 평양에서 돌아온 후로 왕에게 보고하지도 않았다. 이러한 신돈의 오만불손한 행동에 공민왕도 점차 불만을 갖게 되었다.

 그들 사이가 본격적인 대립관계로 들어간 것은 공민왕 18년(1369)이었다. 신돈은 자신이 5도道의 사심관事審官(지방 출신이 중앙에 진출해 고위관직에 오르면 출신 지역을 통제하게 한 제도)이 되어보고자 삼사의 관원을 시켜 그 제도를 부활시킬 것을 건의하게 했다. 그러자 공민왕은 "나의 선친 충숙왕이 심한 가뭄을 당했을 때 각 도의 사심관을 폐지했더니 하늘에서 비가 내렸다 한다. 그런데 내가 어찌 선왕의 뜻을 잊겠는가?" 하고는 상소문을 불태웠다. 그 뒤에도 계속 건의가 올라오자 공민왕은 "무슨 도적 무슨 도적 해도 제일 큰 도적은 각 고

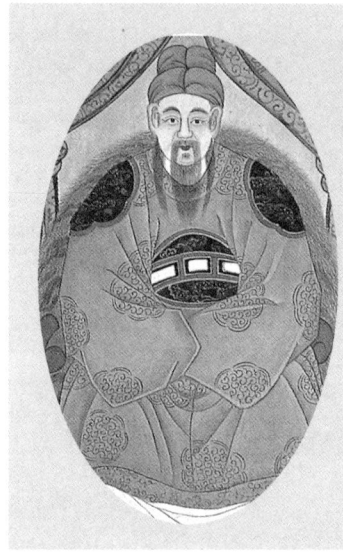

공민왕 신상
서울 마포구 염리동 공민왕신당 소장.

을의 사심관이다"라며 일축하였다. 사심관의 폐해가 컸음을 공민왕은 알고 있었던 것이다. 또 신돈이 충주로 천도할 것을 건의했으나 공민왕의 반응은 냉담하였다. 450여 년 간 지속된 왕실의 근거지를 함부로 옮길 수 없었기 때문이었다.

그러자 신돈은 공민왕을 제거하려 하였다. 공민왕 19년, 왕이 헌릉憲陵(광종의 묘)과 경릉景陵(문종의 묘)을 배알할 때 부하들을 매복시켜 살해하려 하였으나 호위가 엄하여 실패하였다. 그러나 세상에 비밀은 없는 법. 이 사건이 이인과 김속명의 밀고로 탄로나자 공민왕은 신돈을 수원으로 귀양보냈고 이듬해 7월 결국 처형했다. 공민왕과 신돈의 관계는 이처럼 7년 만에 허망한 결말을 맺었다. 그러나 공민왕도 왕위에 오른 지 23년 만에 자제위子弟衛(공민왕의 신변에 대한 호위와 지도자 양성을 목적으로 공신 및 고위공직자의 자제를 선발하여 충당한 단체) 소속의 홍륜과 내시 최만생에게 살해당하였다.

  신돈의 이야기는 지금 《고려사》 반역전에 실려 있다. 나름대로 개혁정치를 추진하려 애쓴 신돈이었지만, 그에게 내려진 역사적 평가는 결국 반역자였다. 어째서 그의 개혁은 실패하였는가? 그를 지지해 주는 세력이 강하지 못했고, 공민왕의 신뢰만으로는 한계가 있었다. 또 그 역시 성인은 아닌지라 권력의 맛에 길들여져 함부로 권력을 휘둘렀다. 역시 이상과 현실은 달랐다. 개혁이란 꿈과 환상만으로 이루어지는 것이 아니다. 충분한 뒷받침이 없는 권력이나 개혁은 오히려 화를 부를 뿐이다.

반란이냐 혁명이냐

최영과 이성계

고려 말기, 나라는 점차 쇠약해지고 많은 문제점들이 드러나고 있었다. 권문세족과 신진사대부들 사이의 대립은 점점 심해지고 원나라의 쇠퇴와 명나라의 등장 속에서도 갈등했다. 이제 사람들은 중대한 선택의 기로에 서게 되었다. 과연 나라를 그대로 지켜나갈 것인가 아니면 새로운 나라를 열 것인가? 이성계李成桂는 신진사대부들과 결탁하여 고려를 멸망시키고 조선을 건국하였다. 이성계는 조선의 입장에서 본다면 혁명이었지만 고려와 최영의 입장에서는 반란을 일으킨 셈이었다. 과연 어느 쪽이 옳고 그르다는 평가를 내릴 수 있을까?

잇따른 외적의 침입을 잠재운 고려의 마지막 명장

최영은 충숙왕 3년(1316) 사헌규정司憲糾正(종6품) 최원직의 아들로 태어났다. 대대로 높은 벼슬을 지낸 철원 최씨 가문인데 그의 5대조인 최유청은 무신 정권시대에 문반으로 활약하여 중서시랑평장사(정2품)까지 지냈다. 그의 어린 시절에 대해서는 기록이 미비하여 자세히 알 수 없다. 다만 그가 16세 되던 해에 아버지가 남긴 "황금 보기를 돌같이 하라"는 유훈을 가슴에 깊이 새기면서 생활하였다 한다. 후에 그가 무신으로 출세한 점을 보면 젊은 시절부터 군인으로 활약하였을 것이다.

당시 고려는 원나라에게 많은 간섭을 받았고 홍건적과 왜구의 침입이 이어졌다. 군인이었던 최영은 양광도 도순문사 휘하에서 여러

최영 장군의 신상
최영은 잇따른 외적과 고려 내부의 반란을 진압해 군인으로서 용맹함을 떨쳤다.
인왕산 국사당 소장.

번 왜구를 무찔러 우달치于達赤가 되었다. 우달치는 왕의 시위·숙위를 담당하는 특수 부대였는데 이로써 그는 왕의 측근에서 활동할 수 있게 되었다. 그 후 공민왕 원년(1352) 안우, 최원 등과 함께 조일신의 난*을 진압하여 정4품의 호군(고려 전기의 장군)이 되었고 공민왕 3년에 대호군까지 올랐다.

이 무렵 원나라는 상당한 혼란기였다. 황위계승싸움과 귀족간의 내부 모순으로 동요하고 있었으며 마지막 황제 순제順帝는 환락에 빠

---

* 고려 공민왕대 조일신이 일으킨 변란. 조일신은 공민왕이 세자이던 때 원나라에서 숙위宿衛했는데, 공민왕이 즉위하자 그 공으로 일등 공신에 책봉되었다. 그 뒤 왕을 숙위한 공로를 빙자해 정방의 부활을 요구하는 등 전횡을 일삼았다. 급기야는 왕이 거처하던 성입동의 궁을 포위하고 왕을 핍박, 스스로 우정승이 되고 같은 무리들에게 골고루 요직을 안배하였다. 그러나 자신의 지나친 행동이 지탄을 받을까 두려워한 나머지 자신의 무리들에게 죄를 씌워 죽이고 그 공으로 스스로 좌정승이 되고 찬화안사공신贊化安社功臣의 호를 받았다. 이애 공민왕은 단양대군丹陽大君의 저택으로 옮긴 뒤 삼사좌사三司左使 이인복李仁復을 비롯한 기로대신耆老大臣들과 밀의하고 이튿날 김첨수를 시켜 잡아들여 궁문 밖에서 참살시켰다.

져 있었다. 그러자 각지에서 한인 반란군이 봉기하기 시작하여 원에서는 이들을 진압하기 위해 고려에도 조정군 파견을 요청해왔다. 이에 고려에서는 원의 압력에 못 이겨 조정군 2천을 모집하고 장상將相 40여 명을 세웠다. 이 40여 명 가운데 유탁·염제신·인당·김용·정세운·이방실·안우 등과 함께 최영도 들어가 있었다. 이때 최영은 항상 선두에서 싸웠으며 여러 번의 부상에도 흔들림이 없었다.

공민왕 8년에는 약 4만 명에 달하는 홍건적이 고려의 국경을 넘어왔다. 홍건적은 원말의 혼란을 틈타 한산동韓山童·유복통劉福通 등이 하북성 영평에서 일으킨 도적떼로서 머리에 붉은 수건을 둘렀기에 붙여진 이름이다. 이들은 백련교白蓮敎라는 종교 결사를 중심으로 하였는데 원의 토벌군에 쫓겨 고려로 넘어 들어온 것이다.

이에 고려에서는 이암을 도원수로, 경천흥을 부원수로 삼아 이들을 격퇴하였는데 최영은 이방실, 안우 등과 더불어 출전하여 각지에서 큰 공을 세웠다. 이때 물러갔던 홍건적은 이후에도 산발적으로 노략질을 계속하더니 공민왕 10년(1361)에 이르러서는 10여 만의 병력을 이끌고 다시 침입하였다. 고려는 안우를 상원수로 삼고 김득배를 도병마사로 삼아 이를 방어하였으나 개경이 함락당하고 공민왕은 안동으로 피난을 가게 되었다. 이때 최영은 정세운·안우·김득배·이방실·이성계 등과 더불어 20여 만의 병력을 거느리고 개경을 되찾았다. 이 공로로 최영은 훈1등으로 전리판서에 올랐다.

대쪽 같은 군인 정신의 소유자

홍건적을 격파한 직후 고려에는 김용의 난과 공민왕 피습 사건이 벌

최영 장군 묘
요동 정벌을 주장한 최영은 위화도에서 회군한 이성계에 의해 고봉에 유배되었다가 창왕 즉위년에 참수되었다. 벽제 대자리에 있다.

어졌다. 김용은 공민왕이 세자 시절 원에 있을 때 모셨던 공으로 대호군에 오른 인물이었으나, 원의 기황후세력과 손을 잡고 공민왕의 임시행궁인 흥왕사를 습격하였다. 이때 최영은 자신의 직속 군대를 거느리고 행궁으로 가 난을 진압하였다. 이 당시 김용이 가지고 있던 금은보화를 압수했을 때 많은 대신들이 구경했으나 최영은 거들떠보지도 않았다. 이처럼 그는 물욕이 없었고 개인의 이익을 꾀하지 않는 사람이었다. 곧이어 최유가 의주로 쳐들어오자 최영은 이성계 등과 힘을 합쳐 이들을 물리쳤다.

그러나 신돈이 막강한 권세를 부리던 시절에 최영은 많은 수난을 겪었다. 신돈이 집권하던 초기에 계림부윤으로 좌천한 것을 비롯하여 신돈의 모함으로 여러 번 죽을 고비를 넘겼다. 그러나 왕에 대한 충성심은 변함이 없어 공민왕 20년, 신돈이 제거되자 그는 다시 찬성사에 올랐다. 공민왕 23년에는 제주도의 목호牧胡들이 명나라에 바칠 말을 내놓지 않자 최영은 왕명을 받고 탐라를 정벌하기도 했다.

우왕 원년, 판삼사사에 오른 최영은 왜구들을 물리치는 데 온 힘을 기울였다. 이런 전투 중 가장 빛나는 것이 바로 현재의 부여군 홍산면에서 있었던 홍산전투였다. 우왕 2년, 왜구가 충청도에 대거 침입하자 이에 최영은 출정을 자원하였다. 우왕은 그를 염려하여 말렸으나 듣지 않았다. 밤낮으로 행군하여 홍산에 이르렀을 때, 군사들이 겁을 먹고 나아가려 하지 않자 최영은 몸소 사병들의 선두에 섰다. 그 때 적의 화살이 그의 입술을 맞혔으나 최영은 아랑곳하지 않고 화살을 다시 뽑았다. 이러한 분전으로 최영은 왜적을 대파하였다. 이 공으로 우왕은 최영을 최고의 관직인 시중에 임명하려 하였으나 시중이 되면 제때에 전선으로 나가기 어렵다면서 사양했다. 결국 왕은 그를 철원부원군에 봉하는 정도에 그쳤다.

우왕 3년에도 도통사로서 해주·평주에 침입한 왜구를 무찔렀다. 다음 해 4월에는 왜구가 승천부에 쳐들어와 장차 개경을 침입할 것이라고 공언하였다. 그러자 최영은 이성계의 정예기병과 함께 적을 완전히 물리쳤고, 이 공으로 안사공신호를 받았다. 우왕 14년 최영은 이인임 일파를 제거하고 시중에 올라 최고 실권을 누리고 우왕에게 딸을 왕비로 들임으로써 왕의 장인이 되었다.

이 무렵 고려는 새롭게 흥기한 명나라 때문에 골치를 앓고 있었다. 한때는 우호적인 분위기였으나, 우왕 13년 6월, 요동 지역의 나하추納哈出를 평정한 명은 그해 12월에 우리나라 철령 이북의 땅을 회수하고 철령위鐵嶺衛를 설치하려 했다. 그러자 고려는 박의중을 사신으로 보내 철령위 설치를 중지하도록 요청하였으나 아무런 소식이 없자 요동 정벌에 나섰다.

최영은 이성계의 반대를 일축하고 우왕을 움직여 정벌을 단행하였다. 그리하여 최영은 8도도통사가 되고 조민수가 좌군도통사, 이성계가 우군도통사로서 5만 대군을 거느리고 출정하였다. 그러나 최영은 늙었고 우왕의 장인이었기 때문에 평양에 머물렀고 이성계와 조민수만 출정하여 압록강의 위화도威化島에 이르렀다. 여기서 이성계가 조민수를 설득하여 회군함으로써 최영은 고봉高峯에 유배되었다가 창왕昌王(재위 1388~1389) 즉위년 12월에 참수되었다. 《고려사》에서 그 과정을 자세히 살펴볼 수 있다.

좌우군도통사가 다시 사람을 보내어 최영에게 나아가 속히 군사 돌리기를 청하니 최영이 듣지 않았다. 우리 태조가 대의를 들어 모든 장수를 설유하여 군사를 돌렸다. 우禑와 최영이 서울로 달려 돌아가는지라 제군諸軍이 나아가 근교에 진치고 글을 올려 최영을 내보내기를 청하였다. 우가 듣지 않았고 조민수 등의 벼슬을 깎고 최영으로써 좌시중을 삼거늘 모든 군사가 드디어 성에 들어가니 최영이 항거하여 싸우고 안소 등을 시켜 막게 하였으나 소문을 듣고 곧 무너졌다. 최영이 세勢가 궁하여 화원花園에 달아나 분노를 이기지 못하여 창으로 문지기를 깊이 찌르고 이에 들어가거늘 모든 군사가 화원을 수백 겹으로 포위하고 크게 소리쳐 우에게 최영을 내놓기를 청하였다. 최영이 팔각전에서 나오려 하지 않는지라, 모든 군사가 담을 무너뜨리고 들어가고 곽충보 등 서넛은 바로 최영을 찾으니 우가 최영의 손을 잡고 울면서 이별하였다. 최영이 두 번 절하고 곽충보를 따라 나오거늘 태조가 최영에게 말하기를,
"이와 같은 사변은 나의 본심이 아니오. 그러나 명을 치는 일은 오직 대의에 거스르는 일일 뿐 아니라 국가가 위태하고 백성이 노고하매 원원寃怨이 하늘에 이르렀기 때문에 부득이 함이니 잘 가시오."
하며 서로 대하여 울고 드디어 고봉에 귀양보냈다.
조인옥·이제 등이 상소하기를,
"최영은 왜구를 물리쳐서 사직을 보존하였고 군흉群兇을 이번 봄에 소탕하여서

백성을 건지니 그 공이 크나이다. 그러나 대례大禮에 어두워 군의群議를 돌보지 않고 모책을 결정하여 요를 쳐서 천자에게 죄를 얻어 거의 나라를 뒤엎는데 이르렀으니 이른바 공이 죄를 가리지 못하는 것입니다. 원컨대 전하는 대국을 섬기고 하늘을 두려워하는 뜻을 생각하여서 밝게 그 죄를 바르게 함으로서 조종의 신령에 고하고 천자의 성냄을 풀어 이로써 삼한만세三韓萬世의 태평을 열게 하소서."
라고 하였다. 이를 좇아 드디어 최영을 베니 그때 나이 73세였다. 형을 받을 때 언사와 안색이 변하지 않았다. 죽는 날에 서울 사람들이 저자를 파하였고 사람들이 이 말을 듣고 길가 아이와 시골의 여인네까지 모두 그를 위하여 눈물을 흘렸다.

|《고려사》 권113 최영전

최영은 기울어져가는 고려를 바로잡아 지키려 하다가 최후를 맞이한 고려의 마지막 명장이었다. 그의 무인다운 기개는 《해동가요海東歌謠》에 남아 있는 시를 통해서도 잘 알 수 있다.

좋은 말 살찌게 먹여 시냇물에 씻겨 타고
서릿발 같은 칼 잘 갈아 어깨에 둘러메고
대장부의 위국충정을 세워볼까 하노라.

그는 아버지의 유훈을 받들어 재물에 대한 욕심이 없었고, 공과 사를 엄격히 구분했다. 한번은 우왕 때 최영의 조카사위 안덕린이 함부로 사람을 죽인 적이 있었다. 이때 최영은 판순위부사로 있었는데 도당에서는 최영과의 관계를 고려하여 죄를 가볍게 하려고 순위부로 보냈다. 그러자 최영은 화를 내며 "안덕린은 무고한 사람을 죽였으니 마땅히 헌사憲司에서 판결해야 한다"라며 돌려보냈다고 한다.

이성계, 뛰어난 무예로 이름을 널리 떨치다

이성계는 충숙왕 4년(1335) 전주 이씨 가문에서 태어나 전주에서 살았다. 아버지는 이자춘이고 어머니는 최씨이다. 그러다가 무슨 연유였는지는 모르지만 이성계의 증조인 이안사 때에 이르러 간도 지방으로 건너가 원나라의 지방관이 되었고 그의 후손인 이행리·이춘 등이 덕원 지방의 천호千戶벼슬을 지냈다. 이자춘, 이성계가 고려 조정과 관계를 갖게 된 것은 공민왕 5년부터로, 유인우가 쌍성총관부를 공격할 때 함께했던 데에서 시작한다.

이성계는 어려서부터 활을 잘 쏘았다. 하루는 서모 김씨가 이성계에게 담장 위에 앉아 있는 까마귀를 쏘아보라 하였다. 그런데 화살 하나에 까마귀 다섯 마리의 머리를 꿰었다. 이를 본 서모는 깜짝 놀라 "오

황산대첩비
이성계가 왜구를 물리친 기념으로 세운 비. 사적 제104호. 전북 남원군 운봉면에 있다.

늘 이 일을 누설하지 말고 행동거지를 조심하라"고 했다 한다.

이성계가 처음 고려 조정에서 활약한 것은 공민왕 10년(1361) 박의의 반란*을 진압한 일이다. 곧이어 홍건적이 침입하여 개경이 함락되자 정세운·안우·이방실·김득배 등과 더불어 개경을 되찾는 데 크게 활약했다. 공민왕 11년에는 원나라로 도망갔던 쌍성총관 조소생과 천호 탁도경이 원의 장수 나하추를 꾀어 고려를 침략해왔다. 이때 고려에서는 도지휘사 정휘를 보내었으나 번번이 패하여 이성계를 동북면병마사로 삼아 적을 치게 하였다. 이성계는 적장 하나를 활로 쏘아 죽임으로써 군사들의 사기를 북돋워 무사히 싸움을 승리로 이끌었다. 이때 싸움에 패한 나하추는 "이자춘이 전일 나에게 무예 있는 아들이 있다 하더니 과연 거짓말이 아니었구나" 하면서 이성계의 무예를 칭찬하였다 한다.

공민왕 13년, 최유가 덕흥군**을 세우고 고려를 침입했을 때에는 최영과 더불어 이들을 격퇴하였다. 그러나 이 전투 때문에 이성계가 동북면을 비운 사이 삼선三善·삼개三介 등이 이끈 여진족이 침입하여 함주까지 함락당했다. 이에 이성계는 군사를 돌이켜 한방신·김귀 등과 함께 이들을 크게 무찔렀다. 이 공으로 이성계는 밀직부사에 올랐으며 단성양절익대공신호를 받았다.

그의 명성은 우왕 6년(1380)의 황산대첩에서 두드러졌다. 이 해에 왜적이 5백여 척의 선박을 타고 와서 진포(충남 서천)에 정박하고는

---

* 공민왕 10년(1361) 9월 독로강(평안북도 강계) 만호萬戶였던 박의가 반란을 일으켜 휘하 장수인 천호 임자부·김천룡을 죽였다. 이에 조정에서는 형부상서刑部尙書 김진金璡에게 명령하여 가서 치게 하였다. 이때 이성계도 김진의 휘하 장수로 출전하여 공로를 세웠다.

충청·전라·경상도를 횡행하면서 민가를 약탈하고 불사르며 양민을 학살하였다. 왜구 토벌의 총책임을 맡은 것이 바로 이성계였다. 그는 양광·전라·경상 3도도순찰사에 임명되고 변안렬·왕복명·우인렬·이원계 등 일곱 원수를 거느리고 출정하였다.

이때 왜구는 경상도의 상주·경산 등을 노략질하고 함양을 거쳐 남원의 운봉현을 불사르고 있었다. 이성계의 군대는 남원에 이르러 배극렴의 군대와 합세하고 운봉을 넘어 황산 서북에 이르렀다. 여기서 그는 적의 선봉대를 맞아 활로 이들의 기선을 제압하였다. 그는 아군을 괴롭히던 아기발도阿其拔都라는 소년 장수의 투구를 그 유명한 활솜씨로 쏘아 맞추고 이어 이두란이 그를 죽임으로써 전투를 승리로 이끌었다. 이 싸움의 활약으로 이성계는 신흥무장세력으로 성장할 수 있었다.

위화도 회군을 결행하다

우왕 14년(1388), 이성계는 그의 인생에서 새로운 전기를 맞는다. 이른바 철령위 설치 문제와 관련하여 최영과 우왕은 요동을 정벌하기 위한 준비에 착수한 것이다. 그러나 이성계는 네 가지 불가한 이유(사불가론四不可論)를 들어 이에 반대하였다. 그 첫째는 작은 나라가 큰 나라를 치는 것은 도리에 맞지 않는다는 것이고 둘째는 여름철에 군사를 일으키는 것은 좋지 않으며 셋째는 거국적인 원정으로 왜가

** 고려 제26대 충선왕忠宣王(재위 1298, 1308~1313)의 셋째 아들인 덕흥군은 한때 출가하였다가 1351년(충정왕 3) 원나라에 건너가 원나라 순제에게 아첨하여 왕에 책봉되었다. 1364년(공민왕 13) 요양성遼陽省의 군대 1만 명을 거느리고 최유와 함께 본국에 침입하여 평북 의주까지 왔으나, 최영, 이성계 등에게 패하여 원나라로 되돌아갔다. 그 이후에도 부정을 저질러 군君의 칭호도 빼앗기고 영평부永平府로 유배되었다.

공양왕릉
이성계는 '폐가입진'을 명분으로 창왕을 폐위하고 공양왕을 옹립하나 곧 공양왕도 폐위하고 스스로 조선왕조의 태조로 즉위하였다. 강원 삼척군 근덕면에 있다.

그 허점을 틈탈 것이고 마지막으로 때는 바야흐로 무덥고 비가 많이 오는 철이므로 활의 붙임이 풀어져 제 기능을 발휘하지 못하고 군대가 질병에 걸릴 것이라는 점이었다.

그러나 최영과 우왕은 그의 의견을 묵살하고 출정을 명령하였다. 병력은 대략 약 10만 명. 이성계와 조민수가 군대를 거느리고 압록강의 위화도에 다다랐지만 상황은 이성계가 우려하던 바와 같았다. 비가 많이 와 물에 빠져 죽는 자가 속출하였고 진군하지 못해 군량만 허비하였으며 활은 풀리고 갑옷이 무거워 싸우기가 힘들게 되었다. 게다가 군사들의 사기도 떨어졌다. 이성계는 이러한 상황을 왕에게 보고하면서 군사를 되돌릴 것을 다시 건의하였으나 이 건의도 묵살되었다.

이때 군중에는 이성계가 병사를 거느리고 동북면으로 갈 것이라는 소문이 돌면서 군사들이 동요하였다. 이에 그는 조민수를 설득하여 회군하였다. 이 소식을 들은 우왕과 최영은 급히 방어선을 구축하였으나 전세는 어찌할 수 없어 최영은 고봉현으로 귀양가고 우왕도 폐위되어 강화도로 쫓겨났다. 이렇게 하여 권력을 잡은 이성계는 창왕을 즉위시켰다.

당시 정도전·조준 등 신진사류들의 지지를 받았던 이성계는 사전 개혁을 반대하던 조민수도 제거하였다. 한편 폐위된 우왕은 최영의 생질이었던 김저와 역시 최영의 친척인 정득후에게 자신을 복위해 달라는 부탁을 한다. 이때 우왕은 그들에게 자신의 칼 한 자루를 주었는데 곽충보가 이 사실을 이성계에게 밀고했다. 이에 이성계는 여기에 연루된 변안렬·이림·우현보·왕안덕 등을 유배하고 우왕도 강릉으로 내쫓았다. 이것이 바로 김저 사건이다. 그리고 폐가입진廢假立眞을 명분으로 창왕도 폐하여 강화로 유배하고 정창군 요瑤를 왕으로 세웠으니 이가 곧 공양왕恭讓王(재위 1389~1392)이다. 이로써 이성계는 수문하시중에 올랐다.

공양왕 2년(1390) 이성계와 신진사류계열은 그 해 9월 공·사 전적(오늘날의 토지 대장)을 개경 거리에서 불살라 사전을 혁파하였다. 그 결과 구신들은 경제적 기반을 잃었고 이성계 쪽 신진세력들은 경제적인 토대를 구축할 수 있었다. 그 이듬해 정월에는 군제를 개혁하

이성계의 태실
충남 금산군 추부면에 있다.

여 새로이 삼군도총제부를 설치하고 이성계 자신이 삼군도총제사가 됨으로써 군권도 완전 장악하였다.

공양왕 4년(1392) 마지막 걸림돌인 정몽주도 제거한 이성계는 공양왕을 폐하고 수창궁에서 새 왕조의 태조로 즉위하였다. 이때 그의 나이 58세였다. 이로써 고려왕조는 34대 475년 만에 종말을 고하였다.

개혁이 성공할 수 있었던 이유

처음에 최영과 이성계는 고려왕조의 무장으로서 같은 길을 걸었다. 홍건적과 왜구의 침입을 격퇴하는 데 혁혁한 공을 세우고 우왕 때 불법을 자행하던 이인임 일파를 제거하는 데에도 뜻을 같이하였다. 그러나 곧 전혀 다른 길을 갔다. 최영이 대체로 권문세족의 이익을 대변하는 쪽으로 갔다면 이성계는 신진사류들과 뜻을 같이했다.

무엇 때문이었을까? 첫째는 나이 때문이었다. 이성계는 최영보다 나이가 19년 아래였기에 최영보다는 훨씬 진보한 생각을 가졌고 덕분에 새롭게 떠오르던 신진사류들과 교류할 수 있었다. 둘째는 그들의 출신배경이었다. 최영은 고려 전기부터 문벌을 형성한 철원 최씨 가문에서 태어났지만 이성계는 토착적인 기반 없이 정계에 진출한 인물이었다. 때문에 이성계는 중앙에 큰 기반이 없던 신진사류들과 뜻을 같이할 수 있었다. 또 군사적인 면에서도 최영의 군사력은 주로 국왕의 친위군대인 우달치가 중심이었던 반면에 이성계는 그의 선대가 동북면 지방에서 거느려왔던 가별초와 지방민들을 주요 기반으로 하였다. 따라서 최영은 근왕勤王적인 성격을 가질 수밖에 없었고 이성계는 왕들을 폐위하면서까지 자신을 옹호했던 것이라 생각한다.

최영은 국가를 유지하고 보호해야 하는 임무를 띤 군인의 입장에서 본다면 충실한 무장이었다. 또 성공 여부는 둘째 치고라도 명나라에 굽히지 않고 오히려 정벌하고자 했다는 면에서는 그의 확고한 자주성과 용맹성을 높이 살 수 있다. 그러나 당시의 부패하고 모순된 현실을 개혁하려 하지 않았으며 앞날을 내다보는 혜안을 갖지 못했다는 측면에서는 비판받을 소지가 있다. 마찬가지로 이성계의 경우 하극상을 일으킨 반역자로 볼 수 있지만 당시의 모순된 현실을 개혁하고 나름대로 새로운 사회를 건설하고자 했다는 측면에서는 긍정적인 평가를 내릴 수 있으리라. 내부적인 안정이 있어야 밖으로도 뻗을 수 있는 법. 그래서 예로부터 '수신제가치국평천하修身齊家治國平天下'라 하지 않았던가.

3 조선 속으로

정도전에서 김홍도까지

지도자를 선택하는 기준을 어디에 두었는가

> **정도전과 하륜**
> 창업創業이 더 어려운가 수성守成이 더 어려운가. 새로운 국가를 세우는 것도 어려운 일이지만 그 국가를 어떻게 유지하고 발전시키느냐 하는 것 또한 그에 못지 않게 중요하다.
> 마침내 이성계는 고려를 멸망시키고 조선이라는 국가를 세우는 데 성공하였다. 물론 그것은 혼자 힘이 아니라 뜻을 같이한 많은 사람들의 조언과 도움이 있었기에 가능하였다. 그 속에는 정도전鄭道傳(1337~1398)과 하륜河崙(1347~1416)과 같은 인물들도 포함되어 있었다.

어제의 동지가 오늘의 적으로

조선을 창업하는 데 힘을 모았던 정도전과 하륜은 우왕의 후계자 문제가 발생한 때부터 조금씩 갈라졌다. 이성계의 견해를 지지하던 이들은 최영의 요동 정벌을 반대하였다. 그 대가로 하륜은 양주로 귀양을 가기도 했지만, 결국 위화도 회군으로 그 뜻은 관철되었다. 우왕은 폐위되어 강화도로 귀양을 가고 이때 대두가 된 것이 우왕의 후계자 문제였다.

정도전을 비롯한 그 일파는 우왕의 아들이 아닌 다른 종실을 왕으로 세우려 했다. 그들은 이른바 '폐가입진'의 논리를 들고 나왔다. 우왕과 그 아들은 왕씨가 아니라 신돈의 아들이란 것이었다. 따라서 가짜 왕씨를 폐하고 진짜 왕씨를 옹립해야 한다는 것이다. 그 진실

정도전 영정
정도전은 '폐가입진'을 명분으로 우왕의 아들이 아닌 다른 종실을 왕으로 세우려 하여 하륜과 대립하였다. 경기도 평택시 진위면 문헌사에 있다.

여부는 차치하고 이는 그들이 권력을 잡고 새로운 일을 하기 위해서는 새로운 지도자가 필요하다는 생각 때문이었다. 이 논리를 적극 주장한 사람이 바로 정도전이었다.

그러나 하륜은 달랐다. 우왕이나 그 아들이 왕씨가 아니라는 데 확실한 증거가 있는 것도 아니었다. 또한 정당한 왕위계승자가 있는데 이를 바꾸는 것은 백성들에게 호응도 받지 못할 뿐더러 무리라고 생각하여 그는 우왕의 아들을 후계자로 정하는 데 동조하였다. 그리하여 결국 우왕의 아들이 창왕으로 왕위에 올랐다. 그러나 최영의 생질인 김저가 우왕의 부탁을 받고 이성계를 제거하려 한 사건이 일어나자 대간의 탄핵으로 유배되었다. 우왕을 옹호했다는 죄목이었다.

이런 가운데 이성계는 창왕의 뒤를 이어 즉위한 공양왕을 내쫓고 역성혁명易姓革命(고대 중국의 정치사상으로, 덕이 있는 사람이 덕이 없는 임금을 쓰러뜨리고 새로이 왕조를 세우는 일)을 단행하였다. 새로운 국가, 조선을 건국하고 자신이 태조로서 왕위에 오른 것이다. 그런데 당시 중국에는 원나라를 멸하고 등장한 명나라가 있었다. 명과 원이 대립하고 있을 때 구세력들은 기존의 친원정책을 버리려 하지 않았다. 그러나 이성계를 비롯한 신진세력들은 새롭게 흥기한 명나라와 친교를 맺어야 한다고 주장했다. 그에 따라 명나라와 여러 번 외교 사절을 교환하는 등 호의적인 관계를 유지하였다.

그러다가 태조(재위 1392~1398) 5년(1396) 이른바 표전문表箋文 문제가 발생하였다. 태조가 명나라 황제에게 올린 표전의 내용이 정중치 못하고 대국을 희롱한 문구가 있다는 것이었다. 명에서는 이를 힐난하면서 이를 쓴 사람을 보내라고 위협하였다. 이 표전을 쓴 사람은 개국 공신인 정도전·권근·정탁 등이었다. 그러자 이 문제를 둘러싸고 정도전과 하륜이 대립하였다.

하륜은 형편이 부득이하니 정도전이 직접 갈 수밖에 없다고 주장하였다. 그러나 정도전은 병을 핑계로 가지 않으려 했다. 그리고 이를 내정 간섭이라 하면서 명나라를 정벌하자고 주장하였다. 태조 이성계의 입장에서도 정도전을 보낼 수는 없었다. 나라를 세우는 데 가장 큰 공을 세운, 가장 총애하던 신하였기 때문이다. 만약 정도전이 간다면 죄를 받을 것은 뻔한 이치였다. 이 같은 상황에서 하륜의 주장이 받아들여질리 만무했다. 오히려 이성계는 하륜을 계품사計品使로 삼아 명에 가서 문제를 해결토록 했다. 명을 받은 하륜은 본국의 사정을 잘 말하고 명의 양해를 얻어 무사히 돌아왔다. 그 결과 하륜은 중신들의 신임을 얻게 되었지만 정도전은 비겁하다는 오해를 받는 처지에 놓였다.

그러자 정도전은 반명反明과 요동 정벌의 기치를 내세우며 반전을 시도하였다. 그는 명을 정벌한다는 명분으로 군사를 모아 훈련시켰다. 이는 물론 자신을 압송하려는 명 태조에 대한 개인적인 감정 때문이기도 했고 또 한편으로는 국민들의 감정을 호도하기 위한 것이기도 하였다. 어쨌든 이 문제로 정도전과 하륜의 반목은 더욱 심해졌다. 태조 7년(1398)에 하륜이 충청도 관찰출척사라는 외직으로 발령이 난 것도 이 때문이었다.

조선의 유방과 장량

또 정도전과 하륜은 지도자에 대한 역할이나 바람직한 국가상에 대해서도 시각차가 있었다. 정도전은 이성계야말로 창업과 수성을 동시에 할 수 있는 인물이라 생각했다. 정도전은 신하들이 주체로서 국가를 움직여야 한다고 생각했다. 군주 일인이 좌지우지하는 전제적인 체제는 바람직하지 못하다는 것이다. 때문에 그는 일찍부터 자신의 뜻과 이상을 실현해줄 수 있는 인물을 찾고 있었다. 그 때 등장한 것이 이성계였다. 그야말로 무력과 권력을 뒷받침해줄 수 있는 인물이었다. 이성계는 당시 홍건적과 왜구를 물리치는 과정에서 새롭게 떠오른 무장이었기 때문이다.

   정도전은 동북면도지휘사로 활약하고 있던 이성계를 찾아 함주(함흥)로 갔다. 거기서 이성계의 군대가 엄숙하고 질서정연한 것을 보고 바로 이성계의 막료가 되기로 결심했다. 그리고 나서 군영 앞의 노송 老松을 보고 자신의 심정을 토로하였다.

창망한 세월에 한 그루 소나무	蒼茫歲月一株松
청산에 자라서 몇만 겹인가	生長靑山幾萬重

다른 해가 있다면 서로 만날 수 있을까	存在他年相見否
인간 사는 곳이면 어디든 따르리	人間府伊使陳從

이성계를 향한 그의 마음을 잘 엿볼 수 있는 시다.

이 시처럼 이후 그는 이성계의 곁을 한시도 떠나지 않았다. 정도전이 있었기에 이성계가 조선을 건국할 수 있었고, 이성계가 있었기에 정도전도 그의 뜻을 펼 수 있었다. 고기가 물을 만난 것이나 다름없었다. 만년에 그는 이성계에게 자신의 심정을 솔직하게 털어놓았다. "한漢 고조高祖가 장자방張子房을 쓰기도 했지만 장자방이 또한 한 고조를 썼다고도 볼 수 있습니다" 그와 이성계를 한 고조 유방과 그의 책사인 장량의 관계에 비유한 말이다.

정도전은 자신의 뜻과 생각을 책을 통해 정리하기도 했다. 그는 새 왕조를 세우자마자 중국의 병법을 참조하여 《오행진출기도五行陳出奇圖》《강무도講武圖》등을 지었다. 그리고 거기에 근거하여 군사를 조련하고 훈련하였다. 태조 3년(1394)에는 《조선경국전朝鮮經國典》을 지어 나라의 제도와 예악禮樂을 정리하였다. 이는 다시 《경제육전經濟六典》

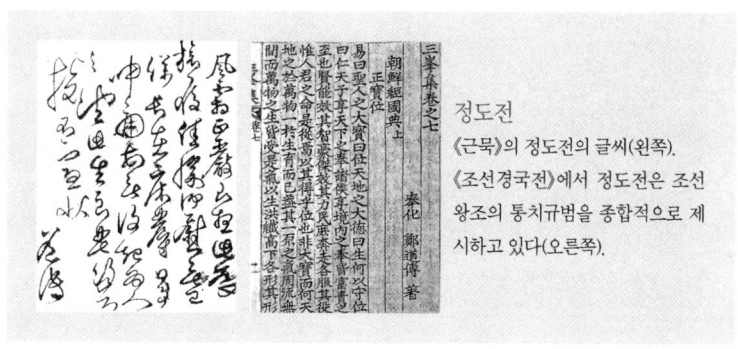

정도전
《근묵》의 정도전의 글씨(왼쪽).
《조선경국전》에서 정도전은 조선 왕조의 통치규범을 종합적으로 제시하고 있다(오른쪽).

으로 정리됨으로써 조선의 기본 법전이 되었다. 태조 6년에는 《경제문감經濟文鑑》을 지어 정치제도와 위병衛兵제도 등을 기술하였다. 이듬해에는 《불씨잡변佛氏雜辨》을 지어 척불론斥佛論을 뒷받침할 이론적 근거를 마련하였다. 이 책들의 내용은 대개 정책에 반영되어 조선의 전반적인 제도와 법률, 통치 이념으로 정립되었다. 이 또한 이성계라는 든든한 배경이 있었기에 가능한 일이었다.

정도전과 이성계의 돈독한 관계는 세자를 책봉하는 문제에도 깊은 영향을 끼쳤다. 하륜을 외직으로 쫓아낸 이성계와 정도전은 세자 책봉을 서둘렀다. 그런데 세자로 책봉된 것은 태조의 여덟째 아들 방석이었다. 태조에게는 원래 두 명의 부인이 있었다. 본 부인은 한씨였는데 그 소생으로 방우·방과·방의·방간·방원·방연이 있었다. 그러나 한씨 부인은 일찍 죽고 장남인 방우도 태조 2년에 죽었다. 그 뒤 후처로 강씨 부인을 들였는데 거기서 방번·방석 두 아들을 얻었다. 그런데 위의 형들을 다 제쳐두고 막내 아들인 방석을 세자로 책

헌릉
조선왕조 3대 태종 이방원의 묘. 이방원은 정종 2년, 제2차 왕자의 난을 일으켜 태조의 넷째 아들 방간을 귀양 보내고 왕위에 올랐다. 서울시 서초구 내곡동에 있다.

봉한 것이었다. 그것이 누구의 뜻이었는지 확실히 알 수는 없다. 그러나 이는 이성계보다 정도전의 생각일 가능성이 크다. 나이 어린 방석이 후계자가 되면 신권 중심의 정치를 꿈꾸었던 그의 이상을 실현하기가 수월해지기 때문이다.

 그러나 쉽게 결정할 수 있는 문제는 아니었다. 한씨 부인 소생의 형들이 상당한 불만을 갖고 있었기 때문이다. 특히 다섯째 왕자인 방원의 불만이 제일 심했다. 그는 야망이 컸을 뿐 아니라 아버지 이성계를 도와 조선을 건국하는 데 중요한 역할을 했기 때문이다. 조선 건국의 마지막 장애자였던 정몽주를 제거한 이도 바로 이방원이었다. 이러한 이방원 편에는 하륜이 또한 버티고 있었다. 이를 잘 알고 있던 정도전은 하륜을 외직으로 쫓아내고 이방원을 제거하려 하였다.

 이를 눈치챈 이방원 측은 선수를 치기로 하였다. 태조 7년(1398) 7월, 이방원은 안산군수 이숙번을 불러들이고 군사를 모아 방석과 방번 형제를 살해하였다. 방석이 세자로 책봉된 것은 정도전의 책동 때문이었다 하여 정도전·남은 등도 제거하였다. 조선 건국의 주역이었으며 이성계의 최고 측근이었던 정도전은 신권정치의 꿈을 못 이룬 채 이렇게 세상을 떠났다.

 이 작전에는 하륜이 깊이 개입하고 있었다. 그는 몰래 한양으로 올라와 이방원의 곁에서 군사 작전을 지휘하였던 것이다.

이방원의 오른팔로 활약하다

이성계에게 정도전이 있었다면 이방원에게는 하륜이 있었다. 하륜은 일찍이 이방원의 관상을 보고 그가 큰 인물이 될 것이라 생각하였다. 이성계의 역할은 창업에서 끝나야 하며 수성을 할 만한 인물은 이방

문헌사
경기도 평택시 진위면에 위치한 정도전을 모신 사당. 태조가 하사한 유종공종儒宗功宗이라는 편액이 걸려 있다.

원이라고 생각하였다. 허약한 군주보다는 강한 추진력을 가진 군주가 어렵게 세운 나라를 지킬 수 있고 그래야만 신하도 그를 도와 일을 할 수 있다고 보았다. 그는 이방원의 장인 민제를 만나 비밀리에 만남을 주선해달라고 부탁했다. 이렇게 하여 이방원과 하륜 사이에 돈독한 관계가 성립되었다.

하륜이 이방원의 목숨을 구해준 또 다른 사건이 있었다. 제2차 왕자의 난으로 태조의 넷째 아들 방간은 귀양을 가고 이방원이 왕위에 오르자 이성계는 함흥으로 가버렸다. 태종太宗(재위 1400~1418) 이방원이 그만큼 보기 싫었기 때문이었다. 태종은 아버지를 다시 한양으로 모셔오기 위해 온갖 방법을 동원하였다. 그러나 한번 함흥에 간 사신들은 다시 돌아오지 않았다. 그야말로 '함흥차사'였다. 태종이 마지막으로 믿고 보낸 사람은 이성계의 정신적 지주인 무학대사였다. 무학대사가 이성계를 모시고 오기는 했지만 이성계의 화는 풀리지 않은 상태였다. 하륜은 이를 예견하고 만일의 사태에 대비케 하였다. 환영 잔치에 쓰일 차일(볕을 가리기 위하여 치는 포장)의 중간 기둥은 아주 굵은 나무로 하게 하였다. 아니나다를까. 이성계는 태종을 보자마자 활을 쏘았다. 그러나 이방원은 기둥 뒤로 몸을 피함으로써 죽음을 면할 수 있었다. 이후 태종대의 여러 제도 문물이 하륜의 주도하에 이루어졌음은 당연한 일이다.

정도전과 하륜은 고려를 무너뜨리고 조선을 건국한 주역들이다. 그런데도 그들이 갈라선 것은 국가와 지도자에 대한 생각의 차이 때문이었다. 바람직한 국가관에 대해 신하들이 중심이 되는 국가와 강력한 지도자가 이끄는 국가로 의견이 갈렸다. 또 국제관계에서도 실리적인 이해관계에 따른 가변적인 관계가 중요한 것인가 변함없는 의리관계가 중요한 것인가에서 입장을 달리 하였다. 강력한 추진력이 있는 지도자를 원했던 하륜이 결국 승리한 것은 당시의 시대상황과도 관련이 있었다. 어렵게 세운 나라를 지키는 데는 이방원 같은 인물이 필요했기 때문이었다. 그가 있었기에 조선이라는 나라는 기틀을 튼튼히 다지게 되었고 이를 통해 세종世宗(재위 1418~1450)이나 문종文宗(재위 1450~1452)대에 문화의 꽃이 필 수 있었던 것이다.

누가 반역자이고 누가 충신인가

성삼문과 신숙주

조선 초기는 새로운 국가의 발전을 위하여 여러 가지 제도적 장치를 마련한 시기였다. 그러나 이 과정에서 지배세력 내부의 권력쟁탈전은 계속되었다. 그리하여 2차에 걸친 왕자의 난과 수양대군首陽大君의 왕위찬탈 등 굵직한 사건이 이어졌다. 결국 수양대군은 조카인 단종端宗(재위 1452~1455)을 몰아내고 세조世祖(재위 1455~1468)로 왕위에 올랐다. 이러한 세조의 즉위에 대하여 집현전 학사들은 대부분 반대하였으나 일부는 이 사태를 용인하는 태도를 보이기도 하였다. 앞을 대표하는 인물을 성삼문成三問(1418~1456)이라 할 수 있고 뒤를 대표하는 인물은 신숙주申叔舟(1417~1475)였다.

한 왕을 섬기다

성삼문은 태종 18년(1418) 외가인 충청도 홍성에서 무반인 승의 아들로 태어났다. 18세에 생원시에 급제했고 세종 24년(1442) 성삼문은 집현전 학사로 뽑혀 박팽년·신숙주·하위지 등과 같이 학문을 연마했다. 신숙주는 성삼문보다 1년 앞선 태종 17년(1417) 전라도 나주에서 태어났다. 아버지는 이조정랑을 거쳐 공조참판을 지낸 신장이었고 어머니는 금성 정씨였다. 그는 5남 2녀 가운데 3남이었다. 호는 희현당希賢堂·보한재保閑齋이다.

그는 아버지 신장이 집현전 학사로 뽑힌 전후에 서울에 올라가 살았다. 신숙주는 22세인 세종 20년(1438) 진사시에 장원으로 급제하고 이듬해 9월, 문과에 제3등으로 급제함으로써 관직생활을 시작하게 되었다. 세종 23년(1441), 주자소의 별좌에 임명되면서 그는 책의 출판에 대한 지식을 습득했다. 이 해 가을에 그는 집현전 부수찬副修撰(종6품)에 이르면서 집현전생활을 시작하였다.

세종은 훈민정음 창제를 위하여 정음청을 설치하고 성삼문·신숙주·박팽년 등이 훈민정음과 관계된 모든 사업을 맡아보도록 했다. 훈민정음을 만들 때 성삼문은 왕명을 받고 신숙주와 같이 요동에 귀양와 있던 명나라의 한림학사 황찬에게 열세 번이나 가서 문의하였다. 그 후 명의 한림시강 예겸과 사마순이 사신으로 왔을 때 이들과 대적할 문장가로 신숙주와 성삼문이 나선 일도 있었다. 세종이 만년에 신병으로 자주 온천에 행차할 때도 성삼문을 비롯하여 이개·하위지·신숙주 등이 항상 뒤따르게 하였으니 세종이 이들을 얼마나 깊이 신임하였는지 가히 짐작할 수 있다. 그러나 세종을 섬기던 성삼문은 곧 단종을 복위시키려는 시도를 한다.

'불사이군'을 명분으로 단종을 복위시키려 하다

우선 성삼문을 비롯한 집현전 학사들이 단종복위운동을 하게 된 것은 무슨 이유에서 일까. 그것은 그들 나름의 정치적 입장 때문이었다. 세종이 왕위에 즉위한 지 32년 만에 세상을 떠나자 세자가 문종으로 왕위에 올랐다. 그러나 병약했던 문종은 2년 3개월 만에 죽고 그 뒤를 이어 열두 살의 세자가 왕위에 올랐으니 그가 곧 비운의 주인공 단종이었다. 생전에 문종은 대신 황보인·김종서 등에게 어린 세자를 잘 보필해줄 것을 부탁하였다. 또 집현전 학사들에게도 세자를 부탁한 바 있었다.

그러나 집현전 학사들과 김종서·황보인 등의 대신들은 정치적 입장이 달랐다. 집현전 학사들은 경연관으로서 왕과 직접 대면하여 학문을 토론할 수는 있었지만 정치 문제에 크게 관여할 수 없었다. 즉 이들은 고제古制의 연구나 각종 편찬·제술 분야에서 뛰어난 능력을 발휘하였으나 정작 정치권력에서는 큰 역할을 담당할 수가 없었던 것이다. 이 때문에 대부분 명문가 출신인 이들은 나름대로 불만을 가지고 있었다. 그리하여 집현전을 떠나 출세가 보장되는 대간臺諫이나 정조政曹로 자리를 옮기려 하였다. 물론 이러한 시도는 세종의 강경한 태도로 쉽게 이루어지지 않았지만 문종이 즉위하면서 대간과 같은 요직에 대거 발탁됨으로써 그들의 희망이 어느 정도 이루어져가고 있었다.

하지만 문종이 일찍 죽고 단종이 즉위하자 김종서·황보인 등이 세력을 좌우하였다. 이것은 집현전 학사 출신들이 출세하는 데 장애요소였다. 그리하여 그들은 왕실의 권한 회복을 꿈꾸던 수양대군을 도와 김종서·황보인의 제거에 협조하였던 것이다. 그것은 정난공신靖難功臣이나 좌익공신佐翼功臣에 집현전 학사출신들이 대거 포진했던 것에서 알 수 있다. 정난공신은 단종 원년 10월, 수양대군이 김종

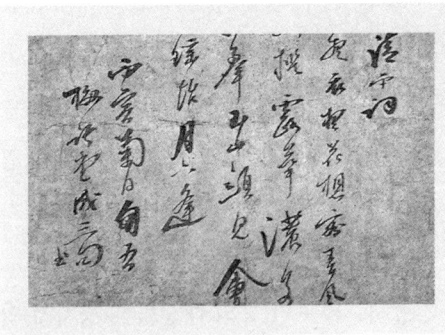

성삼문의 글씨
성삼문은 집현전 부수찬으로서 신숙주와 더불어 세종의 훈민정음 창제사업에 앞장서 총애를 받았다. 동아대학교박물관 소장.

서·황보인 등 당시의 의정부 대신들을 제거하고 난 직후 책봉한 것인데 여기에 포함된 문과급제자 열두 명 가운데 여덟 명이 집현전 학사 출신이었다. 즉 성삼문을 비롯하여 권람·박중손·신숙주·이계전·이사철·정인지·최항 등이 여기에 포함되었던 것이다. 좌익공신은 세조가 왕위에 오른 직후 원년 9월에 즉위를 도와준 인물들을 책봉한 것인데 여기에도 집현전 학사 출신이 일곱 명이나 되었다. 박중손을 제외하고 정난공신이었던 인물들이 좌익공신에 다시 오른 것이다.

물론 이 내막에는 이들이 직접 세조에게 협조했다기보다 집현전 학사들을 이용하여 의정부 대신들을 제거하고 또 자신의 집권을 유교적으로 합리화해보려는 세조의 의도가 크게 작용한 것도 사실이다. 즉 그가 조카를 내쫓고 왕좌를 차지한 일은 유교적으로 볼 때 타당하지 못했다. 그래서 집현전 학사 출신을 비롯한 유신들을 공신으로 책봉하여 왕권강화를 효과적으로 달성하고 자신의 위치를 확고히 하려한 것이다. 때문에 집현전 학사들이 과연 진정으로 세조의 즉위에 협조했는지에 대해서는 의문의 여지가 있다.

이러한 상황 속에서 집현전 학사들은 자신들이 이용만 당하고 버려지리라는 생각을 갖게 되었다. 왕권강화를 꿈꾸는 세조 밑에서 그들의 입지는 약화될 수 밖에 없으니 오히려 나이 어린 단종 밑에서 권한을 강화하는 편이 낫다고 판단했다. 이리하여 들고 나온 것이 유교적 명분과 선왕의 부탁이었다. 한번 신하가 됐으면 그 왕을 끝까지 잘 모셔야 하는 것이 유교적 의리이며 명분이었다. 이른바 '불사이군 不事二君'의 태도였다. 또한 신하된 입장에서 선왕인 문종의 유지를 끝까지 받들어야 함을 내세웠다.

그리하여 성삼문을 비롯한 박팽년·이개·하위지·유성원 등 집현전 학사들과 무인인 성승·유응부·김질 그리고 단종의 외숙 권자신 등은 단종을 복위시키기로 하고 그 기회를 엿보고 있었다. 그런데 마침 좋은 기회가 찾아왔다. 세조 2년(1456) 6월, 드디어 세조가 세자와 같이 명나라에서 온 사절을 창덕궁에서 맞기로 하였던 것이다. 그러자 성삼문 등은 성승·유응부를 별운검別雲劍(왕이 행차할 때 옆에서 칼을 들고 호위하는 무관)으로 세우고 신호에 따라 세조와 세자를 없애기로 하였다. 또 세조의 즉위를 도와준 신숙주도 살해하기로 하였다. 그러나 이러한 음모를 눈치챈 한명회는 "광연전(창덕궁 내에 있는 집)이 좁고 더우니 세자와 운검雲劍을 들이는 일은 그만두는 것이 좋겠습니다"라고 하자 세조는 이를 받아들였다.

이것을 모르고 칼을 들고 입장하려던 성승은 한명회가 저지하자 먼저 그를 살해하려 하였으나 성삼문이 만류해 그만두었다. 유응부 또한 이 소식을 듣고 거사는 미루면 안 된다며 단신으로 돌입하려 하였다. 그러나 집현전 학사들의 만류로 후일을 도모하기로 하였다. 신숙주를 죽이려고 갔던 윤영손도 이 소식을 듣고 철수하였다. 이렇듯 거사가 연기되자 이 모의가 누설될까 두려워한 김질은 장인 정창손을 찾아가 이 사실을 알렸다. 정창손은 이를 세조에게 고함으로써 거사에 가담한 자는 모조리 잡히게 되었다.

모진 고문 끝에 성삼문을 비롯한 공모자들은 형장으로 끌려갔다. 성삼문은 이때 그 심정을 시로 읊었다.

울리는 저 북소리 운명을 재촉하는데
머리를 돌이키니 서산에 해가 저문다

성삼문 묘
성삼문은 '불사이군'을 명분으로 단종을 복위시키려 하다 모의에 가담했던 김질의 밀고로 극형을 당하였다. 서울 동작구 노량진동에 있다.

　　황천가는 길엔 주막도 없다는데
　　오늘 밤은 뉘 집에서 자고 갈꺼나

　형장으로 끌려가는 수레 뒷편에서는 어린 딸이 "아버지! 아버지!" 하며 울부짖을 뿐이었다. 죽기 직전 하인의 술 한 잔을 마시고 그는 마지막으로 또 시 한 수를 읊조렸다.

　　이 몸이 죽어가서 무엇이 될꼬 하니
　　봉래산 제일봉에 낙락장송되었다가
　　백설이 만건곤할 제 독야청청하리라

　죽으러가는 상황에서도 자신의 신념을 굽히지 않겠다는 뜻을 실은 이 시에서 그의 초개같은 의지를 엿볼 수 있다. 성삼문은 39세의 젊은 나이에 이렇게 세상을 떴다.

신숙주, 신념에 따라 행동할 뿐

그러나 세조를 죽이려는 이 음모에 신숙주는 참여하지 않았다. 오히려 세조를 도와 이들의 죄를 묻고 심문하였다. 이렇게 신숙주가 집현전 학사들과 뜻을 같이하지 않은 것은 무엇 때문일까. 우선 그는 군주관君主觀이 집현전 학사들과 달랐다. 그가 보기에 단종은 너무 어리고 허약했다. 왕이 힘이 있어야 중심을 잡고 제대로 정치를 할 수 있다고 믿은 그는 단종보다는 야망과 힘이 있는 사람이 군주로서 더 적합하다고 생각하였다. 그러나 당시는 종실이 아니면 왕이 될 수 없었다. 종실 중 가장 유력한 왕위계승 후보자는 대군들이었다.

단종의 숙부인 대군들은 수양대군·안평대군을 비롯하여 임영대군·광평대군·금성대군·평원대군·영응대군 등 일곱 명이 있었다. 이 가운데 정치에 가장 뜻이 있는 사람은 수양대군과 안평대군이었다. 이 둘은 일찍이 세종·문종과 더불어 훈민정음 창제에 깊이 관여했으며 운회 번역·활자 제조·각종 편찬사업을 주도했던 인물들이다. 수양대군은 성격이 호방하고 활달하여 학문도 잘하였으나 활쏘기와 말타기 등 무예에도 출중한 인물이었다. 반면 수양의 동생인 안평대군은 시문과 서화에 능하여 많은 문사들이 그를 따랐다. 신숙주도 처음에는 안평대군과 깊이 교류하였다. 신숙주가 남긴 시문 중에는 안평대군과 교류한 내용이 많이 남아 있다. 또 안평대군은 예술적 재능뿐 아니라 학문에도 조예가 깊어 운서 번역사업을 할 때도 신숙주와 가까이 지냈다.

그럼에도 불구하고 신숙주가 계유정난*을 묵인하고 수양대군의 등극을 도와준 데에는 그와 맺은 개인적 인연도 크게 작용하였다. 단종 즉위년(1452)에 수양대군과 같이 북경에 다녀온 것이 결정적인 계

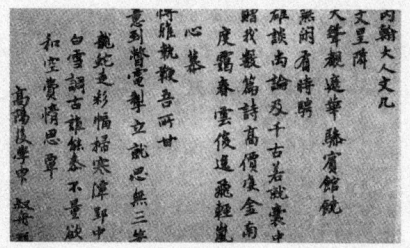

신숙주
신숙주의 영정. 보물 613호(왼쪽).
신숙주의 글씨. 신숙주는 수양대군의 편에 서서 수양대군을 세조로 등극시킨 후《국조보감》《병정》《해동제국기》를 편찬하는 등 많은 업적을 남겼다. 충북 청원군 구봉영당 소장(오른쪽).

기였다. 물론 그 이전부터 신숙주는 수양대군과 잘 알던 사이였으나 이 사건으로 더욱 급격히 가까워진 것이다. 이 해 조정에서는 단종 즉위의 고명을 내려준 데 대한 고마움을 표하기 위해 명에 고명사은사를 보내는 일을 논의하였는데 이때 수양대군은 자신이 사은사로 갈 것을 자청하였다. 아마도 그는 이 중책을 맡음으로써 돌아온 후 자신의 정치적 입지를 더욱 강화하려 한 것 같다. 또 한편으로 황보

* 단종 1년(1453) 수양대군이 왕위를 빼앗기 위하여 일으킨 사건. 세종의 뒤를 이은 병약한 문종은 자신이 일찍 죽을 것을 예견하고 영의정 황보 인, 좌의정 남지, 우의정 김종서 등에게 자기가 죽은 뒤 어린 왕세자가 등극하였을 때 그를 잘 보필할 것을 부탁하였다. 그러나 수양대군은 이 셋 중 김종서의 집을 불시에 습격하여 그와 그의 아들을 죽였다. 이 사변 직후에 수양대군은 "김종서가 모반하였으므로 주륙誅戮하였는데, 사변이 급작스럽게 일어나 미처 아뢸 틈이 없었다"고 사후에 임금에게 고하였다. 그리고 곧이어 단종의 명이라고 속여 중신을 소집한 뒤 사전에 준비한 계획에 따라 황보 인, 이조판서 조극관, 찬성 이양 등을 궐문에서 죽이고 좌의정 정분과 조극관의 동생인 조수량 등을 귀양보냈다가 죽였다.

인과 김종서의 아들 황보석·김승규를 대동함으로써 그들에 대한 위협의 뜻도 보여주려 한 것이라 본다. 그리고 집현전 학사 출신으로 명망이 높았던 신숙주를 데려감으로써 후일 집현전 학사들의 도움을 받으려 한 것으로 풀이할 수 있다. 이렇게 해서 4개월 동안 수양대군과 동행한 일을 계기로 신숙주는 수양대군의 인격과 의지를 파악하였을 것이다.

한편 계유정난의 주역들과 밀접한 관계를 맺은 인연도 크게 작용했다고 생각한다. 즉 권람은 신숙주가 과거를 관장할 때 뽑힌 인물이며 한명회와는 세조 즉위 직전 사돈관계를 맺은 것이다. 이러한 여러 요인이 집현전 학사 출신 동료들을 떠나 세조편에 가담한 이유라고 할 수 있다.

신숙주와 세조가 동갑이라는 이유도 고려해볼 수 있다. 둘 다 1417년생으로 같은 해에 태어났다는 동료 의식이 어느 정도 작용하지 않았을까.

비록 유교적 명분에 어긋난 세조의 즉위를 돕기는 했지만 신숙주는 많은 업적을 남겼다. 세조 3년(1457) 춘추관 감사가 되어 조선 역대의 사적을 적은 편년체 역사책인 《국조보감國朝寶鑑》을 완성했으며 우의정에 오른 후에는 세조의 명을 받아 《병정兵政》이란 군사제도에 관한 책을 지었다. 세조 5년에는 함길도 도체찰사에 올라 여진족을 회유하고 돌아왔다. 성종成宗(재위 1469~1494)2년(1471)에는 다시 영의정에 임명되었으나 여러 번에 걸쳐 사직 상소를 올렸고 성종 6년(1475), 59세를 일기로 세상을 떠났다. 죽기 전에 그는 성종의 명을 받아 일본의 지세와 국정, 교빙 왕래의 연혁, 사신 접대 예절 등을 적은 《해동제국기海東諸國記》를 편찬하는 여력을 보이기도 하였다.

그렇다면 신숙주는 반역자이고 성삼문은 충신이라 말할 수 있는가. 유교적 입장에서만 보면 그렇게 볼 수도 있을 것이다. 그러나 우리는 그 평가 기준을 유교적 입장 내지 지배자의 입장에서 찾는 것이 꼭 바람직한 것은 아니라 생각한다. 또다른 입장 즉 민중이라는 입장에서 따져볼 필요가 있다. 이때가 지배권이 백성들을 수탈하고 억압하여 백성들이 항거할 만한 상황이었는가.

그렇지는 않았다고 본다. 당시는 조선이 건국된 지 60여 년이 지난 시기로 여러 면에서 정비를 이루어가던 시점이었다. 따라서 민중 봉기 같은 사건도 별로 없었던 시기이다. 그렇다고 볼 때 지도자의 문제는 선악의 입장에서 논할 수 없다. 단지 신하의 입장에서 누구를 선택하느냐의 문제였다. 역사에서 가정은 부질없는 일이지만 단종이 그대로 있었다면 세조보다 정치를 더 잘 했을까? 단언할 수 없는 부분이다.

섣부른 개혁은 화를 부른다

> **중종과 조광조**
> 정치권에서 갈등과 대립은 예나 지금이나 다반사이다. 이를 잘 극복했을 때는 정치가 발전하고 민생이 안정되었다. 그러나 이를 지도자가 해결하지 못했을 때 조정에서는 피바람이 불고 많은 혼란이 거듭되었다. 조광조趙光祖(1482~1519)와 중종中宗(재위 1506~1544)은 나름대로 이상적인 정치를 펴보려 하였으나 오히려 조정에 분쟁을 일으켰고 서로의 신뢰도 깨지고 말았다.

강직한 성품으로 중종의 신임을 얻다

중종은 폭군으로 치부되었던 연산군을 내쫓고 왕이 된 인물이다. 그런 만큼 중종은 유교에서 지향하는 정치를 펴보려는 생각을 갖고 있었다. 그것은 연산군대 정권에 대한 반동이며 성종대 유교정치로의 복귀였다. 군주의 독재체제가 아니라 좋은 신하의 도움을 얻어 유교적인 이상정치를 실현시키는 것이었다. 이러한 중종의 생각에 딱 들어맞는 인물이 발탁되었는데 그가 바로 조광조였다.

그는 성종 13년(1482) 한양 조씨 가문에서 태어났다. 그의 아버지는 사헌부司憲府의 정6품 벼슬인 감찰監察(정6품)을 지낸 원강元綱이었다. 사헌부는 원래 관리들의 비리를 감찰하던 기관이었지만 삼사三司의 하나로서 간쟁의 업무도 담당하였다. 삼사란 사헌부·사간원司諫

院·홍문관弘文館을 일컫는 말로 이들이 대체로 임금에 대한 간쟁을 담당하였다. 따라서 그의 강직한 성품은 간관을 지낸 아버지를 닮았다고 할 수 있다.

또 그의 젊은 시절에 영향을 준 것은 한훤당寒暄堂 김굉필金宏弼이었다. 17세에 어천(함경남도 영변)에 임명된 아버지를 따라갔다가 그곳에서 김굉필을 만나게 되었다. 김굉필은 무오사화로 인해 죄를 받고 이곳에 귀양 와 있었던 것이다. 조광조는 그를 찾아가 글과 학문을 배우게 되었다. 김굉필은 정몽주와 길재의 학풍을 이어받은 도학자로 이름이 높았다. 후일 조광조가 도학정치를 실현하려 하였던 것도 그의 학풍과 깊은 관련이 있다.

조광조는 인물이 수려하였지만 엄격한 성격의 소유자였다. 하루는

조광조의 글씨
조광조는 중종의 신임을 받아 소격서를 혁파하고 현량과를 실시하는 등 과감한 개혁을 펼쳤다.

외방에 나갔다가 날이 저물어 어느 집에 머물게 되었다. 그런데 그 집 여주인이 그를 사모하여 둘 만 있는 틈을 타 비녀를 뽑아 그에게 주었다. 당시 비녀를 뽑아주는 것은 남자에게 모든 것을 허락한다는 뜻이었다. 그러나 그는 비녀를 받아 말없이 벽 틈에 꽂아놓고는 그 길로 그 집을 나와버렸다는 일화가 전해진다.

중종반정이 일어나 연산군의 동생이었던 진성대군晉城大君이 왕위에 올랐을 때 조광조의 나이는 25세였다. 그의 스승 김굉필은 이미 2년 전에 사약을 받고 죽은 뒤였다. 29세 되던 해에 그는 진사시進士試(과거 중 대과의 예비시험)에 장원으로 급제하였다. 학문을 계속하던 그는 당시 이조판서이던 안당의 추천으로 종이를 만드는 관청인 조지서造紙署의 사지司紙(종6품) 벼슬에 임명되었다. 그러나 이에 만족하지 않고 그는 그 해 알성시謁聖試(왕이 문묘에 참배할 때 성균관에서 치르던 시험)에 합격하여 성균관의 전적典籍(정 6품)에 임명되었다가 사간원의 정언正言(정6품)에 올랐다. 그의 나이 34세였다.

이때 그는 폐비 신씨愼氏의 문제로 파쟁에 뛰어들게 되었다. 신씨는 중종의 부인이었으나 그의 아버지 신수근이 반정에 찬성하지 않

김굉필을 제향한 옥천서원
조광조는 김굉필에게 글과 학문을 배웠다. 그가 훗날 도학정치를 꿈꾼 것도 김굉필의 영향이 크다. 전남 순천시 옥천동에 있다.

앉다는 이유로 중종반정이 성공한 며칠 뒤 쫓겨났다. 그 이듬해 중종은 숙의 윤씨를 왕비로 삼았는데 이가 곧 장경왕후였다. 그러나 그는 아들을 낳고 중종 10년에 죽고 말았다. 담양부사 박상과 순창군수 김정이 신씨를 복위시키자고 상소를 올린 것이다.

그러나 대사헌大司憲(사헌부의 총책임자) 권민수와 대사간大司諫(사간원의 총책임자) 이행은 이를 반대하였다. 이미 세자가 있는 마당에 신씨를 복위시키면 어떻게 하느냐는 것이었다. 이에 조광조는 언로言路는 개방되어야 한다는 명분을 들어 대사헌과 대사간을 파직하라는 극언을 하였다. 조광조를 신임하던 중종은 그의 말을 들어 당사자들을 지방관으로 내쫓았다. 불행의 씨앗이 잉태되는 순간이었다. 그 후 중종은 그를 깊이 신임하여 홍문관弘文館(학문연구기관)의 부제학副提學(정3품)으로 승진시키는 파격적인 인사를 했다.

또한 조광조는 소격서昭格署의 혁파를 주장하였다. 소격서는 해·달·별을 나타내는 상청上淸·태청太淸·옥청玉淸에 제사지내는 곳으로 도교와 관련 있는 관청이었다. 지금 서울의 삼청동은 여기에서 유래된 지명이다. 이 소격서는 유학의 정신에 어긋나므로 혁파하자는 주장이나 쉬운 일이 아니었다. 이 관청은 선왕인 태종대부터 있어왔던 것이고 《경국대전經國大典》에도 들어있는 관청이었다. 중종이 허락하지 않자 조광조는 동료들과 더불어 승정원에 나아가 밤새도록 울부짖으며 혁파를 주장하여 결국 중종의 허락을 받아냈다.

한편 이 무렵 국경에서는 여진이 넘어 들어와 약탈행위를 하자 조정에서는 출병을 논의하였다. 군사권을 담당하였던 병조판서 유담년을 비롯하여 대부분 적극 찬성하였다. 그러나 조광조는 잘못 군사를 동원하면 민심만 혼란스러워진다며 반대하고 나섰다. 그러자 중종은 많은 대신들의 청을 물리치고 조광조의 말에 따라 원정을 중지하였다. 중종이 조광조를 얼마나 신임하였는지 알 수 있는 대목이다.

'주초위왕' 조씨가 왕이 되리라

그러나 지나침은 모자람만 못한 법. 때로는 한 발짝 물러서는 양보와 타협의 자세도 필요하나 그는 더 나아가 현량과賢良科의 설치를 주장하였다. 정치를 개혁하고 부패한 구세력을 몰아내기 위해서는 참신한 인재가 필요하다는 논리였다. 종래의 타락한 과거제도로는 참다운 인재를 뽑을 수 없으므로 중앙이나 지방에서 유능한 사람을 천거하면 왕이 이를 시험하여 인재를 뽑는 것이다.

"과거는 하루의 재주로 시취하는 것이고 문장에 치중하는 폐단이 있다. 그러나 천거제는 덕행이 단정한 자를 뽑아 다시 시험하는 것이니 만큼 재행을 겸비해야 하는 것이다. 어떤 이는 불공평하게 잘못 천거할까 우려하지만 많은 사람들이 천거하므로 하나 둘 불공평한 이가 섞일 수는 있다. 그러나 그렇다고 하여 천거제를 막는다는 것은 옳지 못하다. 지난날 김굉필 같은 유학자는 부패한 과거에 나가지 않겠다고 하였는데 이런 사람이 한둘이 아니었다."

그러나 과거를 관장하는 부서의 장인 예조판서 남곤은 반대하였다.

"중국 한나라 때의 현량과는 20만 호 중에서 두 세 명을 취하는 것이었으니 오늘날 우리 조그만 주현州縣에서 천거하는 것과 다르다. 또 수나라 이후는 이 제도가 불공평하다 하여 폐지하였다. 송나라 때의 진사도 천거받았다는 이야기를 들은 일이 없다. 지금 외방에서 천거를 하도록 한다면 반드시 서로 가까운 사람끼리 할 테고 공평하게 천거하는 사람은 적을 것이다."

두 사람 다 일리 있는 말이었다. 제도란 운영하는 사람의 양심에 따른 문제로 아무리 좋은 취지로 생겼다 하더라도 이를 악용하면 얼마든지 잘못된 제도로 변할 수 있다.

중종은 여전히 조광조를 신임하고 있었던 만큼 조광조의 의견대로 현량과를 실시하였다. 그 결과 조광조 일파가 정계에 많이 포진하게 되었다. 그러자 홍경주·심정·남곤 등 기성세력은 위기의식을 느끼기 시작하였다. 잘못하면 자신들이 다 정계에서 축출되는 최악의 상황이 벌어질지도 몰랐다. 중종도 이 무렵에는 조광조의 행동이 지나치다 생각하였다. 임금에게 학문을 강론하는 경연經筵도 조광조를 비롯한 그 일파가 장악하여 하루 종일 강론을 벌였다. 이에 같이 있던 신하들은 물론이고 중종도 싫증을 낼 정도였다. 때로는 신진관료들이 기성관료들을 깔보아 상사인데도 결례를 하는 경우도 있었다.

이러한 갈등과 대립, 위기의식은 위훈삭제僞勳削除 사건으로 폭발하였다. 중종 14년(1519) 사헌부의 장관격인 대사헌에 오른 조광조는 대사간 이성동과 같이 정국공신靖國功臣을 개정할 것을 주청하였다.

과거
《고려사》에 실린 과거 실시에 관한 기록. 조광조는 종래의 타락한 과거제도로는 참다운 인재를 선발할 수 없다고 판단해 과거제를 폐지하고 현량과를 설치할 것을 주장하였다.

섣부른 개혁은 화를 부른다

정국공신이란 중종을 왕위에 옹립하는 데 공로를 세운 인물들을 지칭하는데 4등급으로 나누어 제정되었다. 일등 공신에는 박원종·성희안·홍경주 등 8명, 이등 공신에는 종친의 운수군과 심순경·이계남 등 13명, 삼등 공신에는 유계종·고수겸·심정 등 30명, 사등 공신이 52명 등이었다. 그런데 사실 이들 중 상당수가 공로도 없이 공신대열에 올랐다. 한번 공신에 오르면 자손 대대로 영화를 누릴 수 있었고 국가에서 토지와 노비를 받아 경제적 혜택도 누릴 수 있으므로 일부 사람들이 뇌물을 주거나 로비를 하여 공신에 책봉되었던 것이다.

그러나 이미 책정된 공신들을 삭제한다는 것은 쉬운 일이 아니었다. 기존 공신들의 반발은 물론이고 옥석을 가리는 것도 어려운 일이었다. 또 중종의 입장에서는 이들 덕분에 왕위에 올랐으니 무시할 수도 없는 노릇이었다. 그러나 조광조 등의 주장이 얼마나 거세었던지 중종도 이를 받아들여 정국공신 103명 중 78명의 공훈을 삭제하였다. 여기에는 홍경주·남곤 등도 포함되어 있었다.

궁지에 몰린 이들 공신세력은 조광조 일파를 내치기 위한 작전에 돌입하였다. 홍경주·심정·남곤 등은 서로 모의하여 궁궐 내의 나뭇잎에 꿀로 '주초위왕走肖爲王'이라는 글자를 썼다. 이는 조씨가 왕이 될 것이라는 뜻이었다. 벌레들이 꿀을 따라 잎을 갉아먹으니 영락없이 하늘의 계시 같았다. 홍경주는 자신의 딸 희빈 홍씨를 시켜 이 나뭇잎을 중종에게 바치게 하였다. 심정은 중종의 또 다른 후궁 경빈 박씨로 하여금 사람들이 조광조의 세력을 믿고 그를 왕으로 삼으려 한다는 소문을 퍼뜨리게 하였다.

또 홍경주는 조광조 일파의 숙청을 부탁하는 밀서를 중종에게 받앉다고 하였다. 그는 그 교지를 옛 재상들에게 보여주면서 거사에 동참할 것을 부탁하였다. 그 밀지가 정말로 중종이 준 것인지는 알 수 없으나 정국은 서서히 공신세력 쪽으로 기울기 시작하였다.

이를 지켜보던 홍경주 등은 왕에게 변란을 보고한다는 명분으로 중종을 밤에 알현하여 조광조가 반역을 꾀하고 있다고 말하였다. 중종은 이에 조광조·김정 등을 죽이고 조광조 일파를 체포하라는 명을 내렸다. 그러나 영의정 정광필의 만류로 조광조는 가까스로 죽음을 면하고 전라도 능성綾城에 유배되었다. 그 후 조광조의 정적이었던 김전이 영의정, 남곤이 좌의정, 이유청이 우의정으로 임명되자 조광조에게 사약이 내려졌다.

사약을 받아든 그는 중종에게 시 한 수를 남겼다.

임금 사랑하기를 아버지 같이 하였고	愛君如愛父
나라 걱정하기를 내집 같이 하였네	憂國如憂家
밝은 햇빛이 세상을 굽어보니	白日臨下土
일편단심 이 마음을 더욱 밝게 비추오리	昭昭照丹衷

임금과 신하였지만 처음에는 신뢰와 믿음으로 뭉쳐진 그들이었다. 반정으로 즉위한 중종은 유교적인 개혁을 생각하였다. 좋은 신하를 얻어 공정하고 불편부당한 정치를 해보려 했다. 그리하여 조광조를 발탁한 것인데, 조광조는 지나치게 급하고 과격한 개혁을 추구하였다. 원칙과 이상에만 치우쳐 기성세력을 무시하면서 모든 것을 다 바꾸려 하였다. 그러한 결과 두 사람은 쓰라린 이별을 맛보아야 했다. 결코 역사는 하루아침에 이루어지는 것이 아니다. 또 무조건 기존의

것을 바꾼다고 하여 그것이 곧 개혁을 뜻하는 것은 아니다. 어떤 제도든간에 완전무결한 것은 없으므로 잘못하면 혼란과 부작용만을 빚어내는 것이다.

시에 인생을 담다

황진이와 허난설헌

어느 시대에나 여성에게는 사회적인 규범과 규제가 따라다녔다. 우리 사회만 해도 여자아이를 대학까지 보내는 것이 당연해진 지 얼마 되지 않았다. 현대와 같이 인간은 평등하다라고 법적으로 보호받는 사회에서도 여성의 인권을 위한 투쟁이 끊이지 않는데 하물며 조선시대를 살았던 여성의 삶은 어떠했을까. 그 중에서도 남성 못지않은 총명함과 빛나는 재능을 지녔던 황진이黃眞伊와 허난설헌許蘭雪軒(1563~1589)의 생애는 이 같은 문제에 많은 시사점을 던져준다.

자유로움 속에 감성을 불태우다

황진이가 언제 출생하여 언제 죽었는지 정확한 연대는 알 수 없다. 그러나 여러 가지 정황으로 보건대 그녀는 중종 19년(1524)경에 진사進士의 서녀庶女로 태어났다. 출신도 그러한데다 기생신분이었으므로 천대받을 수 밖에 없는 운명이었다. 조선 말기의 학자 김택영의 《소호당집韶濩堂集》에는 황진이가 기녀가 된 흥미로운 일화가 나온다. 옆집에 사는 한 서생이 황진이의 미모에 매혹되어 상사병을 시름시름 앓다가 결국 죽어 장례를 치르려 하는데, 상여가 황진이의 집 앞에서 꼼짝도 하지 않았다. 황진이가 자신의 치마저고리를 관에 덮어주니 그때서야 관이 움직여 장례를 치를 수 있었다. 이를 계기로 황진이는 기녀가 되었다는 일화가 전해진다. 그러나 그녀는 출중한 용모와 총명함으로 당대에 유명인사들과 학문적·육체적 교감을 나누었다. 또한, 예술적 재능도 다분할뿐 아니라 서사書史에도 정통하고 시가에도 능하였다. 당대의 석학 서경덕徐敬德을 사숙私淑(직접 가르침을 받지는 않았으나 마음속으로 그 사람을 본받아서 도나 학문을 닦음)하여 거문고를 가지고 그의 정사를 자주 방문하였다고 한다.

황진이의 시들은 그녀의 시적 감성을 여과 없이 드러내어 뭇 남성들의 마음을 사로잡았다. 특히 사회적으로 명성이 높은 사람들과 사귐을 가졌는데 홍문관의 책임자로 대제학大提學을 지냈던 소세양蘇世讓과는 30일을 기한으로 하여 애정생활에 들어갔다. 30일이 지나 소세양이 떠나려 하자 황진이는 시를 읊어 그의 발걸음을 멈추게 하였다.

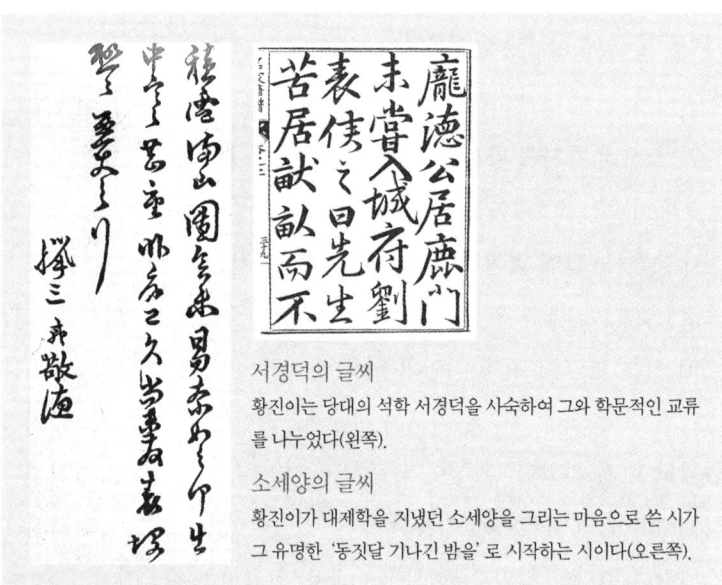

서경덕의 글씨
황진이는 당대의 석학 서경덕을 사숙하여 그와 학문적인 교류를 나누었다(왼쪽).

소세양의 글씨
황진이가 대제학을 지냈던 소세양을 그리는 마음으로 쓴 시가 그 유명한 '동짓달 기나긴 밤을'로 시작하는 시이다(오른쪽).

달빛 어린 마당에 오동잎은 지고

차가운 서리 속에 들국화는 노랗게 피어 있네

다락은 높아 하늘과 한 척 사이라

사람은 취하여 술잔을 거듭하네

물소리는 거문고 소리에 화하여 차거웁고

피리부는 코 끝에 매화 향기 가득하도다.

내일 아침 이별한 후에는

우리들의 그리움은 푸른 물결과 같이 끝이 없으리라

이후 이들의 사랑이 얼마나 더 지속되었는지는 알 수 없다.
그러나 황진이는 헤어진 뒤에도 항상 소세양을 그리워하며 사모하는 마음을 시로 읊었다.

동짓달 기나긴 밤을 한 허리를 도려내어

춘풍 이불 아래 서리서리 넣었다가

어른님 오시는 밤이거든 구비구비 펴리라

그리움의 극치를 노래한 시다. 동짓달 기나긴 밤에 홀로 지새우며 그리움을 태우곤 했던 것이다.
그의 애정 행각은 이제 사내들을 시험하는 쪽으로 발전하였다. 황진이의 미모와 자태 앞에서는 내노라하던 사대부나 문사들도 여지없이 무너져내렸다. 살아있는 부처라 일컫던 지족선사知足禪師도 황진이의 자태 앞에서는 맥을 추지 못하였다. 30년 동안 수도했던 법력으로도 황진이의 유혹을 견디지 못한 그는 결국 파계를 하고 자취를 감추어버렸다.

왕족인 벽계수碧溪守도 황진이와 사랑을 나눈 인물 중 하나로 유명하다. 그가 송도에 와서 황진이의 소식을 듣고도 그냥 가려 하자 황진이는 시를 한 수 읊었다. 벽계수는 밝은 달밤에 낭랑하게 들려오는 한 줄의 시구에 그만 넋을 잃고 말았다.

    청산리靑山裏 벽계수碧溪水야 수이 감을 자랑마라
    일도창해一到滄海하면 다시 오기 어려워라
    명월明月이 만공산滿空山하니 쉬어간들 어떠리

황진이의 자신감은 여기서 멈추지 않았다. 당대 제일의 학자인 화담花潭 서경덕을 찾아가 다시 그의 미모를 시험하였다. 그러나 화담은 끄떡도 하지 않았다. 이미 여색의 경지를 넘어선 그 앞에 황진이는 무릎을 꿇고 말하였다. "역시 선생님은 '송도3절松都三絶'의 하나이십니다" 화담이 또 다른 둘은 무엇이냐고 묻자 "하나는 박연폭포요 다른 하나는 접니다"라고 답하였다.

또한 자연을 사랑하였던 그녀는 경치 좋은 곳을 찾아다니며 자연의 아름다움을 노래하였다. 그 중에서도 송도3절의 하나로 꼽은 박연폭포를 보고 읊은 시에는 웅장한 폭포를 눈앞에서 보고 있는 듯한 착각이 들 정도로 생생히 묘사해놓았다.

    한 가닥 긴 물구비가 골짝이 틈에서 뿜어져나와
    흉흉한 물결은 백길의 용늪을 이루고
    거꾸로 쏟아져 내리는 샘이 구름인가 싶다

성난 폭포 비꼈으니 흰 무지개 완연하다.

우박과 천둥소리 마을까지 넘치고
구슬 방아에서 옥이 부셔져 허공에 치솟는다.
구경꾼들아 말하지 마오 여산廬山의 승경이 좋다고
알거라 해동의 제일은 이 천마산임을.

가히 여장부다운 시상이다. 황진이의 작품은 주로 연회장이나 풍류를 즐기던 곳에서 지어졌다. 그리고 기생의 작품이라는 제약 때문에 후세에 많이 전해지지 못했으리라 추측한다. 현존하는 작품은 5, 6수에 지나지 않으나 기발한 이미지와 알맞은 형식, 세련된 언어구사를 남김없이 표현하고 있는 점에서 높이 평가된다.

박연폭포
경기 개풍군 영북면 천마산에 위치한 박연폭포는 일찍이 황진이, 서경덕과 더불어 '송도삼절'로 불렸다.

책과 시를 벗 삼아 외로움을 달래다

허난설헌은 명종 18년(1563) 명문 거족인 양천 허씨 집안에서 태어났다. 그의 아버지는 경상감사慶尙監司(경상도지사)를 지낸 허엽許曄이었다. 허성許筬·허봉許篈을 오빠로 두었고 《홍길동전洪吉童傳》으로 유명한 허균許筠(1569~1618)이 그의 동생이었다. 이들은 다 당대의 문장가로 이름을 떨쳤으니 유복한 집안에서 태어났음에 틀림없다.

아버지가 첫 부인 청주 한씨와 사별한 뒤에 재혼하여 봉·초희(허난설헌)·균 삼남매를 두었다. 허난설헌의 집안은 아버지와 자녀들이 모두 문장에 뛰어나 세상 사람들은 이들을 '허씨5문장'(허엽, 허성, 허봉, 허난설헌, 허균)이라 불렀다. 허난설헌은 이러한 학문적인 분위기 속에서 어릴 때부터 어깨너머로 글을 배우고, 허씨 가문과 친교가 있었던 이달李達에게 시를 배웠다. 그녀는 특히 《태평광기太平廣記》(중국 송나라 학자 이방 등 12명의 학자가 편찬한 설화집. 신선, 여선, 도술, 방사 등의 이야기가 많이 나옴)를 즐겨 읽으며 도교의 신선세계에 눈을 떴다. 아름다운 용모와 천품이 뛰어난데다 8세에 〈광한전백옥루상량문廣寒殿白玉樓上梁文〉을 지어서 신동이라는 말까지 들었다.

허난설헌은 15세 무렵에 안동 김씨 김성립金誠立과 혼인하였다. 그는 시詩에 명성이 높았다. 그러나 가정을 돌보기보다 기생과 놀아나고 바람을 피우는 데 열성이니 원만한 부부생활이 이뤄질리 없었다. 거기에다가 고부가 불화하여 시어머니의 학대와 질시 속에 살았다.

기댈 곳 없는 그녀는 뒷 초당에서 책을 벗삼고 시를 쓰는 것으로 우울하고 허무한 마음을 달래었다.

이윽고 돋은 달이 호수로 비쳐드니　　　　　　　　　　　　湖裏月初明

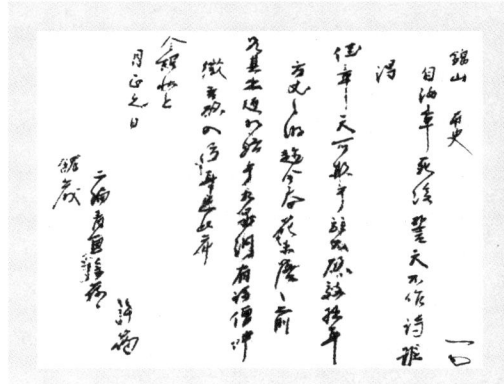

허균의 글씨
허난설헌의 동생. 허난설헌의 집안은 모두 문장에 뛰어나 '허씨5문장'으로 불렸다.

연캐던 조각배는 밤으로만 돌아오네	采蓮中夜歸
저 배야 기슭으로는 들지 마라	輕搖莫近岸
단잠 든 원앙이 놀라 날겠다	恐驚鴛鴦飛

이 시는 신혼 초 잠시나마 달콤했던 생활을 회상한 것일 수도 있고 반대로 그렇지 못했던 자신의 처지를 한탄하면서 꿈 같은 생활을 동경한 시인지도 모른다.

그러나 그녀의 불행은 여기서 끝나지 않았다. 어렵게 얻은 어린 자식들을 강보에 있을 때 저승으로 보낸 것이다. 그뿐 아니라 설상가상으로 뱃속의 아이까지 잃는 아픔을 겪었다. 그녀는 찢어지는 심정을 다음과 같이 읊었다.

작년에는 딸을 잃고	去年喪愛女
올해에는 아들을 잃었네	今年喪愛子
슬프디 슬프게 땅에 묻으니	哀哀廣陵土

두 무덤이 마주 서 있네	雙墳相對起
백양나무 숲에서는 쓸쓸한 바람이 일고	蕭蕭白楊風
소나무 숲에서는 도깨비 불이 번쩍이네	鬼火明松楸
지전으로 너의 혼을 불러	紙錢招汝魂
무덤 위에 술을 붓는다	玄酒奠汝丘
나는 안다, 너희 남매의 혼이	應知弟兄魂
밤마다 서로 따라 노는 것을	夜夜相追遊
내 비록 뱃속에 또 한 아이 있지만	縱有腹中孩
어찌 가히 잘 자라기를 바라겠는가	安加冀長成
하염없이 황대의 노래를 부르고	浪吟黃臺詐
피눈물 흘리며 슬픈 소리 삼킨다	血泣悲吞聲

자식 잃은 어미의 슬픔이 이보다 더 애절할까.

불행은 계속되었다. 이번에는 친정이 당쟁에 휘말려 오빠인 허봉은 함경북도 갑산으로, 동생 허균은 남쪽으로 귀양을 가게 되었다. 오빠와 이별할 때의 심정을 그는 이렇게 읊었다.

강물은 가을되어 잔잔하고	河水平秋岸
구름은 석양에 막혔구나	關雲欲夕陽
서릿바람에 기러기 울고 가니	霜風吹雁去
차마차마 떠나지 못하네	中斷不成行

허봉은 5년 만에 귀양에서 풀려나왔으나 과음으로 폐병을 앓다가 객사하였다. 그는 누이동생과 나이 차이가 많이 났지만 재능을 아껴

준 오빠였기에 슬픔은 더욱 컸다.

황진이가 자연을 읊고 명사들과의 사랑에 빠진 것에 반해 허난설헌은 여인들의 고된 삶에 눈을 돌리기도 하였다. 가난한 여인의 삶을 읊은 〈빈녀음貧女吟〉이 그것이다. 그 한 구절을 살펴보자.

> 손에 가위를 잡느라
> 추운 밤 열 손가락이 어네
> 남들 위해 시집갈 옷 지으면서
> 해가 거듭 돌아와도 혼자만 지내네

그러나 혼자 사는 여인의 외로움은 허난설헌도 어쩔 수 없었다. 한 켠이 텅 빈 이불을 보면서 느낀 심정을 시로 달랬다.

> 붉은 비단 너머로 등잔불 붉은데
> 꿈 깨 보니 비단 이불의 한 편이 비었네
> 찬서리 옥초롱엔 앵무만 속삭이고
> 뜰 앞에 우수수 서풍西風에 오동잎 지네

이 외로움을 견디지 못했기 때문일까. 허난설헌은 27세의 젊은 나이에 세상을 등졌다. 집안에 가득찼던 그녀의 작품들은 유언에 따라 많이 불태워졌다.

조선 봉건사회의 모순과 계속된 가정의 참화 때문에 허난설헌의 시 213수 가운데에 신선시가 128수나 된다. 그런 만큼 그녀는 속세

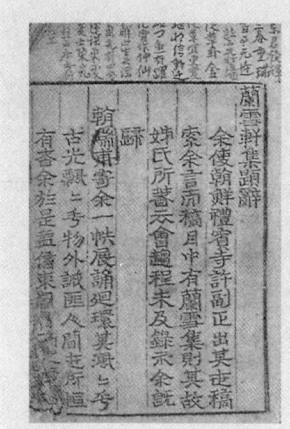

《난설헌집》
허균이 허난설헌의 작품 일부를 명나라 시인 주지번에게 주어 중국에서 간행된 《난설헌집》은 그 뛰어난 작품성으로 격찬을 받았다. 난설헌집제사 부분. 동국대학교도서관 소장.

를 떠난 삶을 갈망하였던 듯하다. 허균이 허난설헌의 작품 일부를 명나라 시인 주지번朱之蕃에게 주어 중국에서 간행된 《난설헌집蘭雪軒集》은 격찬을 받았다. 난설헌집은 1711년에는 일본에서도 분다이文台 屋次郎가 간행하여 애송되었다.

황진이와 허난설헌. 이 둘은 조선시대 여류 시인 중 쌍벽을 이루는 인물이다. 그러나 그들의 시는 각기 다른 환경과 감정 속에서 나왔다. 황진이가 불우한 환경에서 태어나 기생이 되어 혼자 산 반면 허난설헌은 명문 가문에서 태어나 결혼을 하였다. 그러나 황진이는 자신의 뜻대로 자연을 즐기고 명사들과 사랑을 누린 데 비해 허난설헌은 불행한 결혼생활로 여인의 고독과 고통을 느껴야 했다. 때문에 그들의 시도 달랐다. 황진이가 남자들에 대한 그리움과 자연을 노래한 반면 허난설헌은 조선시대 여인들의 한과 고통을 노래하였다. 그러나 폐쇄적인 조선사회 속에서 그들이 남긴 시는 여인들의 삶과 감정을 잘 엿볼 수 있게 해주는 명작임에 틀림없다.

학자로서의 참된 자세는 무엇인가

이황과 이이

조선의 국가 이념은 성리학이다. 성리학은 이理·기氣를 바탕으로 하여 우주의 원리와 인간의 심성을 다루는 사상체계이다. 여기에서 이가 더 중요한가 기가 더 중요한가 하는 문제로 주리설主理說과 주기설主氣說로 나누어졌다. 주리설의 선구자는 이언적이며 이를 집대성한 이는 이황李滉(1501~1570)이다. 반면 주기설의 선구자는 서경덕이고 마지막으로 이를 집대성한 자가 이이李珥(1536~1584)이다.

주리설 대 주기설

이황은 동방의 주자라고 할 만큼 주자의 학설을 정통으로 계승하였다. 또한 이를 마음의 학문으로 심화해 체험주의·수양주의를 내세웠다. 주자는 우주의 근원이 되는 이·기의 관계에 대하여 양자는 서로 떠날 수 없는 관계에 있으나 서로 섞이지는 않는다는 '이기이원론理氣二元論'을 내세웠다. 이황도 이와 같은 주자의 설을 그대로 따랐지만 이와 기를 둘로 나누어 보는 데에 중점을 두어 이와 기가 서로 섞일 수 없음을 더욱 강조하였다. 그러나 그의 주장에 따르면, 이는 기의 활동의 근저로서 기를 주재하고 통제하는 실제이다. 그러므로 결국 주리적인 입장에 선 것이다.

이 주리설에서 보면 개개 사물의 법칙을 인식하는 것보다는 우주의 근원이 되는 생명력에 대한 인식이 더 중요하다. 나아가서는 그 생명력에 근본을 둔 인간의 도덕적 의욕을 중요하게 여겨 내향적인 경향을 띠며 내적인 경험을 존중하게 되었던 것이다. 그들이 도덕적 신념과 이를 실천함에 있어서 절조節操와 기백을 중히 여김은 그 때문이다.

이러한 경향은 이황의 심성론心性論에서 엿볼 수 있다. 그는 심성도 이기이원으로 분석하여 심의 체體인 성性을 본연의 성과 기질의 성으로 구분하고 성의 발發인 정情도 사단四端과 칠정七情으로 대비시켰다. 사단은 측은한 마음惻隱之心=仁·악을 부끄럽게 생각하는 마음羞惡之心=義·사양하는 마음辭讓之心=禮·시비를 가리는 마음是非之心=智이고 칠정은 기쁨喜·성냄怒·슬픔哀·두려움懼·사랑愛·미움惡·욕심欲을 말한다. 물론 이러한 사단칠정론은 기대승의 비판을 받아 7년 간이나 논쟁이 이어졌다. 이황 이후 주리파는 유성룡·김성일 등의 제자가 영남학파로서 계통을 이었다. 뿐만 아니라 일본학계에도 큰 영향을 주어 근세 일본 유학의 주류를 형성하였다.

이 주리설과 대립하는 입장이 주기설主氣說이다. 주기설의 선구적 존재는 일생을 은거하여 학문에 전념한 서경덕이었다. 그 뒤 기대승이 이황과 논쟁을 벌이면서 주기설이 점차 세를 떨치게 되었다.

그리고 주기설을 대성시킨 이가 이이였다. 이이는 이·기로써 우주를 해석하여 우주의 삼라만상이 이와 기를 떠나서 존재할 수 없고 결국 그것에 의하여 우주가 형성되고 만물이 나타나는 것으로 보았다. 그러나 이이는 이와 기를 이체이물二體二物로 규정하는 주자 및 이황의 순수이원론에는 반대하였다. 이와 기는 일체양면적인 것이어서 이를 분석하면 둘이로되 양자의 관계에서 보면 마치 동전의 양면

정몽주 영정
정몽주는 고려 말기에 성리학을 학문적으로 체계화하였다.

처럼 일물一物일 뿐이라는 것이다.

이理는 일반적인 것, 무활동적인 것, 추상적인 것이어서 이를 외부로 표출하여 현실적인 것으로 나타나게 하기 위해서는 활동적인 기의 작용을 필요로 한다. 물이라는 본체는 변함이 없으나 네모진 그릇에 물을 담으면 네모진 모양을 보이기도 하고 둥근 그릇에 담으면 둥근 모양을 띠게 된다. 또 크거나 작은 병에 담아도 마찬가지 논리가 적용된다는 것이다. 즉 이는 기라는 활동체에 의하여 천태만상의 개별성과 차별성을 낳고 기는 그 내재적이고 주재적인 이가 아니면 실체로 나타나지 못한다는 것이다.

결국 그의 이론은 '이기일원적 이원론理氣一元的二元論'이라 할 수 있지만 기를 더 중시하는 경향이 있었다.

자연과 벗하여 학문에 정진하리라

이황은 연산군燕山君(재위 1494~1506) 7년(1501) 경상도 예안현 온계리에서 태어났다. 이 해는 의미심장하게도 주자가 죽은 지 꼭 300년이 되는 해였다. 그의 본관은 진보眞寶였으며 좌찬성 식埴의 7남 1녀 가운데 막내였다.

그의 생애는 대략 세 부분으로 나누어볼 수 있는데 제1기는 출생부터 33세까지로 수학에 전념한 시기이다. 그는 태어난 지 7개월 만에 아버지를 여의고 어머니 박씨와 숙부 송재 우堣에게 훈육을 받았다. 그의 아명은 서홍瑞鴻이었으나 숙부 송재는 그의 이마가 넓기 때문에 광상廣顙이라 불렀다. 12세 때 숙부에게 《논어》를 배웠는데 그 이전에는 제대로 교육을 받지 못했던 듯 하다.

퇴계는 혼자 독서하기를 좋아하였는데 특히 도연명의 시를 사랑하고 그를 흠모하였다. 훗날 퇴계가 전원으로 돌아가기를 그토록 갈망하였던 것도 바로 도연명의 영향이었으리라. 청년이 되어서는 《주역》 연구에 몰두하여 몸이 마르고 쇠약해지는 병에 걸렸다고 한다.

24세 때 향시에 응시하였으나 세 번이나 연속 낙방을 하였다. 그러

소수서원
이황이 세운 우리나라 최초의 사액서원. 경북 영풍군 순흥면 내죽리에 있다.

나 32세 때 문과별시의 초시에서 2등으로 합격한 이후 성균관에 들어갔고, 김안국을 만나 성인군자에 관한 견문을 넓혔다.

그러다가 34세에 문과에 급제하고 승문원부정자에 오르면서 본격적인 관직생활이 시작되었다. 즉 그의 생애 중 제2기인 출사시대가 열린 것이다. 승문원부정자가 된 지 몇 달 안 돼 예문관의 검열과 춘추관기사관으로 선임되었으나 김안로의 방해로 좌절되었다. 퇴계의 처가와 김안로의 고향이 같은 영주인데도 퇴계가 자신을 찾아와 인사하지 않았다는 이유였다. 그러나 이후 퇴계는 정자·박사·호조좌랑을 거쳐 홍문관수찬관에 올랐다. 그 후에도 여러 벼슬을 거쳐 마침내 성균관사성의 직을 받았으나 벼슬자리에 나아가지 않았다. 그 이유는 몸이 병약했기 때문이기도 했지만 가장 큰 이유는 전원을 동경하고 학문에 충실하려 함이었다. 을사사화 후에는 병을 핑계삼아 모든 관직을 버리고 고향인 낙동강 상류 토계兎溪의 동쪽 바위에 양진암養眞庵을 짓고 독서·구도생활에 전념하였다. 이때 토계를 퇴계退溪로 개칭하고 자신의 아호로 삼았다. 그 뒤에도 자주 임금이 부르자 외직을 자원하여 단양·풍기 등의 군수를 역임하였다. 풍기군수 시절 전임군수 주세붕이 주자의 백록동서원을 본따 설립한 백운동서원에 편액·학전·서적을 하사해달라고 조정에 청하여 허락받았다. 이것이 조선 최초의 사액서원인 소수서원紹修書院이다.

이후 풍기군수를 사임하는 글을 세 번이나 올렸으나 회답이 없자 결연히 임소를 떠나 퇴계로 돌아왔다. 그는 퇴계의 서쪽에 한루암寒棲庵을 세우고 다시 구도생활에 침잠하였다. 즉 이때부터 그의 생애 중 제3기라 할 수 있는 강학시대講學時代가 시작된 것이다. 물론 이후에도 임금의 명으로 성균관대사성, 홍문관부제학을 거쳐 공조참판에

도산서당
이황은 60세에 도산서당을 짓고 더욱 사색과 독서에 정진하였는데, 이 곳에 따르고 배우는 무리가 많이 몰려들었다.

임명되었으나 여러 차례 사임하였다. 43세 이후 이때까지 관직을 사퇴하였거나 임관에 응하지 않은 일이 20여 회에 이르렀다.

60세에는 도산서당陶山書堂을 짓고 스스로 '퇴도退陶' '도옹陶翁'이라 하였다. 이때부터 그는 더욱 사색과 구도, 독서에 정진하였다. 이처럼 학문에 조예가 더욱 깊어감에 따라 따르고 배우는 무리가 사방에서 모여들었다. 율곡 이이가 23세의 젊은 나이로 퇴계를 방문하여 도를 물은 것도 이로부터 수년 전의 일이었다. 이에 명종明宗(재위 1545~1567)은 예를 다하여 그를 여러 번 불렀으나 오지 않자 이것을 안타깝게 여겨 비밀히 화공을 보내 도산의 뛰어난 지세를 그려오게 하여 병풍을 만들고 이를 통하여 퇴계를 흠모하였다 한다.

67세 때 명나라에서 사신이 오자 명종은 이황을 다시 초청하였고 이를 어길 수 없었던 퇴계는 잠시 서울로 올라갔다. 이때 명종이 갑자기 승하하고 선조宣祖(재위 1567~1608)가 즉위하여 예조판서에 임명되었으나 신병 때문에 부득이 귀향하였다. 그 다음 해에 다시 선조가 불러들여 대제학·지경연에 올라 선조에게 〈무진육조소戊辰六條疏〉를 올렸다. 그 내용은 선왕인 명종에게 효도를 다하고 참언에 귀기울이지 않으며 성학을 존숭하고 임금이 스스로 모범을 보이는 동시에 과실은 반성하고 대간의 말을 경청할 것 등이다. 그리고 필생의 힘을 기울여 《성학십도聖學十圖》를 저술, 선조에게 바쳤다. 70세가 되던 선조 3년(1570), 매화분에 물을 주게 하고 앉아서 세상을 떠났다.

검은 용이 집안으로 날아들다

이이는 중종 31년(1536) 덕수 이씨 이원수와 신사임당 사이에서 태어났다. 자는 숙헌叔獻이고 호는 율곡栗谷이다. 이이가 태어나던 날 밤 사임당 신씨는 검은 용이 바다에서 집안으로 날아들어오는 꿈을 꾸었다. 그리하여 어렸을 때 견룡見龍이라 불렀고 강릉의 오죽헌에는 그 때의 산실이 '몽룡실夢龍室'이라는 이름으로 보존되어 있다.

이이는 어릴 때부터 총명하고 비범하여 4세에 《사략史略》첫 권을 배웠는데 스승보다도 글귀의 토를 더 잘 붙였다고 한다. 어머니 신씨에게 직접 글을 배울 때도 진보가 매우 빨랐다. 이이는 8세에 임진강가에 있는 화석정花石亭에 놀러갔다가 그 경치를 시로 읊었는데 그 시정이 매우 빼어나다.

숲 속 정자에 가을이 이미 늦으니	林亭秋已晚
나그네 마음 다할 길 없어라	騷客意無窮
멀리 보이는 물은 하늘과 연하여 푸른데	遠水連天碧
서리 맞은 단풍은 햇빛을 받아 붉구나	霜楓向日紅

산은 외로운 둥근 달을 토하고	山吐孤輪月
강은 만리의 바람을 머금었구나	江含萬里風
변방의 기러기는 어디로 가는고	塞鴻何處去
아득한 그 소리 저녁 구름 속으로 끊어져버리네	聲斷暮雲中

16세 되던 해에는 출장 가는 아버지를 따라 관서 지방에 갔다가 모친상을 당하였다. 임종도 보지 못한 그는 큰 충격을 받았고, 가례에 따라 여막에서 3년을 지내는 동안 인생의 허무함과 덧없음을 느꼈다. 그러던 어느 날 봉은사에 갔다가 불교 서적을 접하고 결국 뜻을 정하여 금강산으로 들어갔다.

원래 우리나라 유가에서 불교란 삼강오륜의 인륜에서 벗어난 것이라 하여 배척하였다. 더욱이 불교 서적을 읽는 것은 더욱 금기시했다. 그런데도 이이는 이러한 통념을 깨뜨리고 입산까지 한 것이다. 그는 자신의 생각을 글로 써서 친구에게 보냈다. 거기에는 "사람은 누구나 다 같이 기氣라는 것을 타고 태어난다. 그런데 이 기를 잘 기르면 마음이 주재하는대로 기가 복종하여 성현이 될 수 있다. 그러나 만일 기를 기르지 못하여 마음이 기에 복종하게 되면 모든 정욕이 문란하게 날뛰어 어리석은 미치광이를 면하기 힘들 것이다"라고 쓰여 있었다. 그는 아무런 이해타산 없이, 그리고 모든 선입견에서 벗어나 참된 진리를 찾고 싶을 뿐이었으리라.

금강산 마하연摩訶衍의 도량으로 찾아간 이이는 세속적인 모든 것을 끊고 참된 진리를 위해 정진하였다. 이렇게 1년 여의 생활을 했으나 불교에서는 깨우치지 못하고 홀연히 《논어》를 읽고 깨우쳐 집으로 돌아오고 말았다.

의 방문 목적을 표현하면서 특히 이황의 인품을 높이 찬양하고 있다.
 이에 대해 이황은 점잖게 시 한 수를 지어 화답했다.

병든 나는 문 닫고 있어 봄을 미처 못 보았는데	病我牢關不見春
그대 와서 내 마음을 시원하게 해주었소이다	公來披豁醒心神
높은 명성에 헛된 선비 없음을 이제 알겠거니	始知名下無虛士
지난날의 공경치 못한 몸가짐 부끄럽구려	堪愧年前闕敬身
좋은 곡식은 자란 돌피의 아름다움을 허용치 않고	嘉穀莫容稊熟美
티끌은 갈고 닦는 거울에 쌓일 수 없도다	游塵不許鏡磨新
정에 지나친 시어는 모름지기 깎아버리고	過情詩語須刪去
공부에 노력하여 날로 더욱 친해보세	努力工夫各日親

 여기에는 이황이 이미 이이의 명성을 알고 있었다는 것과 그에 대한 인상 그리고 계속 열심히 공부할 것을 당부하는 내용이 담겨 있다.
 이이는 이곳에서 2박 3일 간 머무른 뒤에 떠났다. 이때 이이는 이황의 인품과 학문에 크게 감화를 받았고 이황 역시 이이를 높이 평가하였다. 그것은 이황이 제자 조목에게 보낸 편지에 잘 나타나 있다. "모某(이이)가 찾아왔는데 사람됨이 명랑하고 시원스러울뿐 아니라 지식과 견문도 많고 우리의 학문에 뜻이 있으니 후배가 두렵다는 전성(공자)의 말이 옳다"라고 쓴 것이다. 그리하여 이후에도 이 두 학자는 몇 차례 서신 왕래를 하면서 자신의 학문과 사상을 격의 없이 토론하기도 하였다.
 그러나 나이 차이 때문인지 격렬한 토론이 벌어지지는 않았다. 이

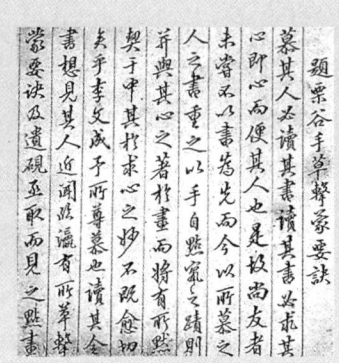

《이이수필격몽요결》
정조의 제사 부분. 선조 10년, 이이가 초학자를 위하여 지었다. 보물 제602호.

이가 뜻을 물으면 이황이 이에 대해 대답하는 형식의 서신 교환이었다. 그 일단을 보자.

이이 | 정자程子가 궁리窮理의 방법에 대하여 말한 것을 빌려 그에 대하여 알고 싶다고 했으며 사마광이 "옳은 것은 배워야 한다可者學之"라고 말하였습니다. 하나 세상의 이치란 본래 지선至善의 것인데 어찌 옳지 않은 것이 있겠습니까?
이황 | 궁리는 다단하여 한 가지로 말할 수 없다. 그런데 궁리는 대상이 되는 사물의 복잡성이나 나의 미진함으로 인해 충분히 그 목표를 달성할 수 없는 경우가 있다. 이런 때는 어떻게 해야 하는가? 만일 어느 한 사물에 대하여 궁리가 안 된다면 잠시 그것을 버려둔 채 다른 것을 궁리하는 것이 좋다. 이렇게 궁리를 거듭함으로써 자연히 심지心地가 점차 밝아지고 의리의 실체도 점차 눈앞에 드러난다. 또 사물의 이치는 본질에서는 물론 지선이 아닌 것이 없다. 그러나 선이 있으면 악이 있고 시是가 있으면 비非가 있는 것이 필연이다. 격물궁리格物窮理하는 것도 시비와 선악을 밝혀 선택을 잘하고자 하는 데 까닭이 있다.

여기서 이황은 이이에게 궁리하는 방법과 그 목적을 잘 설명하고 있다.

그 해 그는 유명한 〈천도책天道策〉이라는 글로 별시에서 장원으로 합격하고 이 때부터 문과 전시에 이르기까지 모두 아홉 번이나 과거에 장원하였으므로 사람들은 그를 일컬어 '구도장원공九度壯元公'이라 하였다.

그 후 호조좌랑이란 벼슬을 시작으로 그는 중앙의 관직생활에 들어갔다. 그는 여러 관직을 거쳤으나 대사간을 아홉 번이나 맡아 임금을 보좌하는 한편 충직한 간언을 마다하지 않았다. 그리하여 〈동호문답〉〈만언봉사〉라는 글을 지어 임금이 취할 태도를 밝혔고 〈시무육조時務六條〉를 선조에게 올려 정치를 바로잡으려 하였다.

또 변란을 대비하여 〈십만양병설〉을 주장하기도 하였다. 즉 서울에 2만, 팔도에 각각 1만씩 군사를 두어 6개월마다 교대로 서울을 지키게 하고 유사시에는 그 10만이 모두 힘을 합하여 방어해야 한다는 것이다. 그러나 당시의 집정자들은 이것이 민심을 불안케 하는 조치일 뿐이라 하여 실현되지 못하였다.

이처럼 율곡은 학문에만 전념한 것이 아니라 아는 것을 실천하려 했던 대정치가였다. 그리하여 그는 당시 정치의 폐해를 바로잡으려 노력하였으며 민생 문제에도 남다른 관심을 기울였다. 당시는 정계의 인사들이 동·서 분당으로 나뉘어 싸움이 심하던 때였다. 그러나 그는 당파에 초연하였을 뿐 아니라 〈논붕당론〉〈세척동서소〉 등을 올려 당쟁의 화근을 없애려 하였다. 또 백성들이 먹고사는 데 걱정이 없어야 교육이나 덕화가 가능하다고 생각하여 '경제사經濟司'를 설치하도록 선조에게 건의하였다. 일찍이 청주목사로 있을 때 지은 〈서원향약〉, 해주에 있을 때 지은 〈해주향약〉, 그리고 〈사창계약속〉 등은 평상시 생각한 민생과 교화의 결과였다.

대학자들의 인간적인 면모들

이황의 일생을 살펴보면 그는 관직생활보다도 학문 탐구와 구도생활에 전념한 인물임을 알 수 있다. 그것은 본래부터 조용하고 전원을 좋아했던 그의 성품 탓이기도 하나 당시의 정치적 상황이 그의 관직생활을 방해하였기 때문이기도 했다.

이황은 평소에 아주 검소하고 경건한 생활을 했다. 그는 질그릇에 세수하고 부들자리에 포의(베로 지은 옷)만으로 자족하였으며 출입할 때에는 칡으로 만든 신에 죽장을 짚을 따름이었다. 처갓집도 부유하여 좋은 말들이 많았으나 그는 변변치 못한 자기 말을 사용하였다. 재혼한 후 장인 권질이 서울에 있는 자기의 집을 이황에게 주었으나 사양하고 받지 않았다.

그러나 이황에게도 인간적인 면은 있었다. 그도 술을 꽤 좋아했던지 사냥을 나갔다가 술에 취하여 말에서 떨어졌는데 깨보니 몸이 아픈지라 스스로 반성하고 경계하게 되었다고 문인들에게 말했다는 일화가 회고담에 나와 있다. 또 단양군수를 지낼 때 있었던 관기 두향과의 사랑 이야기는 유명하여 정비석이 《명기열전》에서 이를 소설화하기도 하였다. 그 사랑의 구체적인 내용까지야 확실히 알 수 없지만 이황이 열 달 만에 다른 임지로 발령이 나자 두향은 평생 동안 사모하다 망부석이 되어 쓸쓸히 죽어갔다는 이야기가 전해진다.

그렇다면 이이는 또 어떠한 사람인가. 이이는 사람을 대하는 데 정성을 다하였고 인간적이되 결코 음난하지 않았다. 이것은 두 가지 일

이황과 이이의 연표

이황		이이
1501(연산군 7) 경상도 예안현 은계리에서 좌찬성 식의 아들로 태어남		1536 (중종 31) 이원수와 신사임당 사이에서 태어남
숙부 송재에게 논어를 배움	1512	
주역 연구에 몰두	1520	
허찬의 딸과 결혼	1521	
향시에 세 번이나 낙방	1524	
중종 23년 진사시에 합격	1528	
권질의 딸과 재혼	1530	
문과 별시의 초시에 2등으로 합격	1532	
성균관에 들어가 《심경부주》에 심취	1533	
김안국을 만나 견문을 넓힘		
승문원부정자에 오름	1534	
홍문관수찬관에 오름	1539	《사략》을 읽고 어른보다 토를 더 잘 붙이는 영민함을 보임
	1543	화석정에 놀러가 빼어난 시를 지음
관직을 버리고 낙동강 토계에 양진암을 지어 학문에 정진, 아호를 퇴계라 함	1546	
	1548	소과에 우수한 성적으로 합격
풍기군수를 사임하고 다시 낙향, 한루암을 세움	1550	모친상을 당함
	1551	
성균관대사성 역임	1552	
	1554	불교에 뜻을 정하고 금강산에 들어감
	1555	《논어》를 읽고 깨우쳐 하산
홍문관부제학 역임	1556	
	1557	성주목사 노경린의 딸과 결혼
공조참판에 임명되나 여러 차례 사임	1558	퇴계 이황과 첫 대면하다. 2박 3일 동안 함께 하면서 학문을 논함. 〈천도책〉이라는 글로 별시에 장원 급제
도산서당을 짓고 제자 양성에 힘씀	1560	
	1564	호조좌랑으로 관직생활을 시작
선조宣祖의 명으로 〈무진육조소〉를 올림. 《성학십도》 저술	1568	
이조판서에 임명되나 사양하고 낙향	1569	〈동호문답〉지음
선조 3년 세상을 뜸	1570	
	1574	〈만언봉사〉지음
	1575	《성학집요》저술
	1577	《격몽요결》저술
	1581	'경제사' 설치를 선조에게 건의
	1583	〈시무육조〉지음
	1584	선조 17년 세상을 뜸

화를 통해 알 수 있다. 그에게는 계모가 있었는데, 그 계모는 성질이 좋지 못하여 조금만 화가 나면 문을 닫고 늦도록 자리에서 일어나지 않았다. 그러면 이이는 문 밖에서 머리를 조아리고 화가 풀리길 기다렸다. 또 계모는 술을 좋아하여 아침에 해장술을 먹고 나서야 자리에서 일어나곤 하였는데 이 해장술을 이이가 직접 마련하였다. 이러한 정성에 감동하여 나중에 계모는 부드러운 사람으로 변하였다 한다.

또다른 일화는 기생 유지에 관한 이야기이다. 유지는 이이가 황해도 관찰사로 있을 때 몸종이었다가 기생이 되었다. 그 뒤에도 이이는 중국 사신을 접대할 일이 있을 때나 황주에 있는 손윗누이를 만나고 올 때 가끔 이 유지를 찾곤 하였다. 그러던 어느 날 밤 유지가 이이의 처소를 찾아왔다. 그러나 율곡은 그 애틋한 정을 억누르면서 "문을 닫자 하니 인정을 상할 것이요閉門兮傷仁, 같이 자자 하니 의리를 해치겠구나同寢兮害義" 하는 시를 지어주고 뜬눈으로 밤을 새웠다는 것이다.

이이는 선조 17년(1584) 49세의 젊은 나이로 세상을 떠났다. 그런데 그는 죽어가면서도 나랏일을 걱정하였다. 아들의 극진한 만류에도 불구하고 죽기 직전 변방의 임지로 떠나는 순무어사 서익을 만나서 〈육조방략여서어사익六條方略與徐御使益〉이라는 글을 지어준 것에서도 알 수 있다. 물론 그가 직접 쓰지 못하고 입으로 말한 것을 그의 아우가 받아 적은 것인데 북쪽 변방에 대해 여섯 가지 조목으로 적은 그의 마지막 글이다. 또 이이는 유산도 남기지 않고 세상을 떴다. 수의조차 없어 친구들이 구해와 상을 치를 정도였다.

이황과 이이의 생애를 볼 때 그들은 서로 다른 유학사상을 가졌을 뿐 아니라 인생관도 달랐던 것 같다. 즉 이황은 정치적 실천을 중요하게 여기면서도 학자의 본분에 충실했다. 따라서 관직에 몸을 담기도 했지만 시골로 내려가 학문에 전념하며 자신의 사상을 저술하여 후세 사람을 일깨우는 데 힘썼다. 반면 이이는 마음 공부를 중시하면서도 정계에 나아가 민생을 안정시키기 위하여 경세제민을 실천하려고 했다. 이처럼 퇴계 이황과 율곡 이이는 학문적 입장이 다르고 나이 차이가 많았음에도 불구하고 서로를 존중하고 인정하였으며 진지한 학문적 토론을 마다하지 않았다. 이 둘이 보인 진정한 대학자로서의 인품과 태도는 이 시대 학문의 길을 가는 많은 학자들에게 좋은 귀감이다.

역사가 가진 양면성이라는 함정

이순신과 원균

우리는 쉽사리 흑백논리에 빠지곤 한다. 곧잘 사람을 악인과 선인으로 구분하여 이야기한다. 역사적인 평가에 있어서도 마찬가지다. 그러나 이런 이분법적 사고는 매우 위험할 때가 많다. '임진왜란' 하면 떠오르는 인물이 이순신李舜臣(1545~1598)이다. 역사는 그를 '성웅聖雄'이라 하였다. 그리하여 마치 그 혼자만의 활약 덕분에 왜군이 물러간 것으로 생각하였다. 반면 그를 모함했다는 원균元均(?~1597)은 대표적 악인으로 치부되었다. 그러나 이는 잘못된 것이었다. 그는 이순신을 영웅으로 부각시키기 위한 희생양이었다. 역사가 가진 양면성의 제물이었던 것이다.

내우외환에 시달리는 조선

16세기에 접어들면서 조선은 안으로 내부적인 혼란과 더불어 바깥으로 국제정세의 커다란 지각 변동을 겪었다. 먼저 명나라의 경우 환관들이 정권을 장악하여 혼란을 초래하고 있었다. 만주 지역에서는 여진족이 대두하여 선조 16년(1583) 여진의 추장 니탕개尼湯介가 조선의 변경을 침범하기도 하였다. 이에 조선은 신립 장군을 파견하여 이를 물리치고 당장의 위기는 모면하였으나 이후에도 여진의 소규모 침략은 계속되었다. 그리고 누르하치奴兒哈赤가 나타나 서서히 여러 부족을 통일하는 형세가 전개되었다.

일본은 이와 달리 16세기 전반기에는 전국의 다이묘大名들이 서로 할거하는 전국시대가 펼쳤으나 후반기에 접어들면서 오다 노부나가

織田信長의 주도 아래 통일정권을 수립하려는 움직임이 나타났다. 오다 노부나가가 통일을 이루지 못하고 죽자 그 뒤를 이어 통일을 완성한 것은 도요토미 히데요시豊臣秀吉였다. 그는 먼저 관동 지방의 다이묘인 도쿠가와 이에야스德川家康와 화평을 맺고 큐슈九州 정벌을 끝낸 후 착실하게 통일사업을 완수해나갔다. 그는 전국적인 토지조사사업과 호구조사를 하였으며 농민들의 반란을 막기 위하여 전국에 '도수령刀狩令'을 내렸다.

이렇게 일본과 중국이 분열에서 통일의 시대로 진행하고 있었던 데 반해 조선은 오히려 통일에서 분열의 시대로 들어가고 있었다. 결정적으로 연산군대부터 시작된 4대 사화士禍를 겪으면서 지배체제가 흔들리기 시작했다. 연산군 4년(1498) 김종직은 의제를 살해한 항우에 비유하여 세조의 왕위찬탈을 은근히 비난하는 〈조의제문〉을 썼다. 이것을 그의 제자인 김일손이 사초史草에 실은 것을 계기로 일어난 것이 무오사화이다. 연산군 10년(1504)에는 그의 어머니 윤씨의 폐비사사廢妃賜死 사건으로 일어난 갑자사화가 있었고, 중종 14년(1519)에는 조광조의 위훈삭제 사건을 계기로 기묘사화가 있었다. 이어 명종 즉위년(1545)에는 소윤小尹(윤원형 일파)이 대윤大尹(윤임 일파)을 공격한 을사사화까지 조정에 한바탕 피바람이 몰아쳤다.

또 선조 초년부터 시작된 당쟁은 지배체제에 혼란을 더했다. 이렇게 당시 조선의 위정자들은 급변해가는 국제정세를 제대로 파악하지도 못하고 오직 명나라와의 사대관계에 의지한 채 정쟁과 권력 싸움으로 일관하던 중 일본의 침입을 맞았다.

임진왜란은 도요토미 히데요시가 전국시대라는 혼란기를 수습하고 난 후 불만에 찬 봉건 영주들의 관심을 해외로 돌리기 위하여 일어났다고 볼 수 있다. 또 일본이 조선이나 명과 활발한 무역활동을 전개하여 해외로 진출하려 한 데 원인이 있기도 하다. 이 밖에도 일본을 통일한 여세를 몰아 명나라까지도 차지해보려는 도요토미 히데요시의 지나친 야망이나 영웅심도 작용했다고 추측한다.

임진왜란이 일어나자 조선은 속수무책이었다. 충주 탄금대전투에서 신립 장군이 이끈 군대가 패하면서 순식간에 도성이 함락되고 선조는 의주까지 피난을 가야 했다. 그러나 얼마 안 가 왜군은 곤경에 빠졌다. 각지에서 의병이 일어나고 조선 수군이 민첩하게 움직여 왜적의 진격로·수송로를 차단했기 때문이었다. 조선 수군이 승리할 수 있었던 요인은 대체로 판옥선을 중심으로 한 함대의 우수성, 대형 화기를 사용하여 함포에서 우위를 차지한 점 등을 들 수 있다. 그러나 무엇보다도 위와 같은 조건과 지형 지세를 잘 이용한 이순신의 탁월한 전략을 들 수 있다. 따라서 지금까지 역사는 이순신을 우리 국민의 영웅으로서 추앙하는 반면에 그를 모함했다는 원균에 대해서는 지극히 부정적인 평가를 해왔다. 그러나 역사는 한편 지극히 주관적이며 종종 정치적으로 이용당해왔기 때문에 그대로 받아들이는 것은 위험한 일이다. 이제 그들에 대하여 면밀하게 살펴볼 필요가 있다.

신중하고 주도면밀한 지장智將

이순신은 덕수 이씨로 아버지는 정貞이며 어머니는 초계 변씨였다. 그는 1545년(인종 원년) 서울의 건천동에서 태어났는데 이순신 이외에 희신·요신·우신까지 모두 4형제였다. 그의 본가는 본래 충남 아산군 염치면 백암리였으나 어린 시절에 주로 자란 곳은 서울이었던 듯 하다. 그는 어릴 때부터 전쟁놀이를 자주하고 커서는 활쏘기와

이순신 영정
임진왜란에서 조선을 구한 명장으로 오늘날까지 그 이름이 추앙받고 있다. 현충사 소장.

말타기를 즐겨하였다 한다. 28세에 무과 시험을 치르던 도중 말에서 떨어져 발을 다치자 버드나무 가지로 묶고 다시 달렸다는 이야기는 유명하다.

그는 선조 9년(1576)에 이르러 식년 무과에 병과로 급제하여 권지훈련원 봉사에 보임되었고 그 뒤 함경도에서 관직생활을 하기도 했으며 발포수군만호 · 건원보권관 · 훈련원참군을 거쳐서 사복시주부에 올랐다. 그러나 그의 초기 관직생활은 순탄치 않았다. 조산보만호 겸 녹도둔전사의 시절에 호인胡人의 침입을 받고 패한 죄의 대가로 백의종군白衣從軍(아무런 관직도 없이 평민신분으로 전장에 나가는 것)이라는 벌을 받았다. 그러나 녹둔도는 원래 동떨어진 섬인데다 수비병도 적어 상관에게 여러 번 병력의 증강을 요구하였는데도 번번이 묵살되었기 때문에 그로서는 억울한 일이었다.

그 뒤 전라도관찰사 이광에게 발탁되어 전라도의 조방장·선전관 등을 역임했다. 그리고 마침내 47세에 전라좌도수군절도사에 올랐다.

이때부터 그는 곧 왜군이 쳐들어올 것을 예견하고 전선을 제조하는 등 군비를 확충하여 만일의 사태에 대비하였다. 특히 그가 만든 거북선은 배 위에 송곳을 꽂은 뚜껑을 덮어 적의 화살이나 총탄을 막고 적군이 가까이 접근하지 못하도록 하였으며 배 좌우에는 포구를 만들어 아군이 자유롭게 공격할 수 있도록 고안된 배였다. 또 군량을 확보하기 위해 여러 섬에 둔전을 두도록 조정에 요청하기도 하였다.

그러던 중 1592년 4월 14일 왜군의 침입을 받았고 이순신이 이 소식을 접한 것은 그 이틀 뒤였다. 급보를 전해 받은 그는 우선 전황을 면밀히 검토하였다. 그리고 난 후 5월 4일, 전선 24척·협선 15척·포작선 46척, 도합 85척의 대선단을 거느리고 출정하였다. 한산도 앞

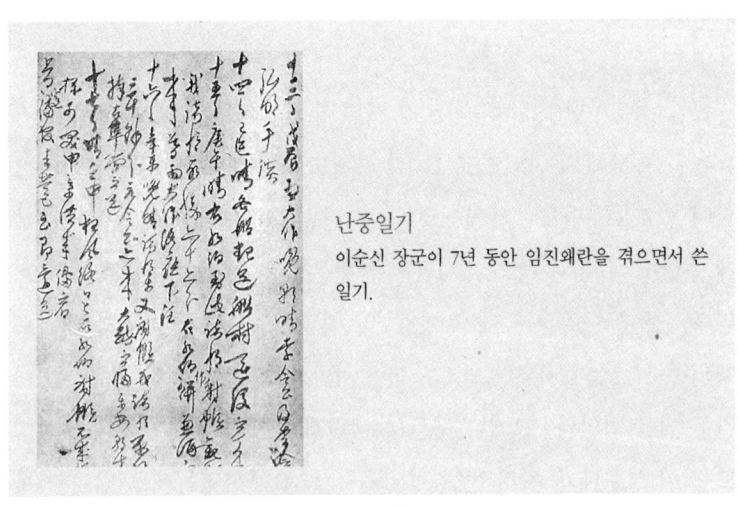

난중일기
이순신 장군이 7년 동안 임진왜란을 겪으면서 쓴 일기.

바다에 이르러 경상우수사 원균의 선단과 연합 함대를 조직한 그는 옥포에 적선 30여 척이 정박하여 있다는 소식을 듣고 공격을 개시하였다. 불의의 기습을 당한 적은 26척의 배를 잃고 극심한 인명피해를 입었다. 이 싸움이 이른바 옥포대첩으로 이순신이 활약한 첫 번째 해전이었다.

첫 싸움에 크게 승리한 그는 전라우수사 이억기와도 연합 함대를 구성하여 여러 번 큰 전과를 올렸다. 주요 해전만 해도 사천·당포·당항포·한산도·부산포·웅천 등 여러 곳이다. 이 가운데 사천에서 벌인 해전에서는 왜적의 조총탄을 맞아 어깨가 뚫리는 부상을 입기도 하였으나 연전연승하여 육지에서의 패전을 만회하는 데 큰 기여를 하였다. 이러한 전공으로 이순신은 당항포해전 후 자헌대부資憲大夫(정2품 하계)에 올랐고 한산해전의 공으로 정헌대부正憲大夫(정2품 상계)를 제수받았다. 이 한산해전은 임진왜란의 삼대 대첩 가운데 하나였다.

이 같은 연전연승의 비결은 지속적이고 면밀한 상황 판단에 있었다. 그는 항상 척후를 사방에 파견하여 적의 동태를 끊임없이 살폈으며 이에 대처할 작전을 치밀하게 구상하였다. 그는 평소에는 물론 잠자리에 들 때에도 지휘기구인 북을 베고 가면假眠을 취하였다. 또 어떤 상황이라도 신속하게 대처하기 위하여 군복을 입고 있었다고 한다. 뿐만 아니라 그는 일단 전투가 벌어지면 항상 진두에서 작전을 지휘하였다.

이러한 이순신의 활약으로 조선군은 해상권을 완전히 장악하였고 해상으로 북진하여 육군과 연합하려던 왜군의 작전을 수포로 돌려놓았다. 또 곡창지대인 전라도 지역이 온전할 수 있었을 뿐만 아니라 보급로가 차단되어 왜의 육군이 제대로 작전을 수행할 수 없었던 것도 이순신의 공로 덕분이었다. 유성룡도《징비록懲毖錄》에서 "적은 본래 수군과 육군이 합세하여 서북쪽을 치려 하였다. 그러나 이순신이 한산해전으로 적의 한 팔을 꺾었기 때문에 고니시小西가 비록 평양을 얻었으나 군세가 고립되어 더 나아가지 못하였다"라고 적고 있다.

이러한 전공으로 이순신은 선조 26년(1593) 8월 삼도수군통제사가 되었다. 당시 그의 나이 49세, 무인생활을 시작한 지 17년 만에 무인으로서는 최고 직위에 오른 것이다. 이미 그 때는 한산도로 진을 옮긴 뒤였는데 그는 여기서도 전투 준비에 여념이 없었다. 때문에 밤새도록 잠을 못 이루는 경우도 많았다.

한산섬 달 밝은 밤에 수루에 홀로 앉아	閑山島月明夜上戌樓
큰 칼 옆에 차고 깊은 시름 하는 차에	撫大刀深愁時
어디서 일성호一聲號 가는 소리 남의 애를 끊나니	何處一聲羌笛更添愁

이것이 그 유명한 〈한산도가〉이다. 그는 영의정에 올라 있던 죽마고우 유성룡에게 남도의 전략과 근황을 알리는 서신을 띄우며 외로움을 달래기도 하였다.

나의 죽음을 적에게 알리지 말라

한편 이순신의 활약으로 작전에 차질을 빚은 왜군은 명나라가 지원군을 조선에 파견하자 더욱 곤경에 처하게 되었다. 그리하여 전쟁은 소강 상태로 들어갔고 명나라와 일본이 강화회담을 진행하면서 왜군은 일단 물러갔다. 그러나 1597년, 명·일 사이의 강화회담이 결렬되어 왜군이 재차 침입하였으니 이가 곧 정유재란이다. 그러자 이순신은 적을 격멸할 기회가 왔음을 깨닫고 만반의 준비를 하였다.

그러나 곧 원균의 모함과 적장 요시라要時羅의 간계에 휘말려 옥에 갇히는 몸이 되었다. 즉 고니시의 부하이며 이중 간첩이었던 요시라가 경상우병사 김응서에게 가토加藤淸正가 어느 날 어느 시에 바다를 건너올 것이므로 수군을 시켜 잡으라는 거짓 정보를 준 것이다. 조정에서는 이 정보를 믿고 이순신에게 이를 잡도록 하였다. 이순신은 이것이 적의 간계인 것을 간파하고 망설이다 출정하였으나 가토는 이미 서생포에 들어온 뒤였다. 그러자 원균은 장계를 올려 이순신이 국명을 어겼다고 모함하였다. 이에 조정에서는 이순신을 체포하여 극형에 처하려 하였다. 그러나 죽음 직전에 우의정 정탁의 변호로 간신히 목숨을 건진 이순신은 도원수 권율의 막하에 들어가 두 번째 백의종군을 하게 되었다.

한편 이순신 대신 삼도수군통제사에 오른 원균은 칠천량해전에서 적의 유인전술에 휘말려 대부분의 선박을 잃고 전멸되다시피 하였다. 이 비보를 접하고도 별다른 방도가 없었던 조정은 논의 끝에 이순신을 다시 삼도수군통제사에 임명하였다.

복귀하여 군사를 수습해보니 남은 병사는 120여 명이요, 병선은 고작 13척에 지나지 않았다. 그러나 호남의 지리적 여건을 꿰고 있던 그는 울돌목鳴梁의 빠른 물살을 이용하여 왜적을 대파하였다. 133척의 적군과 대결하여 31척을 부수는 대전과를 올린 것이다. 그는 이것으로 만족하지 않고 수군의 본영을 고금도로 옮기고 백성들을 모집하여 둔전을 경작시키는 등 다음 전투에 대비하였다. 이렇게 하여 군세를 회복한 그는 퇴각하려고 모여 있던 적선 5백 척을 공격하였다.

현충사
숙종 32년, 지방 유생들이 조정에 건의하여 세운 이순신 사당. 충남 아산군 염치면 백암리에 있다.

　그것이 그 유명한 노량해전이다. 이 공격으로 왜군은 많은 사상자를 내고 배를 잃었다. 그러나 선두에서 수군을 지휘하던 이순신은 적의 유탄을 맞아 장렬히 전사하였다. 그는 죽으면서도 군사들의 사기가 떨어질까 염려하여 자신이 죽었다는 말을 삼가라고 했다.
　그런데 한편, 이순신이 노량해전에서 전사한 것이 아니라는 설이 제기되어 흥미를 끈다. 즉 이순신은 선조로부터 극도의 미움을 받아 전쟁이 끝나면 선조가 자신을 다시 잡아 죽일 것이라고 생각해 노량해전에서 죽은 것처럼 위장하고 은둔했다는 주장이다.*

* 그 주장에 따르면 이순신의 전사 상황은 그의 조카인 이분이 쓴 행장에 자세히 전하는데 그것을 보면 의문점이 많다. 첫째, 이순신이 적탄에 맞은 부위를 구체적으로 밝히지 않았다. 적의 유탄이 급소에 맞지 않았다면 그렇게 쉽사리 죽지는 않는다는 것이다. 둘째, 당시 이순신의 주위에는 몸종과 맏아들과 조카만 있었다고 기술하였는데 함대 사령관이라면 여러 장교들의 호위를 받는 것이 당연하므로 상황이 이치에 맞지 않는다. 또 이 가족들은 그전까지 해전에 참가한 적이 없는데 이 노량해전에만 참가하였다는 것도 이상한 일이다. 셋째, 이순신은 일찍이 야간에 해전을 한 일이 없었으나 이 때에는 야간에 해전을 했다는 점이다. 게다가 1598년 11월 19일 죽은 후 80일이나 지나서 장례를 치른 것도 설명하기 어렵다. 따라서 이순신은 야간에 가족들의 비호 아래 비밀리에 죽음을 위장하고 은둔했으며 그의 실제적인 죽음은 16년 후인 1614년 묘지를 이장할 때일 가능성이 크다는 것이다.

동양 최고의 해군 사령관

이순신은 뛰어난 무장이었다. 그는 지극한 충성심, 숭고한 인격, 위대한 통솔력을 두루 갖춘 인물이었던 것이다. 명나라의 수군제독이었던 진린陳璘은 이순신을 "천지를 다스릴 만한 재주를 지녔고 하늘의 해만큼이나 큰 공이 있었다"라고 평가하였다. 이순신과 절친한 유성룡은 《징비록》에서 "순신은 말이 적고 잘 웃지 않는 사람이었다. 그의 용모는 수려하고 근엄한 선비와 같았으나 내면으로는 담력이 있었다. 그가 자신의 몸을 돌보지 않고 오직 나라를 위한 것은 평소에 수양하였기 때문이다. 순신은 재주는 있었으나 명이 없어 백 가지의 경륜에서 한 가지도 시행하지 못하고 죽었으니, 아아! 슬프고 아깝도다"라고 하였다. 《선조실록宣祖實錄》의 사관도 그의 죽음에 대하여 "그의 단충丹忠은 나라를 위하여 몸을 바쳤고 의를 위하여 목숨을 끊었다. 비록 옛날의 양장良將이라 한들 이보다 더할 수가 있겠는가. 조정에서 사람을 쓰는 것이 그 마땅함을 모르고 순신이 그 재주를 다 펼치지 못하게 하였구나. 병신년과 정유년 사이에 통제사를 갈지 않았던들 어찌 한산도의 패몰을 초래하여 양호 지방이 적의 소굴이 되었겠는가. 그 애석함을 한탄할 뿐이로다"라고 말한다.

해전사 연구가이며 이순신을 연구한 발라드(Ballard)도 "어떠한 전투에서도 그가 참가하기만 하면 승리는 항상 결정된 것과 같았다. 그의 물불을 가리지 않는 맹렬한 공격은 절대로 맹목적인 모험이 아니었다. 그는 싸움이 벌어지면 강타하기를 주저하지 않았으나 승리를 확보하기 위하여 신중을 기하는 점은 넬슨과 같았다. 영국인으로서는 넬슨과 어깨를 견줄 만한 사람이 있다는 사실을 시인하기 어렵다. 그러나 만일 그렇게 인정할 만한 사람이 있다면 그는 바로 한 번도 패배한 일이 없고 전투 중에 전사한 이 위대한 동양의 해군 사령관이다"라고 높이 평가하였다.

그는 글에도 능하여 《난중일기亂中日記》와 시조 등을 남겼다. 특히 그가 진중에서 읊은 시조는 그의 우국충정이 잘 배어 있는 걸작으로 꼽힌다. 그는 난이 끝나고 6년이 지난 후 권율·원균과 함께 선무 일등 공신에 봉하여졌으며 덕풍부원군德豊府院君에 추봉되었다. 그리고 뒤에 좌의정·우의정이 더해졌다.

저돌적이고 거리낌 없는 용장勇將

원균은 1540년(중종 35) 고려 태조 때 삼한공신이었던 원극유의 후손으로 원주 원씨 가문에서 태어났다. 그러니까 이순신보다는 5살 연상인 셈이다. 그러나 그의 성장과정에 대해서는 자세한 자료가 없다. 성년이 되어 그는 무과에 급제하고 여진족을 무찌르는 데 큰 공을 세웠다. 이 때문에 그는 부령부사로 특진되었고 후에 종성으로 옮겨 병사 이일의 휘하에서 시전부락을 격파하는 데도 큰 역할을 하였다. 그 후 1592년, 경상우수사가 되어 임진왜란을 맞은 것이다.

임진왜란 초 왜적의 기습작전으로 조선군은 미처 대항도 못 하고 흩어지는 상황이었다. 경상좌수영의 군대도 수사 박홍을 비롯한 전 장병이 제대로 싸워보지도 못하고 도주하였다. 이 같은 상황은 원균이 이끄는 경상우수영의 경우도 마찬가지여서 그의 휘하에는 몇 안 되는 장병만이 남아 있을 뿐이었다. 그러한 상태에서 원균은 조정에 장계를 올리는 한편 이순신에게도 공문을 보내어 원병을 요청하였다. 그러나 세가 불리하여 경상우수영이 함락되었다.

얼마 있어 조정의 지시와 원균의 요청으로 전라좌우도의 수군이

임진왜란
부산진순절도. 1592년 왜장 고니시의 군대가 부산진을 공격하는 모습을 담았다. 이때 부산진첨사 정발은 성을 지키다 목숨을 잃었다.

출동하여 전라좌수사 이순신, 전라우수사 이억기, 그리고 경상우수사 원균과의 합동작전이 개시되었다.

이러한 합동작전 속에서 원균은 일정한 역할을 담당하였다. 예컨대 옥포해전을 기술한 《선조수정실록宣祖修正實錄》을 보면 "이순신이 드디어 원병을 내어 거제 앞바다에서 원균을 만났는데 원균이 이운용과 우치적을 선봉으로 삼았다. 옥포에 이르러 적선 30척이 있는지라 진격하여 크게 무찌르니 남은 적이 뭍에 올라 달아났다"고 되어 있다. 이것으로 보아 옥포해전에서 승리한 데는 원균의 역할이 컸음을 알 수 있다. 그러기에 선조가 남방에 파견하였던 선전관 민종신에게 전황을 묻자 민종신은 "원균이 적선 30여 척을 공파하였다 합니다"라고 대답하였던 것이다. 따라서 적어도 옥포해전에서는 원균이 주장主將이고 이순신이 객장客將 역할을 하였다고 볼 수 있다.

또 임진왜란의 삼대 대첩 가운데 하나인 한산해전에서도 원균의 역할이 적지 않았다. 이형석의 《임진전란사壬辰戰亂史》를 보면 "전라우수사 이억기가 거느리는 함선들은 경상우수사 원균의 배 7척과 힘을 합하여 좌우 양 옆에서 더욱 포위를 압축하여 대함 20척과 중함 17척, 소함 5척 등을 격파하고 불질렀다"고 나와 있다. 적선 1백 여 척을 격파하여 적의 교두보를 끊은 부산포해전에 대해서도 선조는 "원균·이억기는 이순신과 더불어 같이 공을 세운 사람이다"라고 하여 세 사람의 공을 다 같이 높이 평가하였다.

1593년으로 접어들면서 조선의 연합수군은 웅천을 여러 차례 공격하였으나 왜군이 직접적인 교전을 피하여 육지에 자리잡고 버텨 전황은 소강 상태로 접어들었다. 또 이러한 가운데 전쟁을 승리로 이끈 데 대한 포상과정에서 원균과 이순신의 공로 다툼이 심하여 불화가 발생하였다. 이러한 불화는 1593년 8월에 이순신이 신설된 삼도수군통제사에 임명되자 더욱 깊어져 원균은 1594년 12월, 충청병사로 전임되었으며 얼마 후에 전라병사가 되었다.

1596년 정유년에 왜군이 재차 침략하자 조정에서는 원균을 수사로 재기용하려는 논의가 있었다. 그러던 중 이순신이 서울로 잡혀오자 1597년 1월, 경상우도수사 겸 경상도통제사에 올라 삼도의 수군을 거느리게 되었다. 이때 원균은 바다와 육지에서 같이 공격을 하여 안골포의 적을 쳐서 부산에 이르는 길을 트고 이어서 적의 보급로를 차단하자고 주장하였다. 그러나 조정에서는 수군이 먼저 움직여 적을 바다에서 막아야 한다고 주장하였다. 결국 조정의 주장대로 원균은 칠천량에서 왜적과 싸우게 되었다. 이때의 왜군은 조선을 점령하기 위해서는 수군을 격파해야 한다는 각오 아래 이전보다 훨씬 증강된 6백여 척의 대선단을 이끌고 있었다. 반면 우리 수군의 배는 134척뿐이었다. 조정에서는 이러한 사실도 모른 채 진격만을 강요하였고 이 해전에서 원균은 대패하여 전라우수사 이억기, 충청수사 최호 등과 함께 전사하였다.

원균, 그는 역사의 희생양인가

원균은 용맹한 무장이요 충신이었으나 지금까지 이순신에 가려 빛을 보지 못했을 뿐만 아니라 이순신을 모함하고 시기 질투한 악인으로 치부되어온 것이 사실이다. 그러나 이 원균에 대한 재평가가 나오고 있다.

이 견해에 따르면 우선 원균이 임진왜란 초기에 싸우지도 않고 도망갔다는 내용은 사실과 다르다.

즉 원균은 당시 적의 기습을 받고 장수들과 병사들이 다 도망하여 '무군지장無軍之將'이 될 수밖에 없었다. 그리고 그는 도망한 것이 아니라 기습을 당한 즉시 우군에 속보를 발하는 동시에 전라좌수사 이순신에게 원병을 청하고 한편으로는 흩어진 군사를 다시 수습하여 전열을 정비한 것이다. 또 원균은 옥포해전을 비롯한 곳곳의 싸움에서 반드시 선두에 서서 많은 공을 세웠다.

둘째, 원균이 이순신을 모함했다는 내용도 그 진위 여부에 문제가 있다고 지적한다. 즉 그것은 원균에 의한 일방적인 모함이라 볼 수 없으며 같은 무장, 같은 수사水使끼리 있을 수 있는 쟁공爭功이라는 것이다. 《선조수정실록》에도 그 같은 상황을 전하고 있다.

처음에 원균이 이순신의 원병을 청하여 적을 격파하였을 때 연명聯名으로 상주할 것을 바라니 이순신이 '천천히 하자' 해놓고 밤에, 원균이 군사를 잃고 의지

원균신도비
이순신을 질투해 모함하고, 전쟁터에서 달아난 비겁한 패장이라는 원균에 대한 기존의 평가에 대한 새로운 의문이 제기되고 있다. 경기 송탄에 있다.

할 곳이 없으며 적을 격파하는 데도 공이 없었음을 자세히 갖추어 보고하니 원균이 듣고 크게 감정을 가졌다. 이로부터 이들은 각각 따로 보고를 올렸고 양인의 간격이 이로부터 비롯되었다"

|《선조수정실록》

또 "이순신은 잡혀가 사형을 당할 지경에 이르렀으나 정탁의 변호로 사형을 면하고 권율 휘하에서 백의종군하게 되었다"라는 통설은 근거없는 와전이다. 조정에서는 이순신을 압송하여 조사를 한 후 그를 돌려보내 공을 세워 죄를 갚도록 하였다. 그리고 이순신 대신 원균이 삼도수군통제사에 임명된 것이 아니라 경상우도수군절도사 겸 경상도통제사로 임명되었다고 한다.

셋째, 칠천량해전의 패전도 다시 보아야 한다. 즉 원균은 자기의 작전 계획과 건의는 묵살당한 채 강제로 오합지졸을 거느리고 진격을 감행하였고 만반의 준비를 갖추고 있던 왜군에게 무참히 패한 것이다.

결국 인조반정을 성공적으로 이끈 서인세력이 자신들의 정적들이 높이 평가하고 있던 원균을 깎아내리고 이순신을 자기 편으로 끌어들이기 위하여 《선조실록》을 수정했다는 주장이다. 그것은 이순신과 같은 덕수 이씨인 이식李植이 중심이 되어 《선조수정실록》을 편찬한 사실에서도 알 수 있다.

이것은 나름대로 일리가 있는 주장이라 생각한다. 그리고 이순신도 인간이었기에 자신의 공을 내세우려 한 면도 있을 수 있기 때문이다. 그것은 "이순신이 원균을 모함하여 '원균이 조정을 속인다. 12세 밖에 안 된 아들이 군공軍功이 있다고 보고한다' 라 하니 원균이 '내 아들이 나이 이미 18세에 궁마弓馬의 재주가 있다' 하면서 추궁하니 이순신이 할 말을 찾지 못하였다"라는 《선조실록》의 기록에서도 알 수 있다.

원균과 이순신의 갈등과 대립도 보통의 인간관계에서 충분히 있을 수 있는 것이었다. 원균은 이순신보다 나이가 5살 위였으며 무과에도 먼저 합격하였다. 그런데도 이순신보다 늦게 경상우수사가 되었으며 나중에는 삼도수군통제사인 이순신의 지휘를 받아야 했기 때문이다.

또 원균이 후일 그렇게 역적으로 평가 절하된 것은 이순신과는 대조적으로 그의 후손이 절손되다시피한 데에도 원인이 있으며 그에 관한 자료가 별로 남아 있지 않은 데에도 원인이 있다. 그러나 이순신은 《난중일기》를 남겨 자신의 입장을 변호할 수 있었으며 《징비록》도 그의 친구 유성룡의 저술이었음을 상기할 필요가 있다. 그리고 지난날 정치적 목적으로 지나치게 이순신을 성웅聖雄시했던 데 대한 반작용과도 관련이 있다고 생각한다.

요컨대 이순신과 원균은 둘 다 무장이었지만 성격이 서로 달랐다. 이순신은 신중하고 주도면밀한 지장이었다면 원균은 저돌적이고 거리낌없는 용장이었다. 그들이 갈라지게 된 것은 사소한 전공 다툼이라 하지만 근본은 이러한 성격의 차이 때문이었다. 또 과거에 급제한 순서나 나이면에서 보더라도 이순신보다 위인 원균을 이순신의 휘하에 둔 조정의 책임도 면할 수 없다. 임진왜란의 진행과정에서 이순신의 활약이 뛰어났음은 누구나 인정할 수 있는 사실이다. 그리고 그가 훌륭한 인품과 탁월한 전략을 가진 인물임도 분명하다. 그러나 그렇다고 하여 그가 성인이나 신인은 아니다. 그에게도 인간적인 면이나 단점이 있었던 것이다. 원균에 대해서도 칠천량해전에서의 패배에 대한 책임을 물을 수는 있지만 그를 역적이나 졸장부로 치부하는 것은 곤란하다. 오늘날 원균을 변호하고 균형잡힌 역사관을 세울 기록이 적은 것은 안타까운 부분이다.

독단적인 학문 추구의 종착지는 어디인가

송시열과 윤증

조선은 개국 이후 법률이나 제도 정비로 안정을 찾아 발전하였다. 그러나 중기 이후 정계는 붕당 싸움으로 점철되었다. 처음에는 동인이 우세했으나 인조반정* 이후 서인세력이 정계를 주도하였다. 그러나 숙종肅宗 (재위 1674~1720)초기에 서인 내에서 노론과 소론으로 나뉘어 이후 약 100여 년 동안이나 양측은 여러 면에서 대립·갈등을 빚었다. 그런데 노론과 소론의 오랜 싸움은 원래 두 학자의 의견 대립에서 비롯한 것이었다. 그 주인공이 바로 송시열宋時烈(1607~1689)과 윤증尹拯(1629~1714)이다.

경전 해석 문제로 갈등을 빚다

송시열은 1607년(선조 40) 11월 충북 옥천군 이원면 구룡촌에서 은진 송씨 송갑조의 셋째 아들로 태어났다. 그의 자는 영보英甫, 호는 우암 尤庵이다. 그는 어려서부터 총명하여 3세에 스스로 문자를 깨우쳤고, 17세에는 형들의 글 읽는 소리를 듣고 이를 받아쓸 수 있었다 한다. 그는 다음 해에 이종姨從인 송이창의 문하에서 이창의 아들 송준길과 같이 학문을 닦았는데 이것을 계기로 이 둘은 후일 평생토록 뜻을 같이하였다.

---

* 1623년 서인 일파가 광해군光海君 및 대북파를 몰아내고 능양군 종倧(인조)을 왕으로 옹립한 사건.

송시열은 이덕사의 딸과 결혼하였고 충남 연산에 은거하고 있던 사계 김장생의 문하에 들어가 수학하였다. 그러나 수학한 지 일 년 만에 스승을 여의고 그 아들 신독재 김집에게 가르침을 받았다. 그와 같이 동문수학한 이들은 동춘 송준길, 초려 이유태, 미촌 윤선거, 시남 유계 등이었다.

인조仁祖(재위 1623~1649) 11년(1633) 생원시에 장원 급제하고 2년 뒤에 왕자 봉림대군鳳林大君의 스승이 되었는데 후일 효종孝宗(재위 1649~1659)과의 두터운 의리는 이 때부터 시작된 것이었다. 송시열은 병자호란이 끝난 후에는 영동 황간으로 들어가 독서와 학문에 정진하였다. 그러다가 인조 27년(1649) 인조가 죽고 봉림대군이 효종으로 즉위하자 그는 왕의 부름을 받고 다시 조정에 올라왔다.

그런데 이즈음 동기로서 아주 친밀하게 지내던 윤선거와 조금씩 사이가 벌어지게 되었다. 발단은 백호 윤휴의 경전 해석에 대한 이견에서 비롯되었다. 윤휴는 남한산성이 함락된 후 속리산 복천사에서 송시열과 처음 만났다. 윤휴는 그 후 여주의 백호로 옮겨가 10여 년

남간정사
송시열에 내려와
학문했던 곳.
대전 가양동에
있다.

간 학문 연구에만 전념한 인물이다. 그리고 그는 여러 경서에 대하여 독자적인 해석을 시도한 바 있다.

그런데 송시열은 이러한 윤휴에 대하여 못마땅하게 생각하였다. 그리하여 앞서 황간에 묻혀 살 때 율곡의 학설을 비판한 윤휴의 '이기설'이 부당하다는 편지를 윤휴에게 보낸 바 있으며 효종 3년 윤휴가 《중용》에 새로운 장을 나누고 집주集註를 달자 그를 '사문난적斯文亂賊'으로 몰아부쳤다.

그러나 윤선거는 경전을 새롭게 해석할 수도 있다고 생각하였다. 경전에 대한 주자의 해석만이 절대적이지는 않다는 입장이었다. 이러한 의견 차이는 효종 4년(1653) 황산서원에서 열린 시회詩會의 토론 과정에서 드러났다. 이러한 송시열과 윤선거의 입장 차이는 후일 윤증에게로 이어져 조정이 노론·소론으로 분열되는 한 요소로 작용하였다.

충남5현五賢 중 하나로 불리다

윤선거는 대사헌 윤황의 막내아들로 등과登科는 하지 않았지만, 내시

윤증 고택
윤증은 송시열과 함께 충남5현이라 불릴 정도로 주자학의 제일가는 학자 중 하나였다. 충남 논산 노성면에 있다.

교관에 발탁된 것을 시작으로 공조좌랑·세자시강원진강·대사헌·이조판서·우의정 등에 임명을 받았다. 그러나 이는 그의 학문적·정치적 위치를 보여줄 뿐 일체 사양하고 벼슬에 나아간 일이 없다. 그러나 그는 정치적으로 중요한 문제가 생길 때마다 상소로 자신의 의견을 피력하였다. 그러한 그의 정치적 성행이 노소 분당 및 당쟁에 큰 영향을 끼쳤을 뿐만 아니라 노론의 일방적인 정국 전횡을 견제하였다. 젊었을 때는 유계·송준길·송시열·이유태 등과 동문수학하여 충남5현이라 불리던 인물이었다.

또 윤휴·윤선도 등 남인계의 당시 석학들과 폭넓게 교유하였다. 그의 아들 윤증은 어려서부터 아버지에게 주자학을 배웠다. 즉 윤증은 유계·송준길·송시열 3인의 스승 아래에서 주자의 성리학을 바탕으로 하는 의리지학義理之學을 체득한 것이다. 특히 송시열 문하에서는 많은 문인 중 뛰어난 실력을 발휘하여 주자학의 제일가는 학자가 되었다. 그러나 한편 주자를 절대시하지는 않았다. 또 양명학에도 큰 관심을 기울였는데, 이 점이 또한 스승인 송시열과 결별한 원인이 되기도 하였다.

'회니시비懷尼是非'에서 비롯된 붕당 싸움

그런데 스승과 제자 사이였던 송시열과 윤증이 왜 결국 노론과 소론의 영수로 갈라져 싸움을 벌였을까. 이 둘 사이에는 당시의 정치적·사회적·학문적 시각의 차이가 내재되어 있었는데, 이 둘의 대립을 흔히 '회니시비'라 한다. 그것은 송시열이 현 대전 시내의 동쪽에 위치한 회덕懷德에 살았으며 윤증이 현 논산군 노성면에 해당하는 니성尼城에 살았기 때문에 붙여진 용어이다.

이 회니시비의 원인은 앞서도 잠시 설명했지만 황산서원에서 있었던 윤휴의 학문적 태도에 대한 윤증의 아버지 윤선거와 송시열의 의견 대립에서 찾을 수 있으며 현종顯宗(재위 1660~1674) 즉위년에 있었던 예송논쟁에서 확대되었다. 즉 윤선거는 학문과 사상에 있어 비판의 자유를 주장하여 윤휴를 두둔하여왔는데 예송논쟁에서도 윤선거 부자는 송시열에게 동조하지 않고 윤휴를 옹호하였던 것이다.

　그러자 송시열은 윤선거의 강도江都수난과 탈출 사건*을 들고 나와 윤선거와 윤증을 공격하였다. 송시열은 다음과 같은 이유로 비판하였다. 첫째, 윤선거가 강화도에 있을 때 본래는 친구들과 더불어 의병을 모집하여 성을 끝까지 사수하기로 하였다. 그리하여 친구인 권순장·김익겸·이돈오 등은 성이 함락되던 날 약속대로 죽었고 그 때문에 그의 처도 죽었는데 윤선거 홀로 살아남았다는 것이다. 둘째는 적의 대장 앞에서 무릎을 꿇고 구차하게 목숨을 구걸하였다는 것이고, 셋째는 봉림대군의 사신 일행에 붙어 이름을 개명하고 노비로 위장하여 몸만 빠져나온 그 모양이 누구보다 부끄러웠다는 것이다.

　그러나 이에 대해 윤선거·윤증의 주장은 달랐다. 권순장·권익겸이 죽은 것은 남문을 지키고 있던 그들이 당시 정승이었던 김상용이 분신자살하자 적과의 교전도 없이 따라 죽은 것이고 자신이 집을 떠난 후 처가 죽은 것도 적에게 욕을 당하느니 자결하겠다고 결심하여 스스로 행한 일이라 하였다. 또 윤선거가 미복으로 강도를 탈출한 것은 성이 이미 적과의 교전을 면하였으므로 남한산성에 포위된 윤선

---

* 1636년(인조 14)에 병자호란이 일어나자 윤선거는 강화로 피난하여 성을 지켰다. 그러나 성이 함락되자 평민을 가장하여 탈출하였다.

송시열과 윤증
송시열(왼쪽)과 윤증(오른쪽)은 사제지간이나 이 둘의 학문적 대립은 결국 노론과 소론의 붕당 싸움으로 번졌다.

거의 아버지 윤황을 만나러 가기 위한 것이었다고 주장하였다.

이렇듯 양측의 주장은 약간의 차이가 있었으나 윤선거가 강도에서 당한 수난과 탈출은 사실이었다. 윤선거가 등과도 단념하고 재혼도 하지 않으며 재야에서 평생을 학문에 전념하면서 자숙한 데에는 이 사건도 어느 정도 작용했으리라 본다. 그는 죽을 때까지 그 일을 철천지한으로 여겼던 것이다.

회니시비가 절정에 이른 것은 송시열의 윤선거 비문찬술과 윤증의 배사론背師論 명분이었다. 먼저 윤선거 비문찬술의 경위는 이렇다. 송시열은 윤선거 생전에 그와 회니시비를 벌였으나 완전히 절교하지는 않았다. 그리하여 윤선거가 현종 10년(1669)에 죽자 제문을 보내 조문하였다.

윤증은 송시열에게 가서 아버지 윤선거의 묘명墓銘을 지어달라고 부탁하였다. 그런데 평소 윤선거 부자를 탐탁치 않게 여겼던 송시열은 성실하지 못한 비명을 지어보냈다. 즉 그의 덕을 기리는 구절에서 "망연하여 할 말을 알 수 없다" 하였고 비문의 끝에는 "나는 다만 기술만 하고 짓지는 않았다我述不作"라고 쓴 것이다. 이에 윤증은 4~5년 간 장문을 보내거나 직접 찾아가 개찬을 청하였다. 그러나 송시열은 요지는 한 군데도 고치지 않고 글자 몇 개만 고쳐줄 뿐이었다.

송시열이 이러한 태도를 보인 것은 두 가지 이유에서였다. 하나는 윤선거가 죽자 자신은 그래도 옛날의 정을 생각하여 그를 칭송하는 제문을 보냈는데도 그가 평소 가장 미워하던 윤휴의 제문을 거절하지 않고 받았던 데서 기분이 상한 것이다. 둘째 이유는 윤증이 비명을 요청할 때 가지고 간 〈기유의서己酉疑書〉 때문이었다. 〈기유의서〉는 윤선거가 죽기 4년 전에 쓴 것으로 그 내용은 윤휴·허목 등에게 혹 잘못이 있다 하더라도 같은 사류이므로 이들을 너무 배척하지 말고 차차 등용하여 쓰는 것이 옳다고 송시열에게 충고하는 내용이었다. 물론 당시에는 보내지 않았으나 비명을 작성할 때 참고하라고 윤증이 송시열에게 숨김없이 내놓았던 것이다. 그러나 이것이 송시열의 비위를 더욱 건드린 격이 되고 말았다.

〈신유의서辛酉疑書〉 사건으로 갈등은 더욱 격해지고

이와 같은 송시열과 윤증의 사제관계를 더욱 악화시키고 배사론의 시비가 된 것이 〈신유의서〉이다. 이것은 윤증이 송시열에게 보내려고 쓴 것이다. 그 내용은 첫째, 송시열의 학문은 그 근본이 주자학이라 하나 그 기질이 편벽해 주자가 말하는 실학을 배우지 못하였다는 것이고 둘째는 그가 내세우는 존명벌청尊明伐淸의 의리는 그 방법을 말로만 내세우고 실익이 없다는 것이었다. 그러나 윤증은 이 의서를 써서 먼저 박세채에게 보였는데 박세채가 이를 보내지 말 것을 권고하였다. 그런데 박세채의 사위이면서 송시열의 손자인 송순석이 이것을 몰래 가져가 송시열에게 보여준 것이다. 이때부터 윤증과 송시열이 절의絶義하고 또 노소 분당을 굳힌 것으로 본다.

윤증의 배사론은 《가례원류家禮源流》라는 책의 찬자시비와 그 간행 문제에서도 발생하였다. 이 책은 윤증의 스승인 유계가 김장생에게서 배운 예학을 발전시켜 지은 것으로 윤선거에게도 도움을 받았다. 그러나 유계 생전에는 이를 완성치 못하고 초고본만 남긴 채 제자인 윤증에게 교정과 간행을 부탁하고 죽었다. 그러나 윤증은 이 책이 윤선거와 공동 저작이며 김장생의 《가례집람》과 큰 차이가 없다 하여 간행하지 않았다. 이리하여 윤증이 죽은 후 이 책은 간행되었지만 송시열의 제자인 권상하는 윤증이 스승의 유언을 저버리고 윤선거와의 같은 편이라는 간사한 말을 하였다고 공격한 것이다.

이와 같은 회니시비의 논점과 명분론을 더욱 격화시켜 노소 당론으로 끌고 간 것은 송시열이 제기한 삼전도三田渡* 비문의 시비와도 관련이 있었다. 삼전도 비문은 송시열을 조정에 천거하여 출세를 도운 이경석이 지은 것인데 송시열은 바로 숭명의리崇明義理에 입각하여 이경석을 비판한 것이다. 그러나 윤증을 중심으로 한 소론들은 어차피 군신이 청나라에 항복한 이상 그 비문은 누구든지 지을 수밖에 없었다는 논리로 송시열을 공격하였다.

이렇듯 송시열을 영수로 한 노론과 윤증을 영수로 한 소론은 여러 면에서 의견을 달리하여 대립하였다. 송시열은 학문적으로는 주자절대주의자였으며 정치적으로는 숭명반청을 고집하였다. 반면 윤증

---

* 삼전도는 병자호란 때 인조가 청나라 태종에게 항복한 곳이다. 즉 삼전도비는 청나라 승리를 기념하기 위해 세운 비이다.

남한산성
인조는 병자호란이 일어나자 남한산성으로 피신했다가 결국 송파 삼전나루에 나가 청 태종에게 항복하고 말았다. 청은 이를 기념하여 삼전도비를 세웠는데 이 비문을 놓고 노론과 소론이 격한 의견 대립을 벌였다.

은 학문과 사상의 자유를 허용하였으며 현실에 입각한 정치를 주장하였다.

 이와 같은 견해 차이는 당시 변화해가는 국제관계 속에서 대처하는 방식이 달랐기 때문이었다. 청나라와의 관계에서 노인들의 숭명의리론과 젊은이들의 대청실리론對淸實利論이 맞서게 된 것이다. 또 임진왜란과 병자호란을 겪으면서 종래의 집권자들이 위기의식을 느껴 성리학적 권위주의로 무장한 것과 관련이 있다. 그리고 젊은 소론은 이러한 권위주의를 타파하려 한 것이다. 이렇게 하여 자연스럽게 노론과 소론이 대립하는 정국구도가 연출된 것이다. 그러나 두 붕당의 견해 차이로 많은 사람들이 화를 당하기도 하였지만 비판세력으로서 서로의 균형을 유지하면서 정치가 발전한 긍정적인 측면도 무시할 수 없다.

전문가의 고집과 열정의 길

김홍도와 신윤복

조선 후기는 여러 면에서 변화의 시기였다. 임진왜란과 병자호란을 겪고 난 후 지배층 내부에서도 반성의 기운이 있어 조선 건국의 이념이었던 성리학 자체에 대한 비판이 일기 시작했다. 그 대신 실학이라는 새로운 학문이 탄생하기도 했다. 또 관직의 남용과 양반층의 몰락으로 신분체제가 와해되기 시작했고, 서민 지주가 탄생하고 상인층이 대두하는 등 경제 영역에서도 큰 변화가 일어났다. 이러한 전반적인 변화의 물결은 예외없이 화단畵壇에도 밀려왔다.

몰락한 양반 출신 대 화원畵員 가문 출신

조선시대를 대표하는 화가 김홍도金弘道(1745~?)와 신윤복申潤福(1758~?)은 출신부터가 달랐다. 둘의 생애에 대해서는 사실 자세한 기록이 남아 있지 않다. 단편적인 기록에 따르면 김홍도는 영조英祖(재위 1724~1776) 36년(1760)경 만호를 지낸 김해 김씨 김진창의 증손으로 태어났다. 그의 아버지나 어머니 그리고 할아버지에 대한 기록은 찾아볼 수가 없다. 이것은 그의 아버지나 할아버지가 별 벼슬을 하지 못하고 가세가 기울었음을 간접적으로 나타낸다. 아마도 몰락한 양반 출신이 아니었나 한다.

그러던 그가 그림을 그리게 된 것은 화원畵員인 김응환을 알면서부터였다. 김응환은 그의 후배이자 제자인 김득신의 작은아버지였다.

무동舞童
김홍도는 몰락한 양반 출신으로, 화원 김응환에게 그림을 배웠다. 국립중앙박물관 소장.

주유청강舟遊淸江
신윤복은 화원 가문에서 태어나 자연스레 그림을 그리기 시작하였으나 벼슬에 얽매이지 않고 자유로운 작품활동을 펼쳤다. 간송미술관 소장.

김응환이 왕명으로 금강산에 들어가 〈내외금강도〉를 그려 바친 일이 있었다. 이때 김홍도는 스승을 따라 금강산에 들어가 거기서 산수화의 기초를 익힌 듯하다. 정조正祖(재위 1777~1800) 12년(1788), 정조의 왕명을 받고 김응환이 일본의 지도를 그리러 떠날 때도 그를 수행하였다. 그러나 김응환이 부산에서 병으로 죽자 홀로 쓰시마 섬對馬島에 가 일본 지도를 모사模寫해 왔다. 이처럼 김홍도는 몰락한 가문의 생계를 위해 그림을 배운 것이다.

이와 달리 신윤복은 자연스럽게 화원이 될 수 있었다. 그의 가문은 대대로 도화서圖畵署 출신이었기 때문이다. 신윤복의 아버지는 첨사를 지낸 고령 신씨 신한평이다. 그는 화원이었는데 그의 삼촌도 화원이었고 고모는 화원의 문벌인 양천 허씨에게 출가하여 서로 사돈이 되었다. 신한평의 증조부 또한 화원이었다. 이러한 가문의 전통 덕에 신윤복은 자연스럽게 그림을 그리기 시작했던 것이다.

당대의 빛에 속한 자, 그늘에 가린 자

이 둘의 그림 실력은 누가 더 뛰어나다고 할 수 없을 만큼 막상막하하였으나 인정을 받은 것은 김홍도였다. 신윤복은 1758년(영조 34)경에 출생하였다 하는데, 그렇다면 김홍도보다도 두 살 가량 위가 된다. 그러나 조정에서 알아주는 화원은 신윤복보다 김홍도였다. 《정조실록正祖實錄》에 보면 "정조 5년(1781) 신축 8월 26일에 화원 한종유·신한평·김홍도를 시켜 어진御眞을 각각 한 본씩 모사케 하였다"라는 기록이 있다. 이때 김홍도가 21세 정도밖에 안 되었는데 벌써 궁중에 들어가 그림을 그린 것이다. 그런데 신윤복은 여기에 끼지 못하고 대신 그의 아버지 신한평이 참여하고 있다. 아버지 때문에 빛을 보지 못한 것인지 실력이 모자랐는지 단언할 수 없지만 김홍도보다 명성이 덜하였음은 틀림없는 사실인 듯하다.

김홍도는 특히 정조의 각별한 사랑을 받았는데, 그가 11세였을 때 당시 세손이었던 정조의 초상화를 그렸다는 기록도 있다. 그가 도화서의 화원으로서 본격적으로 활동을 한 것은 정조가 왕위에 오른 후부터였다. 신한평과 같이 정조의 초상화 모본模本을 그리고 그림을 그리러 일본까지 다녀오는 활약을 한 것도 정조의 총애 덕분이었다.

이러한 공으로 그는 충청도 연풍의 현감으로 임명되었다. 정조 14년(1790)에는 왕명으로 수원 용주사의 〈삼세여래불탱화三世如來佛幀畵〉를 그렸다. 정조 20년(1796), 정조는 억울하게 죽은 아버지 사도세자思悼世子(1735~1762)의 명복을 빌기 위해 용주사를 중창하였으며 거기에서 부모의 은혜가 귀중하다는 내용의 《부모은중경父母恩重經》을 발간하였는데 그 삽화를 김홍도가 그렸다. 그 이듬해 조정에서 발간한

선동취적仙童吹笛
김홍도가 20세에 그렸다는 그림. 국립중앙박물관 소장.

《오륜행실도五倫行實圖》의 삽도판화도 김홍도가 그린 것이라 한다.

반면 신윤복은 그에 관한 공식적인 기록이 없는 점으로 미루어 보아 권력이나 조정의 그늘에서 벗어나 서민들 속에서 살았음을 알 수 있다. 그가 조정에서 벼슬을 했다거나 도화서 소속의 관원이었다면 그 흔적이 남아 있을텐데 그의 생활이나 활동을 살펴볼 수 있는 기록이 전무하다시피 하다. 작품을 보아도 알 수 있듯이 김홍도처럼 왕명을 받아 그렸다거나 조정과 관련된 그림은 전혀 없다. 그 원인은 그가 실력이 모자랐다기보다는 무엇에 얽매어 사는 것을 싫어하는 성격 때문이라 할 수 있다. 관청에 소속되면 그만큼 자유로운 작품활동이 불가능하기 때문이다.

호방한 개척정신의 소유자

그들은 작품세계와 그 대상도 달랐다. 김홍도는 신선도와 산수화, 그리고 풍속화를 많이 그렸다. 17세 때의 작품으로 알려진 〈신선도대병神仙圖大屛〉, 그리고 〈선동취적仙童吹笛〉과 낙관이 없는 〈군선도群仙圖〉 등의 작품에는 주로 신선이 등장한다. 이는 그가 신선 같은 생활을 꿈꾸었기 때문이다. 그는 풍모가 아름답고 기상이 크고 넓어 사람들이 그를 신선 중의 신선이라 했다 한다.

김홍도의 생활상을 표현한 다음과 같은 일화도 전한다. 그보다 38년 후배인 조희룡이 쓴 《호산외사》라는 책에 따르면 김홍도는 늘 집이 가난해서 조석으로 끼니조차 잇기 어려웠다. 하루는 시장에 나온 매화 화분을 보고 매우 사고 싶어했으나 돈이 없었다. 그러자 그는 그림을 그려 3천 원에 팔아 2천 원으로 화분을 샀다. 그리고 남은 돈 2백 원은 땔나무와 식량을 사고 나머지 8백 원으로는 친구들을 불러 술잔치를 벌였다. 그러자 사람들은 이를 '매화음梅花飮'이라 불렀다고 한다. 생계에 보탬도 안 되는 매화를 사기 위해 그림을 팔고 나머지 돈으로는 즉석에서 술잔치를 벌인 그의 호방했던 생활을 잘 엿볼 수 있다.

그는 또한 산수화를 많이 남겼는데 특히 자연을 있는 그대로 생생하게 묘사한 '진경산수眞景山水'를 즐겨 그렸다. 당시의 관행대로 중국의 명산을 그리는 대신 우리 산과 강의 아름다움을 화폭에 담았다. 그는 남종화와 북종화를 절충하여 독자적인 양식을 구사하였다. 그래서 그의 그림에는 남화의 탈속적이고 고담枯淡한 채색과 상쾌한 북화적인 여운이 깃들인 선의 묘미가 있다. 이는 중국 명대에도 유행하였는데 세속을 초월한 지식계층의 남화가 세속과 타협해서 생겨난 화풍이었다. 이러한 진경산수의 개척은 이미 겸재 정선이 개척한 바 있지만 김홍도는 이러한 정선의 업적 위에 새로운 경지를 수놓은 것이다. 이러한 김홍도의 화풍은 신윤복·이인문·김득신 같은 사람들에게 많은 자극을 주었다. 그러나 그의 그림 중 빼놓을 수 없는 것은 역시 풍속화이다. 그는 서민들의 일상생활과 풍속을 화폭에 담았다. 그의 풍속화에는 서민 사회의 생활에서 건져낸 구수한 해학과 점잖은 풍자가 곁들여져 있다. 현재 국립박물관이 소장하고 있는《풍속화첩風俗畵帖》은 그의 작품세계를 잘 드러내고 있다. 서민들이 씨름 하는 모습과 사농공상士農工商 등을 그린〈사민도四民圖〉도 뛰어난 작품이다. 이는 또한 당시 성장해가던 서민사회를 반영하였다고 해석할 수 있다.

그는 또한 서양화의 영향을 받아 운염기법暈染技法이라는 독특한 화법을 구사하기도 하였다. 운염기법이라 함은 입체적인 효과를 주

군선도 群仙圖
김홍도의 그림에는 신선이 많이 등장하는데 그가 신선 같은 생활을 꿈꾸었으리라 짐작해볼 수 있다. 호암미술관 소장.

기 위해 채색의 농담으로 형체의 원근과 높낮이를 표현하는 것을 말한다. 이는 고대 인도의 아잔타 동굴 벽화에 사용되었는데 이것이 중국을 거쳐 우리나라에 들어온 것이다. 당시 중국에서는 북경의 성당이나 교회의 벽화에 많이 사용하던 기법이었다. 우리나라에서 이 기법을 사용한 그림은 수원 용주사 대웅전에 남아 있는 〈삼세여래후불탱화〉이다. 이 그림에는 석가여래·약사여래·아미타여래 등을 중앙에, 그리고 그 둘레에 가섭·아난존자, 열보살, 십대제자, 사천왕, 동자 등을 배치하였다. 그러나 이러한 기법은 김홍도를 끝으로 더 이상 전승되지 않았다.

조선 화단의 이단아

신윤복도 김홍도의 영향으로 참신한 색채 감각이 돋보이는 그림을 남겼다. 산수화도 그렸으나 그가 주로 그린 것은 풍속화였다. 그러나 사회 각층을 망라한 김홍도와 달리 도회지의 한량과 기녀 등 남녀 사이의 애정과 낭만을 주로 다루었다. 탈속적인 인격을 표현하는 정형

월야밀회月夜密會
신윤복의 그림에서는 남녀 사이의 은밀한 애정과 낭만이 느껴진다. 간송미술관 소장.

산수에서 벗어나 독자적인 경지를 개척했던 것이다.

그의 작품 중 빼어난 것은 전통적인 조선 여인의 모습을 그린 〈여인도〉와 가야금 타는 여인을 그린 〈탄금도彈琴圖〉 등이 있다. 또 뱃놀이를 하면서 여인을 희롱하는 장면을 그린 〈주중희녀舟中戲女〉, 주모와 수작하는 남정네들을 그린 〈주막〉, 단오날 물가에서 목욕하는 여인들과 이를 훔쳐보는 남자들을 그린 〈단오풍정端午風情〉 등이 있다. 그의 그림에는 양반을 비롯하여 별감, 포교 등 벼슬아치들도 나오는데, 근엄하고 점잖기보다 하나같이 술 마시고 기생과 놀아나는 모습으로 등장한다. 그런데 한 가지 재미있는 것은 그림 속에 자기 자신을 넣었다는 것이다. 즉 여러 장면을 물끄러미 쳐다보는 인물을 배치하였는데 그것이 바로 신윤복 자신이었다. 장난기 섞인 에로티시즘을 즐겼다고도 할 수 있으며 세상을 멀리서 관조하는 풍자적 의미도 있었다 하겠다. 이 같은 에로티시즘을 더욱 극적으로 묘사한 작품도 있다. 야밤에 젊은 남녀가 담모퉁이에서 밀회하는 장면을 그린 〈야삼경夜三更), 기녀들의 진한 이야기를 기방妓房 아래층의 대들보에서 엿듣고 있는 사내를 그린 〈농숙濃熟〉 등이 그것이다.

이는 그가 어떤 악취미가 있어 그런 것이 아니라 신분체제의 와해와 더불어 사치와 향락 풍조가 만연되어가던 사회를 비판적 시각에서 본 것이라고 할 수 있다. 다른 한편으로 그에게는 허세와 위선에 찬 양반들의 모습보다는 서민들의 꾸밈없고 진실한 삶이 더 가치가 있었는지도 모르겠다. 그 때문인지 모르지만 그는 관직생활을 하지 않았다. 그것이 오히려 그를 자유롭게 하였고 기성의 화풍과는 전혀 다른 새로운 화풍의 창조를 가능케 했다. 독창적인 화풍 때문에 도화서에서 쫓겨났다는 말도 전해지는 것을 보면 관직에 연연해하지 않았음을 알 수 있다. 그러나 이 때문에 신윤복 가문은 그를 끝으로 화원 가문으로서 맥이 끊어졌다.

윤두서부터 시작하여 윤덕희·조영석·신한평 등 많은 이들이 풍

단오풍정端午風情
이것은 신윤복의 작품 중 가장 유명한 것으로, 장난기 섞인 에로티시즘을 엿볼 수 있다. 간송미술관 소장

속화를 그렸지만 이 중 김홍도와 신윤복은 그야말로 풍속화 최고의 작가이다. 이들에 의해 조선시대 그림은 인간의 현세적 일상세계를 본격적으로 담아내기 시작했던 것이다. 특히 신윤복의 풍속화는 당대에 인정받지 못했지만 오늘날에는 회화사 연구에서 빠지는 법이 없으며, 전문가가 아닌 일반인들도 풍속화 하면 김홍도와 함께 신윤복을 꼽을 정도로 널리 알려져 있다. 이들의 그림은 회화 관련 전문 서적은 물론이거니와 그림엽서나 달력의 단골 소재이고, '한국적' '전통적'인 분위기를 연출하고자 하는 곳에는 으레 등장한다. 김홍도는 별 볼일 없는 가문에서 태어났지만 최고의 권력자인 임금에게도 인정받아 이름을 떨치고 마음껏 자신의 세계를 그려냈다. 신윤복은 화원 가문에서 태어났지만 출세와는 거리가 먼 생활을 하였다. 그러나 비록 당시에는 인정받지 못했지만 주류에 속하려 하지 않고 독자적인 작품활동을 펼쳐 오히려 후대에 이름을 널리 알렸다. 하지만 이 둘의 공통점은 열정과 고집이 있었다는 것이다. 고집과 독단은 다르다. 모름지기 어느 분야의 전문가라면 이러해야 하지 않을까. 온갖 전문가라는 이름의 사람들이 성공의 길로만 내달리는 이 시대에 옆을 보지 않고 자신이 선택한 길을 가는 고집의 부재不在가 참으로 안타깝다.

4 근·현대 속으로

흥선대원군에서 김구까지

쇄국과 개방의 줄다리기

흥선대원군과 명성황후

조선 말기에 이르자, 서양세력은 무력을 동원하여 조선의 문호를 열도록 요구해왔다. 세도정치의 폐단으로 크게 쇠약해진 조선으로서는 서양을 이겨낼 방도가 없었다. 이러한 때에 한 나라의 지도자가 선택할 수 있는 길은 무엇일까.

쇄국정책을 택한 흥선대원군興宣大院君(1820~1898)과 개방이야말로 나라를 살리는 길이라고 믿은 며느리 명성황후明成皇后(1851~1895)의 의견 차이는 끊임없이 물고 물리는 정쟁으로 이어져, 마침내는 서로를 제거하기 위해 온갖 수단을 동원하기에 이른다.

불꽃 같은 야망을 숨기고 살다

흥선대원군(이하 대원군) 이하응李昰應, 그는 순조純祖(재위 1800~1834) 20년(1820) 전주 이씨 남연군 이구의 아들로 태어났다. 그는 어릴 때부터 총명하여 부모의 총애를 한몸에 받았다. 그러나 헌종憲宗(재위 1834~1849) 9년(1843)에 흥선군에 봉해진 후 종친부 유사당상도총관 등 한직閑職을 지내면서 안동 김씨의 세도정치 밑에서 불우한 생활을 하였다. 특히 당시에는 아무리 종실이라 하더라도 잘못 똑똑한 체했다가 변을 당하는 경우가 많았다.

따라서 그는 무능한 왕족을 가장해 거리의 건달이나 부랑자와 같은 생활을 하였다. 꾀죄죄한 행색으로 여기저기 구걸을 하러 다니고 저잣거리의 선술집에서 행패를 부리거나 기방에서 기녀들을 희롱하였다.

그러나 그와 같은 생활은 다만 안동 김씨세력의 감시를 피하고 왕족으로서 화를 면하기 위함일 뿐 그의 마음 속에는 언젠가 왕권을 차지하겠다는 남모를 야망이 자리하고 있었다.

18세에 그는 충청도를 여행하다 예산 가야사伽倻寺에 들른 일이 있다. 웅장한 절을 구경하던 그는 "탑을 세운 자리가 천하 명당이어서 그 자리에 무덤을 쓰면 집안에서 반드시 왕이 나올 것이다"라는 이야기를 들었다. 이에 그는 서울로 돌아와서 전 재산을 팔아 1만여 냥을 만들었다. 이 돈으로 그 주변의 임야를 사 가야사를 그리 옮기게 하였다. 그리고는 본래 가야사 자리에 아버지 남연군의 묘를 비밀리에

홍선대원군
임오군란 이후 납치되어 3년간 청에서 생활할 때 찍은 사진이다(왼쪽).
척화비
쇄국정책을 편 홍선대원군의 굳건한 의지를 단적으로 보여주는 상징물이다 (오른쪽).

이장할 정도로 권력에 목말라 있었다.

한편 그는 먼 훗날을 생각하여 중인이나 평민들과 가깝게 지냈다. 정지윤(일명 정수동) 같은 평민과 그가 소개해준 천千·하河·장張·안安과 같은 중인들이 그들이다. 이들은 후일 대원군이 정치를 하는데 적지 않은 역할을 하였다.

이러한 생활 속에서 이하응의 청년 시절은 가고 어느덧 40을 넘어서게 되었다. 이 때 왕실에서는 철종哲宗(재위 1849~1863)이 과도한 주색으로 30대 초반에 죽는 사건이 일어났다. 그러자 헌종의 어머니 신정왕후 조씨가 대왕대비로서 대권을 장악하였다. 그는 대원군의 둘째 아들 명복命福을 왕위에 임명하였다. 순원왕후가 은언군의 손자인 강화도령을 철종으로 세운 선례를 따른 것이었다. 이가 곧 고종高宗(재위 1863~1907)이다. 물론 거기에는 이미 대원군의 치밀한 공작이 개입되어 있었다. 이에 따라 14세에 왕위에 오른 고종의 배후에서 아버지 대원군은 실질적인 권력을 장악하게 된 것이다.

조선의 문을 굳게 닫아걸다

정권을 잡은 대원군은 외척의 전횡을 억압하고 왕권을 강화하기 위하여 여러 가지 개혁을 단행하였다. 먼저 그는 당시까지 세력을 떨치던 안동 김씨를 밀어내고 당파와 신분을 초월하여 인재를 등용하였다. 탐관오리를 적발하여 파직하고 호포제戶布制를 실시하였다. 이것은 상민에게만 부과해오던 호포를 양반에게까지 확대 부담시킨 제도이다. 또 붕당의 근원이었던 서원을 대폭적으로 정리하여 전국에 47개 소만을 남기고 모두 철폐하였다.

그리고 《육전조례六典條例》《대전회통大典會通》 등을 간행하여 법률

제도를 확립함으로써 중앙집권적 정치 기강을 수립하였다. 더 나아가 비변사備邊司를 폐지하고 의정부議政府와 삼군부三軍府를 두어 행정권과 군사권을 분리시켰다. 또 관복과 서민들의 의복제도를 개량하여 사치와 낭비를 억제하였다. 세금법을 개혁하여 귀족과 서민의 차별 없이 세금을 걷고, 조세를 운반하는 과정에서 지방관들이 부당한 이익을 챙기지 못하도록 사창社倉을 세웠다. 이로써 백성들의 부담이 덜어 생활이 다소 안정되고 국고國庫도 충실해졌다.

이러한 그의 개혁정책은 일반 백성들에게 환영을 받았지만 한편으로는 양반들과 유생들의 반발을 초래하였다. 또 왕권의 존엄성을 세우고 그 권한을 강화하기 위한 경복궁 재건사업은 많은 무리를 가져와 대원군 정권이 무너진 한 원인으로 작용하였다. 즉 공사 비용을 마련하기 위해 원납전願納錢·결두전結頭錢·성문세城門稅 등 새로운 세금을 부과하고 무리하게 인력을 동원하여 농민들이 고통을 겪었으며 당백전當百錢의 발행으로 유통 경제가 혼란해진 것이다.

특히 국제 문제에는 문외한이었던 대원군은 외부의 도전에 대해서 효과적으로 대처하지 못했다. 그리하여 천주교도를 극심하게 탄압하고 외국의 통상 요구를 묵살하였다. 처음에 대원군은 천주교에 대해 비교적 관대하였다. 러시아가 남하하려 하자 천주교도인 남종삼의 건의에 따라 프랑스군을 끌어들여 러시아를 견제하려 하기까지 하였다. 그러나 그 교섭이 제대로 되지 않고 청에서 천주교를 탄압하자 그도 천주교에 대한 대탄압을 단행하였다. 이리하여 9명의 프랑스 선교사와 남종인 등 수천 명의 신자들을 처형하였으니 이것이 고종 3년의 병인사옥丙寅邪獄이다. 이 소식을 들은 프랑스 극동함대 사령관 로즈 제독은 군함을 이끌고 강화도에 이르러 군기·서적 등을 약탈

당백전
앞면(위)과 뒷면(아래). 당백전의 발행은 유통 경제에 혼란을 가져와 흥선대원군의 정권이 무너진 한 요인으로 작용하였다.

하였다. 이에 한성근·양헌수 등이 이끈 조선군은 힘껏 싸워 이들을 격퇴하였다. 이것이 바로 병인양요丙寅洋擾이다.

5년 후인 고종 8년(1871)에는 신미양요辛未洋擾가 있었다. 이 사건은 미국 상선 제너럴 셔먼호가 통상을 강요하려 한 데서 비롯되었다. 그리하여 미국은 군함 다섯 척을 거느리고 강화해협을 통과하려 하였으나 조선군의 공격으로 패퇴하였다.

이처럼 연달아 서양 강대국들이 조선을 호시탐탐 넘보는 가운데 고종 5년 독일 상인 옵페르트의 남연군 묘 도굴 사건이 벌어지자, 대원군은 강력한 쇄국정책鎖國政策을 썼다. 그는 척화교서를 반포하고 종로와 전국 각지에 척화비를 세웠는데 거기에는 "양이가 침범함에 싸우지 않으면 곧 화의하는 것인데 화의를 주장함은 매국이다洋夷侵犯 非戰則和 主和賣國"라고 쓰여 있었다. 이러한 천주교도에 대한 탄압과 외국 군함의 침공은 민심을 동요시키기에 충분하였다.

뿐만 아니라 대원군의 정권도 큰 타격을 입었다. 그러나 집권 10년 만에 무너진 중요한 요인이 또 있었으니 최익현의 탄핵 상소와 명성황후와의 갈등이 그것이다. 대원군의 무리한 토목사업과 서원철폐 등을 공격했던 스승 이항로의 뒤를 이어 최익현은 대원군의 정책을 탄핵하였다. 이에 대원군은 자신의 세력을 동원하여 이를 반박하고 최익현을 처벌하려 하였다. 그러나 고종이 오히려 최익현을 옹호하여 고종 10년(1873) 대원군은 하야하게 되었다.

후처 소생에서 조선의 국모國母로

대원군이 물러나게 된 데는 명성황후 민비의 힘이 많이 작용하였다. 민비는 1851년(철종 2) 여흥 민씨 민치록의 외동딸로 태어났다. 그런데 그는 민치록의 정실부인 소생이 아니라 후처인 이씨의 소생이었다. 또 18세에 아버지를 여의었으니 얼마나 적막한 생활을 하였을지

고종의 가족사진
왼쪽부터 영친왕, 순종, 고종, 순종비 윤황후, 덕혜옹주이다. 고종은 민비와 금실이 좋지 못한 데다가 둘 사이에서 처음으로 얻은 아들은 태어난 지 며칠 만에 죽고 말았다.

가히 짐작할 수 있다. 그가 왕비로 간택된 고종 3년(1866)에는 이미 어머니도 돌아가신 뒤였다.

이렇듯 불우한 민비의 성장과정은 그가 얼마나 눈치가 빠르고 그때 그때 상황에 잘 대처하였는지 역설적으로 설명해준다. 그러나 겉으로는 부유하고 지체높은 가정에서 태어난 이들이 흔히 갖고 있는 오만이나 편견 없이 평민적인 소박함을 가진 것으로 보였으리라. 또 가문이 번성한 세도가 집안의 딸도 아니었기에 이러한 점들이 대원군의 구미에 맞아 고종의 왕비로 간택받은 것이다.

궁중생활 초년에는 엄격한 교육을 받아야 하므로 민비는 규율과 자제에 얽매여 지내면서도 남편을 극진히 받들고 시부모에게도 정성을 다하였다. 그러나 고종과 금실이 좋지는 않았다. 고종은 여러 궁녀들에게 외도를 했을 뿐 아니라 궁인 이씨에게서는 왕자를 얻기도 하였다. 대원군까지도 이 아들을 완화궁完和宮이라 부르며 몹시 사랑하였다.

그리하여 민비는 아들을 낳지 못한 것을 원통해하고 슬퍼하였다. 그러던 차에 고종 8년(1871) 고대하던 자신의 첫아들을 얻었으나 며칠 만에 잃고 말았다. 전하는 말로는 생후 사흘이 되도록 아이가 대변을 보지 못하자 대원군이 산삼을 구해주었는데 이것을 먹고 죽어 대원군과 사이가 악화되었다 한다.

쇄국이냐 개방이냐

원래 민비와 대원군은 시국과 국제정세를 보는 시각에 차이가 있었다. 민비는 당시의 국제정세 속에서는 개방을 할 수밖에 없다고 생각하였기 때문에 대원군의 지나친 쇄국정책에 반대하였다.

그리하여 민비는 기민한 수완을 발휘하여 자기세력을 규합하기 시작하였다. 첫째, 양오빠 민승호를 비롯하여 규호·겸호·태호 등 근친을 정부의 요직에 배치하였다. 둘째로 대원군이 집권한 후 정계에 별로 진출하지 못한 조대비 일족들 중 조대비의 친정 조카인 조영하 등과 손을 잡고 안동 김씨 문중과도 긴밀한 관계를 유지하였다. 셋째로 대원군의 친형 이최응을 포섭하였다. 그는 은근히 불만을 품고 대원군의 큰아들 재면을 통하여 기밀을 캐내고 있던 차였다. 또한 대원군의 개혁에 반감이 짙던 유림세력으로 특히 거유巨儒인 면암 최익현과도 밀접한 관계를 맺어둔 것이다. 이러한 세력을 바탕으로 하여 고종 10년(1873) 민비는 최익현에게 대원군 탄핵 상소를 올리게 하고 드디어 그를 하야시켰다.

민비가 집권한 후 최초로 내각을 조직한 정부는 영의정 이유원을 필두로 하여 우의정에 박규수, 좌의정에 이최응 등 모두 대원군과 미묘한 갈등관계에 있었던 사람들로 이루어졌다. 이럴 즈음 경복궁 내 자경전 주변에서 화재가 일어나 자경전과 순희당·자미당 등 400여 칸이 소실했다. 더욱이 고종 11년(1874) 11월에 민승호 일가족의 폭사 사건이 일어났고 그 이듬해에는 대원군의 친형 이최응의 집에 방화 사건이 일어나는 등 불미스러운 사건들이 터지자 사람들은 전부 대원군의 짓이라 하였고 민비 또한 그렇게 여겼다. 물론 진실은 알 수 없지만 이들 사건으로 대원군과 민비는 골이 더 깊어져 완전히 원수 같은 사이가 되었다.

한편 새로운 내각의 출범과 통상개화론자들의 등장은 조선을 국제무대에 등장케 한 배경이 되었다. 즉 고종 12년(1875) 조선이 일본의 운요호雲揚號 선박에 발포한 사건을 계기로 일본은 군함을 동원하여

경복궁
총독부청사 공사현장 사진. 경복궁은 대원군대 왕권의 상징으로 중건되었다가 이곳에서 민비가 시해되고 고종이 '아관파천' 이후 덕수궁에 계속 머물자 퇴락해갔다. 한일합방 후에는 일제가 근정전 앞마당에 총독부청사를 지었다.

협상을 강요하였다. 조정에서는 반대론이 강했으나 역관 오경석이 우의정 박규수를 움직여 결국 고종 13년(1876) 일본과 '병자수호조약 丙子修好條約'을 맺은 것이다.

이후 개화정책은 급속히 추진되었다. 수신사와 신사유람단이 일본에 건너가 문물과 기술을 배우고 돌아왔고 또 청나라에도 영선사를 보내 신식무기 제조법과 군사와 관련한 기초 과학을 배우고 왔다. 특히 조선이 세계의 사정을 자세히 알게 된 것은 고종 17년(1880) 김홍집이 일본에 수신사로 가서 청나라 사람 황준헌黃遵憲이 쓴 《조선책략朝鮮策略》이라는 책을 얻어가지고 돌아와 유포한 것이 계기였다. 이 책은 나라가 부강하려면 서양의 제도와 기술을 배워야 하며 러시아의 남진을 막으려면 친중국親中國·결일본結日本·연미방聯美邦을 해야 한다는 내용이었다.

또 제도적인 개혁도 이루어져 종래의 5군영제도를 무위영과 장어영으로 나누어 개편하고 신식 군대인 별기군을 창설하였다. 행정 기구도 청의 제도에 따라 개혁하였는데 최고 기구로 통리기무아문統理機務衙門을 두고 그 밑에 12사司를 두어 각각 행정 사무를 관장케 하였다.

이러한 개화와 개혁에 반대하는 세력도 만만치 않았다. 특히 유림세력이 주류로서 최익현은 병자수호조약 체결 당시 이를 반대하는 〈오불가소五不可疏〉를 올렸으며 김홍집의 《조선책략》 유포에 반대하는 이만손을 필두로 한 '영남만인소'가 생기기도 했다. 여기에다 민비 정권의 지나친 물자의 남용·낭비로 국고가 바닥나자 민심의 혼란도 가중되었다. 민비는 대원군과의 불화와 정치로 신경이 쇠약하여 불면증에 시달렸고 이를 달래기 위해 밤마다 연락宴樂을 일삼았다. 그리고 심신의 불안으로 무당을 궁궐에 끌어들여 굿을 하고 명산대천을 찾아 치성한다는 명목으로 재물을 낭비한 것이다.

게다가 군대 내에서는 신식 군대인 별기군과 구식 군대의 차별 대우로 불만이 고조되었다. 오랫동안 급료가 밀린데다가 간만에 나온 급료 속에는 겨나 돌이 섞여 있자 이것이 도화선이 되어 고종 19년 (1882) 임오군란壬午軍亂이 폭발하였다. 성난 구식 군대는 포도청과 일본공사관을 습격하고 선혜청 당상인 민겸호와 이최응을 살해하였다.

이들은 민비도 살해하려 찾았으나 이미 탈출하여 도망한 뒤였다.

사태가 무섭게 진전되자 고종은 대원군에게 사태의 수습을 위임하였고 이로써 대원군은 하야 8년 만에 정계에 복귀하였다. 대원군은 우선 민비에 대한 국상을 발표하였다. 그것은 국상을 발표함으로써 군졸들의 난동을 중지하고자 함이었고 한편으로는 민비가 살아 있다 하더라도 이미 죽은 것으로 알려졌으니 정치에 대한 생각을 단념하리라는 계산이었다.

그러나 충주로 도망하였던 민비는 극비리에 고종과 연락을 취하는 한편 청의 이홍장李鴻章에게 대원군을 납치하도록 부탁하였다. 이에 따라 이홍장은 종주국의 위엄을 보이기 위하여 대원군을 납치했고 그 때문에 대원군은 4년 동안 청나라에서 유폐생활을 해야 했다.

이런 가운데 청의 내정간섭은 심해지고, 이에 불만을 품은 일부 급

옥호루
민비가 시해된 장소(왼쪽).
명성황후 민비
민비는 흥선대원군과 달리 나라를 개방하고 외세의 힘을 빌려 개혁하려 하였으나 을미사변으로 일본인 낭인들에게 시해되어 꿈을 이루지 못하였다(오른쪽).

진파 개혁인사 김옥균·박영효·홍영식 등은 일본의 지원을 받아 1884년, 갑신정변甲申政變을 일으켰으나 3일 만에 실패하였다. 이후 대원군이 청에서 돌아왔으나 민비는 임오군란 때의 난동자 김춘영을 노상에서 능지처참함으로써 대원군에게 간접적인 위협을 가하였다. 뿐만 아니라 운현궁에 감시병을 두어 대원군이 외부와 접촉하지 못하게 했다.

이러한 가운데 1894년 일어난 동학농민혁명을 도화선으로 청일전쟁이 일어났다. 이 전쟁에서 승리한 일본은 대원군을 재집정토록 하고 김홍집 내각을 출범시켜 개혁을 단행했다. 이것이 곧 갑오경장甲午更張이다. 이로써 대원군은 정계에 복귀했으나 예전과 같은 힘을 발휘할 수는 없었다.

한편 정계에서 물러난 민비는 뛰어난 수단을 발휘하여 이번에는 러시아 공사 베베르(Weber)와 연락하여 배일친러排日親露정책을 추진하였다. 이에 위협을 느낀 일본은 을미사변乙未事變을 일으켰다. 1895년 8월 2일 미우라三浦 공사의 지휘 아래 낭인들이 건천궁에서 민비를 살해하고 시신은 궁궐 밖으로 운반해 불태웠다. 이로써 민비는 44세에 처참한 죽음을 당함으로 파란만장한 일생을 마감하였다. 그 뒤 그녀는 폐위되었다가 광무光武 1년(1897) 명성이라는 시호를 받았다.

물론 이 사건의 배후에는 대원군의 동의와 지시도 있었다. 대원군은 사건 현장으로 나가면서 손자 준용埈鎔에게 "너는 남아 있다가 만일 오늘 이 거사가 실패하거든 일본으로 망명하여 후일을 기약하거라"라는 말까지 남겼다 한다. 이로써 대원군은 민비가 청의 세력을 빌어 자신을 납치한 일에 보복을 한 것이다.

이 을미사변으로 대일감정이 악화되자 친러파인 이범진은 베베르

와 공모하여 1896년, 고종을 러시아공사관으로 옮겼다. 이것이 아관파천俄館播遷이다. 이후 잠시 러시아의 간섭이 심했으나 이를 비난하는 독립협회 등의 운동이 일어나자 다음 해에 고종은 경운궁으로 돌아와 '대한제국'을 선포하였다. 그리고 고종은 대원군에게 칙명을 내려 궁중을 안정케 하고 시국을 바로잡게 했다.

그러나 대원군의 집권은 오래가지 않았다. 일본의 만행이 드러나자 여러 외국의 항의가 일본 정부에 빗발쳐 그들은 할 수 없이 미우라 공사와 낭인배들을 소환하였다. 이때에 대원군도 이에 대한 책임을 지고 물러날 수밖에 없었던 것이다. 손자 준용은 일본으로 망명하였다. 공덕리 별장으로 내려와 있던 대원군은 광무 2년(1898) 79세를 일기로 세상을 하직했다. 민비와 맺은 오랜 갈등은 아들인 고종에게까지 영향을 미쳐 고종은 대원군의 장례식에도 참석하지 않았다.

민비와 대원군은 나름대로 정치철학을 가지고 개혁을 하려 했다. 그러나 각자의 정책은 음모와 방해로 번번이 좌절되고, 서로가 발목을 잡는 꼴이 되어 뜻대로 이룰 수 없었다. 결국 조선은 준비 없는 개방을 하여 마침내는 한일합방이라는 비극을 맞이한 것이다. 이는 현재의 입장에서도 되새겨볼 교훈이다. 여당과 야당이 서로 싸우고 헐뜯기만 한다면 개혁과 발전은 있을 수 없다. 큰 사안은 초당적 차원에서 서로 협조하고 밀어줘야 하는 것이다.

죽어서 어떤 이름을 남길 것인가

> **이완용과 민영환**
>
> 우리 역사에서 한일합방만큼 불행한 과거가 또 있을까. 일제가 을사조약을 체결하여 우리의 외교권을 박탈하였을 때, 지극히 대조적인 입장을 취한 두 사람이 있다. 한 사람은 조국의 비참한 현실에 분개하여 스스로 목숨을 끊었고 다른 한 사람은 나라를 팔아 죽을 때까지 부귀와 영달을 누렸다. 후대의 평가에서 순국지사와 매국노로 갈린 민영환閔泳煥(1861~1905)과 이완용李完用(1858~1926), 이 두 사람의 삶을 살펴보자.

신문물에 자극받아 친러親露의 주도자가 되다

민영환은 1861년(철종 12) 여흥 민씨 민겸호의 아들로 태어났다. 그의 조부 민치구는 흥선대원군 이하응의 장인이었으니 그는 고종황제와 내외종간이었다. 또 그의 작은아버지 민승호는 민비의 친가에 입적하였기 때문에 그는 민비의 조카뻘이기도 했다.

이처럼 그는 황실과 가까운 친족이었을 뿐 아니라 당시 집권자의 집안에서 자랐기 때문에 관직에 진출하는 데 유리한 입장에 있었다. 그리하여 17세에 관직생활을 시작하여 22세에는 벌써 당상관에 승진하여 동부승지가 되었다. 이듬해에는 성균관대사성으로 승진하였다. 그러나 이때 바로 임오군란이 일어났는데, 급료 지불에 불만을 품은 구식 군인들이 대궐에 침입하여 당시 선혜청 당상이었던 민겸호를

민영환
민영환은 친러정책의 주도자로서 특명전권공사로 일본, 영국, 프랑스, 러시아 등 여러 곳을 다니며 신문물에 일찍 눈을 떠 개화사상을 실천하고자 하였다.

살해하는 사건이 벌어진다. 이에 민영환은 벼슬을 내놓고 집에 들어앉아 삼년상을 치렀다.

그러나 고종은 갑신정변이 일어난 직후의 혼란한 정세 속에서 믿을 만한 사람이 곁에 있기를 원하였으므로 민영환을 다시 불러 도승지에 임명하였다. 이때 그의 나이 불과 24세였으니 고종이 얼마나 그를 총애했는지 잘 알 수 있다.

결국 1887년, 예조판서에 오른 민영환은 이로써 민씨 세도정치의 주도자로 등장하기 시작하였다. 고종 25년(1888)에는 병조판서에 임명되어 국가의 병권을 장악하고 이후 종1품 숭정대부에 오르는 등 승승장구했다.

그는 1885년부터 민씨세력이 주도한 인아거청引俄拒淸(청나라를 거부하고 러시아를 끌어들임) 정책에 깊은 관심을 보였고 러시아의 베베르 공사와 막역한 교분을 가졌다. 그리고 갑오개혁이 시작되면서 사실상 친러정책의 주도자가 되어 1896년, 특명전권공사로 러시아 황제 니콜라이 2세의 대관식에 참석하였다. 이때 일본 · 미국 · 영국 등지를 두루 거치면서 서구문명을 처음으로 접하여 귀국 후 1897년(광무 1) 또다시 영국 · 독일 · 프랑스 · 러시아 · 이탈리아 · 오스트리아 등 6개국 특명전권공사로 겸직 발령을 받았다.

이처럼 잦은 해외여행으로 신문물에 일찍 눈을 뜬 민영환은 개화사상을 실천하고자 하였다. 유럽제도를 모방하여 정치제도를 개혁하고 민권신장民權伸張을 꾀할 것을 임금에게 아뢰었다. 그 중 군제軍制 개편안이 채택되어 원수부를 설치하고 육군을 통할하고 독립협회를 적극 후원, 개혁을 시도하다가 민씨 일파에게 미움을 사 파직되기도 하였다. 그 후 다시 기용되어 참정대신 등을 지내고, 훈1등과 태극장太極章을 받았다.

친미親美에서 친러를 거쳐 친일親日로

이완용은 1858년(철종 9) 경기도 광주군 낙생면 백현리에서 우봉 이씨 호석의 아들로 태어나나 10세에 이호준의 양자로 들어갔다. 고종 19년(1882)에는 증광별시 문과에 급제하고 곧이어 그는 특진을 거듭하는데 그것은 이호준의 처가가 민씨였기 때문이었다. 그 후 육영공원에 입학하여 신학문을 배우고 1887년에는 특파전권대사 박정양을 따라 참찬관으로서 미국에 갔다. 다음 해 12월 그는 대리공사代理公使로 승진하여 약 2년 동안 머물다 돌아왔는데 이러한 경험으로 그는 친미파가 되었다.

이 때 조선의 민비 정권은 청일전쟁과 갑오개혁을 거치면서 배일 친러정책을 쓰기 시작했다. 마침내 민비 일파는 내무대신 박영효가 모반음모에 가담하였다는 사실을 알고 친일 내각인 김홍집 내각을 퇴진시키고 박정양 내각을 세웠다. 이에 친미파로 알려진 이완용은 학부대신으로 임명되어 각광을 받기 시작하였다.

그러나 조선의 국모 민비가 일본 낭인배에게 잔인하게 살해 당하고 단발령斷髮令까지 내려지자 국민들 사이에는 반일감정이 깊어갔다. 그러자 잠시 미국공사관으로 피신해 있던 이완용은 이범진·임최수·이재순·안경수 등과 왕실의 근신 및 일부 외국인까지 포섭하여 친일 내각에 대한 타도 계획을 세우고 또 민비 시해 사건으로 공포에 떨고 있던 고종을 대궐 밖으로 옮기려 하였다. 그러나 이 춘생문 사건은 안경수·이진호 등의 배반으로 실패하였다. 그러자 일본은 이 사건을 '국왕 탈취 사건'이라 선전하면서 이를 빌미로 민비 사건에 관련되었던 일본인들 모두를 석방해버렸다.

춘생문 사건이 실패로 돌아가자 이제 이완용·이범진 등은 철저한 친러파로 기울기 시작하였다. 그리하여 잠시 러시아로 피신하였던 이범진이 귀국하면서 이완용·이윤용 형제 등과 같이 베베르 공사와 밀의하여 고종을 러시아공사관으로 모셔갔다. 이것이 곧 아관파천이

을사오적
왼쪽부터 외부대신 박제순, 내부대신 이지용, 군부대신 이근택, 학부대신 이완용, 농상공부대신 권중현. 1905년 11월 17일 열린 회의에서 이들의 찬성으로 을사조약이 성립, 조선은 통치권을 일본에게 빼앗기고 말았다.

다. 이렇게 해서라도 그들은 일본의 간악한 간섭에서 벗어나려 한 것이다.

이때 민영환은 궁내부특진관이었다. 따라서 아관파천 직후 민영환이 특명전권공사로서 러시아 니콜라이 2세 대관식에 경축사절로 참가한 것에서도 알 수 있듯이 친러적인 경향을 가진 그와 이완용은 아관파천에 대하여 어느 정도 교감을 갖고 있었음에 틀림없다. 민영환이 러시아에서 돌아온 이후 러일전쟁이 터지기 전까지 조선에서는 친러정책이 실시되었다. 러시아의 군사교관과 각종 고문관을 초빙하고 한로韓露은행이 설치되었다.

한편 아관파천에 성공한 이완용은 외부대신에 오르는 동시에 학부대신 및 농상공부대신의 서리까지 겸임하여 박정양을 중심으로 친러내각을 편성했다. 그의 형인 이윤용도 군부대신으로 경무사까지 겸하였다. 정권을 잡은 이들은 우선 친일파의 우두머리인 김홍집·유길준·정병하·조희연·장박 등에게 포살령捕殺令을 내려 보복을 하였다. 이에 흥분한 군중들은 김홍집과 정병하를 살해하였으며 어윤중은 탈출하여 귀향하다 난민에게 역시 살해당하였다. 유길준·조희연·장박 등은 일본으로 망명했다.

그러나 1897년 고종이 러시아공사관에서 돌아오자 친러파로 낙인찍힌 이완용은 요직에 있을 수 없었다. 그리하여 평안도관찰사·전북관찰사 등 지방관을 전전하다 광무 5년(1901) 처음으로 궁내부특진관으로 서울에 올라왔다. 이후 정세를 관망하면서 근신하다가 러일전쟁이 끝나면서 다시 학부대신으로 취임하였다. 이때가 이완용에게는 가장 어려웠던 시기라 할 수 있으며 독립협회에서도 이미 제명된 후였다. 이때부터 이완용은 이지용·박제순 등과 함께 친일파로 변

민영환의 유서(위)
을사조약이 체결되었다는 소식을 들은 민영환은 대세가 기울었음을 보고 유서 2통을 남긴 채 자결하였다(위).
한일합방 기념촬영(아래)
한일합방을 체결한 직후 일본 관리들과 조선의 왕족은 기념사진을 찍었다. 중앙이 고종, 그 오른쪽이 순종, 왼쪽은 영친왕, 그 옆은 데라우치 통감이다(아래).

모하기 시작했다. 일본이 예상을 깨고 러일전쟁에서 승리하자 일본이 앞으로 동아시아의 역사를 주도하리라 판단한 것이다.

순국殉國과 매국賣國의 길로 갈리다

이 무렵 러일전쟁에서 승리한 일본은 1905년 이토 히로부미伊藤博文(이하 이토)를 조선의 특명전권대사로 삼아 강제로 보호조약을 체결하려 하였다. 고종의 강력한 반대에도 불구하고 이토는 대신들을 일본 대사관으로 불러 보호조약 승인을 강요하였다. 한규설을 비롯한 여러 대신들은 끝까지 반대하였으나 이때 이완용이 불쑥 나서 "지난날의 모든 조약이 일방적인 강요로 체결되어 우리나라는 늘 그 조약에 글자 수정을 못하고 후회하였다. 그러니 이번 조약은 서로 변경할 수 있도록 하면 전혀 불가능한 것은 아니다"라고 말하였다. 이 말에 이토는 회심의 미소를 지었다. 이완용을 잘 이용하면 조약 체결이 가능하리라 믿은 것이다.

이때 이완용은 또 "오직 안 된다고만 말해서는 안 된다. 조약문 가운데 더할 것은 더하고 뺄 것은 빼서 제정해야 하니 3조에 있는 통감 밑에 '외교' 두 글자를 밝히지 않아 훗날 폐가 있을 듯하다. 외교권은 우리나라 실력이 충실할 적에 반환될 것이니 연한을 정할 필요가 없다"라고 말하였다. 이토가 이 조약을 강제로 체결하려 하자 이완용은 황실의 안녕과 존엄을 보장하는 조항을 넣어 통과시키자고 하였다. 이에 이토는 원래의 4개 조항에다 이 1개 조항을 첨가함으로써 조약을 맺었고 이로써 이완용은 '을사오적乙巳五賊'의 주범이 되었다.

한편 민영환은 시종무관장의 한직에 있다가 을사보호조약이 체결

되었다는 소식을 들었다. 그는 곧바로 서울로 올라와 조병세와 함께 어전에 나아가 을사오적을 처단하고 조약을 폐기할 것을 청하였다. 그러나 일본 헌병들의 강제 해산으로 실패하였다. 다시 대신들과 모여 상소를 논의하나, 이미 대세가 기울어짐을 보고 그의 심부름꾼 이완식의 집으로 가서 조용히 자결하였다.

이때 그는 이미 친러적인 경향에서 탈피하여 부국강병을 위한 개혁사상을 가지고 있었다. 그것은 그가 써서 건의한 〈천일책千一策〉이라는 글을 통해 알 수 있다. 이 글은 1904년 러일전쟁으로 대한 제국이 갈팡질팡하던 시기에 쓰여졌을 것이다. 이 글의 제목은 "어리석은 자도 1천 번 생각하면 반드시 한 가지의 얻음은 있다愚者千慮 必有一得"라는 중국 속담에서 취한 것이라 한다. 그 핵심 주장은 러시아의 남진을 경계하고 일본의 침략을 방지해야 하며 청에 의지해서는 안 된다는 내용이다.

민영환이 죽자 그 뒤를 이어 의정대신 조병세·전 참판 홍만식·학부주사 이상철 등이 자결하였고 심지어는 그의 가솔 가운데 하나도 경우궁 뒷산에 올라가 목을 맸다고 한다. 그리고 그의 죽음은 의병운동의 기폭제가 되기도 했다.

그러나 이완용은 을사조약의 체결을 적극 추진한 공으로 의정대신 서리·외부대신서리까지 맡아 외교와 관계된 사무를 도맡아 처리하였다. 1906년 3월 이토가 초대 통감으로 부임하자 그는 내각의 총리대신에 오름으로써 완전히 이토의 수족이 되었다. 그리하여 1907년 헤이그밀사 사건이 일어나자 고종을 위협하여 퇴위시키는 데 앞장설 뿐만 아니라 군대 해산 후 전국 각지에서 의병이 일어나자 헌병보조원을 모집하여 이들을 진압해야 한다며 조선인끼리의 싸움을 조장하

이재명 의사
1909년 10월 이재명은 이완용 저격에 실패하고 21세의 젊은 나이에 교수형에 처해졌다.

였다.

그러던 1909년 10월, 이완용은 이재명 의사義士의 칼을 맞았다. 그러나 오히려 더 강한 친일파가 되어 한일합방에 앞장서기 시작했다. 데라우치寺內正毅 통감에게서 합방안을 듣자마자 찬성을 표시하고 어전회의를 소집하여 합방안을 통과시켰던 것이다.

그는 조약이 체결된 후 백작이라는 칭호와 더불어 조선총독부 중추원고문에 추대되었다. 후에는 후작으로 승진하였고 중추원부의장으로 마지막까지 영화의 길을 걸었다. 그의 인생은 이처럼 친미파에서 친러파로, 그리고 러일전쟁 후에는 친일파로 마치 계절이 변하듯 변화무쌍하였다.

민영환과 이완용은 모두 대일관계 면에서 비난받을만한 약점을 지니고 있었다. 민영환은 친일단체인 일진회를 이끈 송병준을 후원하였으며 이완용은 을사조약과 합방조약을 적극적으로 추진하였던 것이다. 그러나 그들의 죽음은 달랐다. 민영환은 을사보호조약의 체결로 민족의 운명이 풍전등화와 같자 자결을 하였고 이완용은 나라를 판 대가로 부귀영화를 누리고 갔다. 따라서 민영환은 생존시의 약점에도 불구하고 죽은 후 고종의 묘소에 배향되고, 1926년 대한민국건국공로훈장중장을 받았다. 그러나 이완용은 매국노로 낙인찍혀 대대로 부끄러운 이름을 남긴 것이다. 들리는 말에 따르면 전북 익산군 낭산면 낭산리에 있었던 이완용의 무덤이 하도 수난을 당하자 그의 후손이 묘를 파서 시체를 화장하였고 그의 친족인 어느 사학자는 이완용의 묘에서 나온 명정을 사서 불태워버렸다고 한다. 이렇게 민영환과 이완용은 엇갈린 평가를 받고 있지만 그러나 한편 생각하면 죽음만이 능사는 아니다. 죽을 용기가 있었다면 그 용기와 배짱으로 조국과 사회를 위해 봉사하는 편이 더 가치롭지 않았을까.

민족정신을 살리는 것이 나라를 살리는 길이다

신채호와 백남운

일제시대에 우리나라에는 패배주의와 비관주의가 만연했다. 이러한 때에 우리 나라의 역사가들은 우리 민족이 자긍심을 잃지 않도록 부단히 노력했다.

한때 일본에서 역사 교과서 파문이 일어나 전 세계로부터 비난을 받은 적이 있었다. 일본의 우익진영에서 역사를 왜곡하거나 일부를 전체인 양 해석하여 교과서에 실은 것이다. 이런 시도는 그릇된 역사를 구실로 하여 침략을 정당화할 수도 있기 때문에 매우 위험하다. 실제로 우리나라는 지나간 역사 속에서 이러한 일본의 의도와 생각을 경험한 바 있다. 바로 일제시대의 '식민사학植民史學'이다.

조선침략의 정당화, '식민사학'

식민사학의 내용은 대략 세 부분으로 나누어 볼 수 있는데 타율성론他律性論 · 반도적 성격론 · 정체성론停滯性論이 그것이다.

타율성론은 한국의 수천 년 역사가 북쪽의 중국 · 몽고 · 만주와 남쪽의 일본 등 이웃한 외세의 침략과 압제 속에서 비주체적으로 전개되었다는 이론이다. 여기서는 단군 조선*의 존재를 부정하고 '기자동래설箕子東來說'**은 인정하였다. 이는 기자가 바로 중국 주나라의 제후였기 때문이었다. 위만衛滿도 중국 연나라의 장수였다고 보았다.

---

* 단군이 기원전 2333년에 아사달에 도읍하고 건국한 고조선.
** 중국 은나라 기자가 와서 단군 조선에 이어 기자 조선을 세우고 왕노릇하였다는 설.

따라서 한반도의 북쪽은 역사의 초기 단계부터 기자 · 위만 · 한사군 등 중국세력이 지배했다는 설이다.

한반도의 남쪽도 일찍부터 일본의 지배를 받았는데 이를 '남선경영설南鮮經營說' 또는 '임나일본부설任那日本府說'이라 한다. 《일본서기》에 나오는 신공황후神功皇后의 정벌기사를 근거로 하여 적어도 3세기 초반부터 수세기 동안 한반도 남쪽은 임나일본부의 지배하에 있었으며 그 근거로 〈광개토대왕비문〉에 그 사실이 적혀 있다 하였다. 이처럼 일제는 한반도가 북쪽이나 남쪽이나 할 것 없이 이민족의 지배를 받으면서 출발하였다는 주장을 펴 한국이 타민족의 지배를 받는 것은 당연하다는 논리를 설정하였다.

타율성론의 또 다른 갈래는 만선사관滿鮮史觀이다. 이 만선사관은 20세기 초 일제의 만주 · 한국 경영에 발맞춰 만철滿鐵 동경지사 내에 만철지리역사조사실이 설치되면서 여기에 소속된 이나바稻葉岩吉를

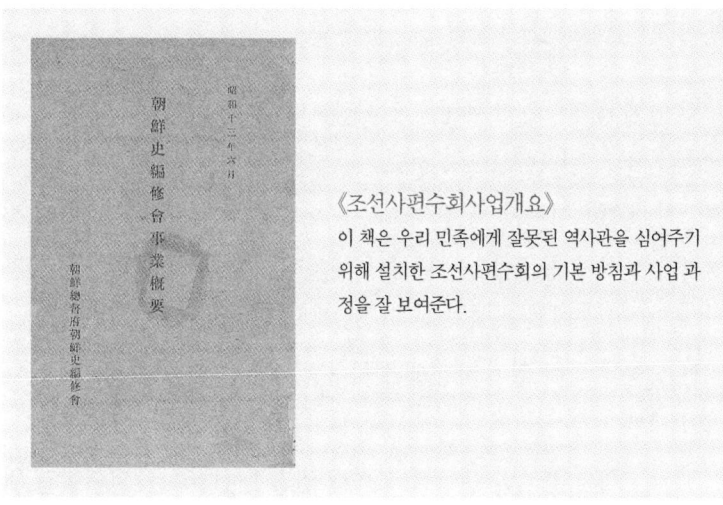

《조선사편수회사업개요》
이 책은 우리 민족에게 잘못된 역사관을 심어주기 위해 설치한 조선사편수회의 기본 방침과 사업 과정을 잘 보여준다.

중심으로 전개된 학설이다. 그 내용은 만주사를 중국사와 분리해 한국사와 더불어 한 체계 속에 넣어 파악해야 한다는 설이다. 그러나 거기에는 침략적 목적이 깔려 있었다. 즉 이는 중국이 만주에 대한 영토권을 행사하지 못한다는 역사적 논거를 제시한 것이며 일본의 만주침략과 한국인의 만주이주를 정당화하려는 것이었다.

다음으로 들 수 있는 것은 반도적 성격론이다. 이는 한국사의 성격을 부수성·주변성·다린성多隣性으로 규정하고 그 원인을 반도라는 지리적 조건에서 찾은 이론이다. 일본학자들은 삼 면이 바다로 둘러싸인 한국은 끊임없는 이민족의 침략을 받고 또 역사의 주인공이 되지 못하여 선천적으로 사대주의적事大主義的 성향이 있다고 주장하였다. 또 선천적인 당파성黨派性을 갖고 있어 정치적 독립이 불가능하다는 이론을 전개하기도 했다. 이들은 이것을 선천적 민족성론으로 전개시켜 조선 민족이 스스로 패배적 운명론에 젖어 식민 통치를 받아들이도록 하려는 데 그 목적이 있었다.

세 번째 식민사관의 유형은 정체성론이다. 이것은 한국이 왕조 교체 등 사회적 변혁에도 불구하고 사회 경제 구조에 아무런 발전을 가져오지 못했으며 특히 근대사회로 나아가는 데 필요한 봉건사회를 거치지 못하여 전근대적인 단계에 머물러 있을 수밖에 없다는 이론이다. 이 이론 역시 정치적 목적이 있는 것이었다. 즉 한국이 전근대적인 상황에 멈춰 있기 때문에 한국을 근대화하기 위해서는 이웃 나라인 일본이 간섭해야 한다는 논리가 되었다.

이처럼 일제시대 일본학자들은 한일합방과 침략을 정당화하기 위하여 사학자들을 동원, 역사를 왜곡하였다. 나아가 한국 민족을 패배주의적 운명론에 빠뜨려 항일운동의 싹을 자르려 하였다.

그러나 식민사학에 대해 당시 양심 있는 한국의 지식인들은 이것의 허구성을 타파하고 극복하려 하였다. 그 한 일파가 민족의 혼과 정신을 일깨우려 한 민족주의 사학이요, 다른 일파가 유물사관에 입각하여 한국사의 발전성을 강조하려 한 사회경제사학이었다. 전자의 대표자가 신채호申采浩(1880~1936)이고 후자의 대표자는 백남운白南雲(1895~1974)이다.

'아我와 비아非我의 투쟁'이 곧 역사

신채호는 한국이 위기에 처했음을 시인하고 이를 극복하기 위해서는 위대한 인물이 나타나 백성들을 이끌어야 한다고 생각하였다. 이러

신채호와 〈조선혁명선언〉
신채호는 의열단의 의뢰를 받아 〈조선혁명선언〉을 발표하였는데, 이 선언문에 표명한 핵심 주장은 '민중의 직접 폭력혁명'으로서 외교주의, 실력양성론, 타협적 문화운동 등을 신랄히 비판하였다.

민족정신을 살리는 것이 나라를 살리는 길이다 ▦ 323

한 사상은 1905년 《황성신문皇城新聞》 논설위원으로 일할 때부터 1910년 국외로 망명하기 전까지의 시기에 형성되었다. 이는 자강사상*의 영향을 받은 것이었다.

신채호가 자강사상을 품은 것은 양계초梁啓超의 《이태리 건국 3걸전》을 번역하면서부터였다. 여기서 이태리 건국의 3걸은 마치니·카브르·가리발디를 말하는데 신채호는 이 모형을 한국사에서 찾았다. 그 결과 을지문덕·최영·이순신이 민족사의 영웅이라 내세우고 그들의 전기를 신문에 연재한 것이다. 이처럼 그의 사학은 처음에는 민족주의적 영웅사관에서 출발하고 있다. 단군시대부터 발해까지를 다룬 〈독사신론〉이라는 논설에서도 단군을 영웅으로 다룬 바 있다. 1912년에는 대종교 종단에서 발간한 《단기고사檀奇古史》의 서문을 썼는데 《단기고사》는 발해의 대야발大野勃이 저술한 것으로 단군·기자조선의 역대제왕에 관한 기록이다.

신채호는 영웅만 조명한 것이 아니라 후기에 가서는 민중을 발견하기 시작했다. 〈조선혁명선언〉을 쓴 이후부터 그의 사상과 역사관은 민중적 민족주의, 나아가서는 무정부주의에 입각한 민중의 폭력혁명론으로까지 발전하였다.

그는 1923년 김원봉으로부터 의열단義烈團의 독립운동이념과 그 방법을 밝히는 〈조선혁명선언〉의 집필을 의뢰받고 이를 작성하였다. 여기서 그는 민중의 폭력에 의한 직접혁명을 주장하면서 조선의 외교주의**, 실력양성론***, 타협적 문화운동****을 철저하게 규탄하

---

* 스스로 강해져야 외국의 침탈로부터 벗어나 독립할 수 있다는 사상.
** 강대국 특히 미국과의 외교를 통해 독립을 달성해야 한다고 주장한 독립운동의 한 갈래. 외교독립론과 같은 의미. 이승만이 그 대표자다.

였다. 이 선언은 항일지하폭력행사단체인 의열단의 성격을 잘 표현하나 그것은 의열단의 성격일 뿐 아니라 신채호 자신의 사상이기도 했다.

신채호는 또한 우리 역사의 독자성을 주장하였다. 그는 역사가 시時·지地·인人 이 세 가지 요소로 구성되어 있다고 보았다. 즉 역사 발전의 주체인 인종이 지리적 환경과 시대적 상황에 제약을 받으면서 발전하므로 나라마다 발전 속도가 다른 것은 민족의 우수성을 떠나 지리적 환경과 시대의 차이에서 발생하는 것이다.

그러면 역사란 무엇인가. 그것은 '아我와 비아非我의 투쟁'이라 하였다. 즉 역사란 "인류사회의 아와 비아의 투쟁이 시간에서 발전하여 공간으로 확대되는 심적 활동의 기록이다"(《조선상고사朝鮮上古史》 총론)라고 하였다. 여기에서 '아'는 무엇이고 '비아'는 무엇인가. 그것은 입장에 따라 여러 가지일 수 있으나 신채호의 역사서술에 있어 '아'는 항상 한민족이었고 '비아'는 이민족이었으니 한국사란 다름 아닌 한민족과 이민족의 투쟁사인 것이다. 그의 저술 중에 이민족과의 투쟁에서 큰 역할을 한 을지문덕·최영·이순신 등의 전기가 상당한 부분을 차지하는 것도 이 때문이다.

신채호는 또 독립을 달성할 구체적인 방법으로 사상의 재무장을 강조하였다. 그는 전통적인 민족사상인 '낭가사상郎家思想'을 들었는데, 이는 화랑도사상을 말한다. 민족의 흥망은 민족사상의 성쇠에 달

*** 일제와 타협함으로써 민족성을 개조하고 교육을 통해 실력을 길러 독립해야 한다고 주장한 독립운동의 한 갈래. 그 구체적인 방법으로 언론을 통한 국민계몽과 문맹퇴치운동, 민립대학民立大學설립운동, 물산장려운동 등을 추진하였다.
**** 실력양성론의 한 갈래로 일제와 타협하면서 우리의 문화를 연구하고 교육하며 육성하려 한 운동

조선총독부
한국 민족의 주권회복운동을 저지하고 탄압하는 일본 제국주의의 상징물이다. 국립중앙박물관으로 쓰여지다가 지금은 철거되었다.

려 있다고 보아 민족사상이 쇠하게 된 계기를 '묘청의 난'에서 찾았다. "조선 역사상 1천 년 이래 제일대사건"이라 부르는 이 사건은 낭불양가郎佛兩家 대 유가儒家의 싸움, 국풍파 대 한학파의 싸움이며 독립당 대 사대당, 그리고 진취사상 대 보수사상의 싸움이라 정의하고 있다. 낭불양가라 하였으나 그에게 더 중요한 것은 '낭가사상'이었으며 이 민족 고유의 사상이야말로 민족정신의 구현이요, 독립사상의 원천이라 믿었다. 그래서 식민사학의 패배주의를 극복하고 '낭가사상'을 통해 나라에 희망을 주고자 하였다.

보편적인 역사발전법칙 속에서 극복해야

신채호와 달리 백남운은 민중들이야말로 역사가 발전하는 데 중요한 원동력임을 강조하였다. 군주들의 행동거지나 일부 신하들의 업적을 중시하는 정치사 중심의 역사보다는 민중의 생활이나 사회 구성체의 발전과정을 탐구해야 한다는 것이었다. 여기에는 한국의 독립도 민중들의 힘으로 달성해야 한다는 의미를 담고 있다.

　백남운은 신채호의 특수사정론을 비판하였다. 그는 세계사 속에 보편적이고 일원론적인 역사발전법칙이 존재한다고 믿었다. 따라서 우리 역사도 세계사의 발전법칙 속에서 이해할 때 비로소 식민사학이 설정해 놓은 정체성·후진성을 극복할 수 있다고 주장하였다. 결국 민족주의사학측의 관념적인 조선의 특수사정론이나 식민사학측의 특수사정론은 본질적으로 역사법칙의 보편성을 거부하고 있다는 점에서 둘 다 배격해야 한다는 것이다.

백남운은 주로 신채호가 주장한 식민사학의 정체성론을 비판하였다. 역사는 관념적인 측면에서가 아니라 과학적이고도 실천적으로 규명해야 함을 강조하였다. 이러한 입장에서 그는 마르크스의 사회발전단계설을 한국사에 인용하였다. 그 결과 한국사도 원시씨족공산사회로부터 출발하여 삼국시대의 노예제 사회를 거쳐 통일신라 이후의 아시아적 봉건제 사회로 전개되었으며 이어 일제시대의 이식자본주의시대로 발전하였다고 보았다.

일제의 식민사학을 극복하라

백남운은 실천하는 역사학을 주장하였지만 행동하는 지식인이 되지

복원된 신채호의 생가
신채호는 식민사학에 대항하여 민족주의사학을 내세우고 우리 민족의 정신을 살리는 데 일생을 바쳤다. 대전시 중구 어남동에 있다.

는 못했다. 해방 직후 조선학술원을 창립하여 '인민 본위의 사회 해방'을 부르짖고 좌우연립정부의 수립을 위해 민족통일전선운동에 참여한 적이 있다. 그러나 그것은 그의 생애 중에서 극히 일부분에 지나지 않는다. 그는 주로 학문 연구에 몰두하여 《조선사회경제사》《조선봉건사회경제사》를 출간하고 연희전문학교에서 학생들을 가르치는 일에 치중하였다.

반면 신채호는 실제 독립을 위해 많은 활동을 하였다. 한일합방 전에는 신문 논설을 통해 민중들을 계몽하였고 그 후에는 해외에서 독립사상의 고취와 독립 투쟁에 헌신하였다. 그리하여 1919년 대한민국 임시 정부가 조직되자 의정원 위원장을 역임하기도 하였다. 1920년대 후반에는 무정부주의운동에 투신하였는데 이 혐의로 체포되어 여순 감옥에 수감되었다가 1936년 옥사하였다.

이렇듯 단재 신채호는 고달픈 망명생활이었지만 처음부터 끝까지 곧은 민족정신을 잃지 않았다. 그가 얼마나 곧은 정신을 가졌는지 '옷 한 벌을 다 적시면서도 꼿꼿이 서서 고개를 숙이지 않고 세수를 했다'는 일화가 있을 정도이다.

이처럼 신채호와 백남운은 그 행동양식이나 역사관은 달랐으나 두 사람 다 일제의 식민사학을 비판하고 극복하려 했다는 점에서는 공통적인 측면이 있었다. 국가가 위기에 처해 있을 때 이 둘은 민족의 정신적 측면을 일깨워 민중들로 하여금 독립의 의지를 갖게 했던 것이다. 국가와 사회에 공헌하는 방법은 여러 가지가 있으나 학문의 탐구를 통해 올바른 정신을 갖게 하는 것도 그 하나라 할 수 있다.

이데올로기의 대립이 초래한 비극

여운형과 박헌영

1945년 8월 15일. 드디어 우리 민족은 일본의 패망 소식과 함께 해방을 맞이하였다. 그러나 그것은 우리 민족이 넘어야 할 또다른 시련의 시작이었다. 느닷없이 날아든 신탁 통치의 문제를 비롯하여 토지 개혁, 친일파 처리 등 해결해야 할 과제가 너무나 많았다.

그러나 우리는 그 과제들을 제대로 해결하지 못하고 분단 국가로 전락했다. 거기에는 여러 요인이 있으나 무엇보다 이데올로기의 대립이 크게 작용했다.

공산주의에 희망을 걸다

이승만李承晚이 우파의 입장에서 분단 국가를 꾀하였다고 한다면 박헌영朴憲永(1900~1955)은 극좌의 입장에 서 있었다. 그러나 박헌영과 같은 사회주의 계열이면서도 좌나 우를 가리지 않고 통일된 조국을 만들려 한 이도 있었다. 이가 곧 여운형呂運亨(1886~1947)이다.

원래 여운형과 박헌영은 둘 다 공산주의자였다. 1922년 모스크바에서 열린 극동인민대표자회의에 여운형은 이르쿠츠크파 고려공산당 상해지부의 위원으로, 박헌영은 고려공산청년동맹의 책임비서 자격으로 참가하였다.

그러나 같은 공산주의자였다 하더라도 입장은 서로 달랐다. 1917년 러시아에서 볼셰비키 혁명이 성공하면서 퍼지기 시작한 공산주의

사상은 여러 가지 전술로 그 영역을 확장해나갔다. 특히 1920년 제2차 코민테른대회에서는 공산주의와 압박받는 약소 민족의 해방과 제국주의를 타도하는 세계 혁명에 결부시켜 설명하였다. 따라서 순수한 민족주의자들도 한국의 독립을 위해 공산당에 가입하는 경우가 많았다.

여운형도 한국의 독립을 위해 공산주의를 이용할 수 있다고 생각한 민족주의적 사회주의자 중 하나였다. 따라서 공산주의만 절대적으로 신봉하지 않고 때로는 우파와의 연합도 서슴지 않았다. 그러나 박헌영은 달랐다. 그는 철저한 공산주의자였다. 극동인민대표자회의가 끝나고 국내로 들어와 공산주의운동에 매진한 것도 그 때문이었다. 즉 토착 공산주의자였다고 할 수 있다. 해방 이후 그가 벌인 활동도 오로지 공산당을 재건하기 위한 운동의 일환이었다.

이 같은 차이에는 그들의 출신과 성장배경이 한 원인으로 작용했다고 본다. 여운형은 경기도 양주군에서 함양 여씨 여정현과 경주 이씨에게서 태어났다. 그는 임진왜란 직후 일본에 수호사로 간 여우길의 11대손이었고 효종 때 영의정을 지낸 여성제도 그의 선조였다. 따

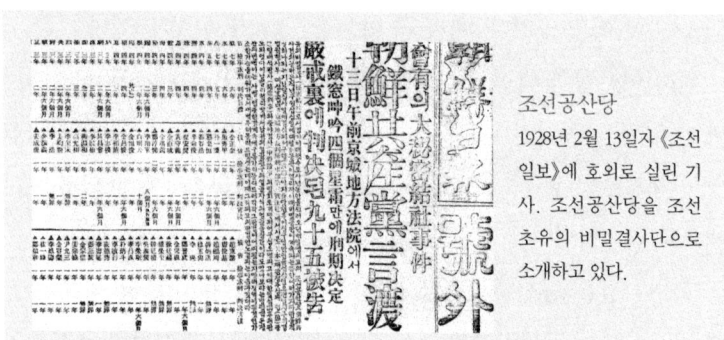

조선공산당
1928년 2월 13일자 《조선일보》에 호외로 실린 기사. 조선공산당을 조선 초유의 비밀결사단으로 소개하고 있다.

라서 생활도 부유했으련만 그는 돈이 있다고 으스대는 양반집 도련님이 아니었던 듯하다. 어린 시절 그는 어머니에게 용돈을 받자마자 가난한 아이들에게 다 나누어주었다고 한다. 돈을 받아 썼던 어느 아이가 병이 들어 죽게 되었을 때 마지막으로 여운형을 찾아와 "형님, 고마워"하면서 그의 무릎에서 쓰러졌다는 일화가 있을 정도다. 또 청년 때에는 자기 집 종을 스스로 해방시켜 주위를 놀라게 하기도 하였다.

반면 박헌영은 충남 예산군 신양면에서 쌀장사를 하던 박현주와 소실로 들어온 어머니 이씨 사이에서 태어났다. 이른바 서자인 셈인데 그에 대한 콤플렉스는 평생 그를 따라다녔을 것이며 그것이 그를 철저한 공산주의자로 만든 한 요인이라고 생각한다. 아버지가 쌀장사를 했다는 것은 곧 노동자였다는 것이고 당연히 생활도 넉넉하지 못했다. 이것이 또한 노동자·농민 중심의 공산주의에 매력을 느낀 한 요소가 되었으리라.

여운형은 일찍이 1913년, 중국 상해로 건너가 활동하였다. 1919년 1월 파리의 평화회의에서 미국의 월슨 대통령이 민족자결주의의 원칙을 발표하자 이에 고무되어 신한청년단을 만들어 독립운동을 하였다. 임시 정부(이하 임정)가 성립된 후에는 임시의정원 의원을 지내기도 했다.

이 무렵 일본에서 여운형을 초청한 사건이 있었다. 일제는 3.1운동 이후 유화정책의 일환으로 독립운동가들을 초청하여 회유하고자 했다. 임정 내에서는 찬반양론으로 갈려 논쟁하였다. 반대하는 측에서는 여운형이 결국은 회유될 것이라 하였다. 그러나 여운형은 호랑이를 잡으려면 호랑이 굴에 들어가야 한다는 생각에서 일본행을 결정하였다. 그리고 회유되기는커녕 일본 정부에 한국 독립의 정당성을 역설하였다. 일본이 한국을 병합함으로써 동양의 평화, 나아가서는 세계의 평화가 깨지게 되었다고 주장하고는 중국과 일본의 중재를 해달라는 일본의 제의를 단호히 물리치고 상해로 돌아왔다. 그의 곧은 면모를 엿볼 수 있는 부분이다.

임정이 유명무실해지면서 임정을 다시 구성하자는 창조파와 이를 개조하자는 개조파의 대립이 격화되자 그는 임정을 떠나 독립적인 활동을 폈다. 그는 1929년 일본 경찰에 체포되어 투옥당한 후 나름대로 독립을 준비해왔는데, 본격적으로 활동을 개시한 것은 1944년이었다. 그것이 바로 건국동맹의 조직이다.

건국동맹은 좌익과 우익 구분 없이 조직한 단체였다. 대동단결하여 대일연합전선을 구축하자는 그의 의지에 따라 건국동맹은 충청남북도를 비롯한 전국 10개 도의 책임자를 임명하여 지방조직을 갖추어가는 한편 경기도 용문산에서 농민동맹을 조직하였다. 한편 국외

대한민국 임시 정부 당시 상해에는 해외 망명세력이 많았다. 안창호는 1919년 6월, 미국 '국민회'에서 받은 독립의연금으로 이곳에 전세를 얻어 임시 정부를 세웠다.

의 해방운동세력과도 손을 잡았다. 연안에 있었던 김무정의 독립동맹과 연합하여 전조선민족대회를 개최하기로 하였으나 일본이 조기에 항복하여 이 대회는 열리지 못하였다.

박헌영은 극동대표자회의에 참석한 이후 국내에 잠입해들어와 공산당을 창당하려 하였다. 그러나 신의주에서 경찰에 붙잡혀 1년 6개월 동안 감옥생활을 해야 했다. 만기 출소 후 조선일보 사회부 기자를 하다 해직당하고 1925년 김재봉·김약수 등과 함께 조선공산당을 창립하고 고려공산청년회도 조직하였다. 당시 상해에 있던 여운형의 주선으로 그는 일부 청년들을 뽑아 모스크바에 유학을 보내기도 하였다. 이 때까지도 여운형과 박헌영은 같은 길을 걸었다.

그러나 얼마 안 가 신의주에서 청년회원이 변호사를 구타한 사건을 계기로 그 조직이 탄로나고 말았다. 박헌영도 체포되었지만 정신착란으로 석방되었는데 한편 그가 공산당 간부들의 정보를 제공해준 대가로 풀려나왔다는 설도 있다. 그는 이번엔 《콤뮤니티》라는 기관지를 제작, 국내에 배포하다 다시 체포되어 6년 동안 수감생활을 하였다. 1939년 만기 출소 후에는 김삼룡 등과 경성콤그룹을 결성하여 활동하였다. 그러나 탄압이 심해지자 광주의 벽돌공장 인부로 가장하고 활동하다 해방을 맞았다.

각기 다른 해방을 맞다

박헌영은 별다른 준비도 없이 해방을 맞았으나 여운형은 나름대로 해방에 대한 준비를 하였다. 앞서 얘기한 건국동맹이 그것이다. 1929년 상해에서 체포되어 국내로 이송된 그는 조선중앙일보사 사장, 체육회 회장 등의 직함을 걸고 공식적인 활동을 전개해왔다. 그런 만큼 그는 국내 상황을 누구보다 잘 꿰고 있었다.

한편 그는 만일의 사태를 위한 방패막이로 일본의 몇몇 요인들과 친교를 맺어두는 것도 잊지 않았다. 1940년 조선총독부와 용산 조선군사령부의 주선으로 일본에 간 그는 거기서 일본 육군성 병무국장 다나카 다카요시田中隆吉 소장을 만났다. 또 그를 통해 일본군 청년장교들 사이에 신망이 높았던 오오카와 슈메이大川周明와 친교를 맺었다. 그는 동경제대 인도철학과 출신으로 육군대학의 교수였다. 귀족출신의 유력한 정치가인 고노에 후미마로近衛文梭도 사귀어두었다. 이로써 여운형은 일본 정계나 학계, 군인들 사이에서 유명한 인물이 되었다. 국내에만 틀어박혀 있던 박헌영과는 대조적인 모습이다.

이러한 연유로 일본이 패망하자 그들은 여운형에게 제일 먼저 찾아와 행정권 이양 교섭을 벌였다. 그러자 그는 이를 수락하고 건국동맹을 모태로 하여 건국준비위원회(이하 건준)를 발족했다. 위원장에는 좌익계인 여운형, 부위원장에는 우익계인 안재홍이 맡고 박헌영도 여기에 참여하였다. 그러나 얼마 안 가 좌익과 우익의 대립이 심해져 안재홍이 사퇴를 함으로써 건준은 좌익세력이 우세한 조직이 되어버렸다. 그러나 뒤이어 1945년 9월 6일 인민공화국(이하 인공)을 선포하여 건준은 해체되고 마는데 이는 연합군의 진출을 앞두고 어떤 형태로든 정부가 있어야 한다는 생각 때문이었다. 또 송진우 같은 우익세력과 중경 임정세력에게 선수를 빼앗기지 않으려는 좌익측의 계산도 있었다.

이에 앞서 박헌영은 9월 3일 조선공산당을 재건하였다. 자신의 지분과 입지를 강화하기 위함이었다. 이런 가운데 여운형과 박헌영은

여운형을 환호하는 시민들
여운형이 위원장으로 활동한 조선건국준비위원회는 총독부와 협의하여 전국 형무소에서 2만여 명의 독립운동가를 석방하고 방송, 신문을 장악하는 등의 성과를 올렸다.

미국에서 귀국한 이승만과 함께 독립촉성중앙협의회 조직을 결의하였다. 그러나 박헌영은 친일파를 우선적으로 제거해야 한다는 논리를 내세워 탈퇴하였고 이즈음 여운형은 조선인민당을 결성하여 활동하였다.

한편 중경 임정의 요인들은 국내에 과도 정권이 성립되기 전에는 자신들이 정부 역할을 할 것이라 선언하였다. 그러나 인공이 이를 인정하지 않아 국내에는 '임정'과 '인공' 두 정부가 공존하는 상황이 되었다.

신탁 통치 문제에서도 우익측은 신탁 통치를 반대했으나 좌익측은 이를 지지하였다. 이후 임정을 비롯한 우익측은 '대한국민대표민주의원'을 구성하여 한 목소리를 내기 시작하였다. 이에 대응하여 좌익계는 '민주주의민족전선'을 결성하였다. 여운형과 박헌영 등은 허헌·김원봉·백남운 등과 함께 이 단체의 공동 의장이 되었다. 이들은 모스크바3상회의에서 결정한 내용을 지지하고 무상 몰수·무상 분배를 실시해 토지를 개혁하고 친일파 및 민족 반역자를 제거하자고 주장하였다.

이 무렵 북한에서는 이미 김일성의 주도하에 무상 몰수·무상 분배의 토지 개혁이 실시되었고 친일파도 숙청되었다. 그러자 남한의 이승만도 1946년 6월 3일, 남한이 단독으로 정부를 수립할 수도 있다는 뜻을 밝혔다. 이에 놀란 여운형과 김규식 등은 좌우합작위원회를 발족하여 좌우익의 토론과 대립 끝에 절충안으로 '좌우합작7원칙'을 합의하였다. 그것을 살펴보면 신탁 통치 문제는 통일 임시 정부를 수립한 후에 논의할 것, 중요 산업은 국유화하되 토지 개혁은 체감 매상을 통해 지주의 이익을 어느 정도 보장하고 농민들에게는 무상으로 분배할 것, 친일파·민족 반역자 처벌 문제는 입법 기구를 통해 처리할 것 등이었다.

이러한 결정에 대해 여기에 참여치 않았던 박헌영은 단호히 이를 거절하였다.

이즈음 조선정판사 위조지폐 사건*의 주범으로 미국이 박헌영에 대해 체포령을 내려 박헌영은 매우 곤란한 상황이었다. 해방 직후만 해도 박헌영은 미국에 대해 상당히 우호적이었다. 그가 어렸을 때부터 영어에 관심을 갖고 있었고 또 1939년 출옥하자마자 연희전문학교 교장이던 언더우드Underwood와 만난 것과도 관계가 있다. 1945년 11월에는 반도호텔에서 남한주둔 미군사령관 하지Hodge와 비밀 회담을 갖기도 했다. 따라서 일부에서는 그가 미국의 간첩으로 언더

---

* 정판사 사건 : 1946년 5월 8·15광복 후 혼란기를 틈타 남한의 경제를 교란하고, 또 당비를 조달할 목적으로 조선공산당이 일으킨 지폐 위조 사건.

박헌영 부부
1929년 박헌영과 부인 주세죽이 모스크바 유학 시절에 찍은 가족사진.
박헌영은 여운형과 달리 철저히 공산주의의 이상을 실현하려 하였다.

우드에게서 하지에게 인계되었다는 말도 하고 있다.

그러나 위조지폐 사건으로 미군과 관계가 악화되자 반미운동을 강화하고 적극적인 저항을 하기로 하였다. 체포령이 내려진 가운데서도 그는 1946년 9월 총파업을 주도하고 대구폭동 사건을 조종하였다. 그 해 11월에는 남조선노동당(이하 남로당)을 조직하였다. 그러나 신변의 위협이 다가오자 그는 시신으로 위장해 관 속에 누워 북한으로 탈출하였다. 거기서 그는 부수상 겸 외무상, 조선공산당 중앙위원회 부위원장, 군위원회 위원 등 권력 서열 제2위에 있었다. 그러다가 미국에 대한 간첩 혐의로 체포되어 1955년 12월 처형되었다. 그러나 그가 처형된 실제 이유는 김일성의 위협세력이었기 때문이다. 박헌영은 일제시대부터 한국에 토착하여 남로당 조직을 갖고 있었던 반면, 김일성은 소련군을 등에 업고 북한에 들어온 자였다. 따라서 해방 초기부터 이 둘은 공산당 내의 영도자 자리를 둘러싸고 암투를 해왔다. 그러나 시간이 지나면서 박헌영이 열세에 몰리게 되었다. 특히 1953년 정전협정이 이루어지자 박헌영은 과거 남한 땅이었다가 북으로 넘어온 경기도와 황해도 일대를 무대로 대남혁명사업기지를 건설하여 김일성과 대등한 관계를 유지하려 하였다. 그러나 그것을 용납할 수 없는 김일성이 박헌영을 제거한 것이다.

한편 여운형은 남한에 남아 이데올로기를 초월한 통일 정부 수립을 위해 노력하다 1947년 7월 19일, 괴한의 총격으로 숨을 거두었다. 그의 위치가 너무나 컸기 때문에 그는 좌익과 우익 양측에서 모두 꺼리고 두려워하는 인물이었다. 당시 미국 공사였던 랭던이 인도에서 열리는 국제회의의 한국대표단 단장으로 그를 추천하였을 때에도 좌익과 우익 양쪽에서 이를 반대하였다. 겉으로 내세우는 이유는 여러 가지였으나 본뜻은 그가 인도에 가서 미국 정부의 요인들을 만난다면 귀국 후 정국의 주도적 위치에 서게 될 것을 두려워했기 때문이었다.

박헌영은 철저히 공산당으로서 활동을 벌였으나 여운형을 따라갈 수는 없었다. 해방 후에도 친미에서 반미로 변신하면서 독자적인 위치를 확보하려 했으나 항상 여운형의 그늘 아래 있었다. 그가 북으로 간 것은 신변의 위협과 더불어 그의 한계를 인식했기 때문이었으리라. 그러나 새가 둥지를 떠나서는 살 수 없는 법. 그의 활동무대는 어디까지나 남한이었다. 박헌영은 남한을 해방시키면 자신의 정치적 입지를 되찾고 경쟁자인 김일성도 압도할 것이라 생각해 6·25전쟁을 일으켰다. 그 비극적인 전쟁의 한 원인이 여기에 있었던 것이다. 그러나 둥지를 떠나 줄타기를 벌였던 그는 마지막까지 2인자 자리에 만족할 수밖에 없었다.

문학은 삶의 투영체이다

홍명희와 이광수

1910년, 우리는 한일합방이라는 치욕적인 역사를 맞아 일본의 압제 속에서 실로 고통과 설움의 36년을 보내야 했다. 이런 상황에서도 지식인들은 해방과 독립을 위해 투쟁하였으나 또 일부는 현실에 안주하여 일제의 앞잡이 노릇을 하였다. 식민지시대를 대표하는 두 작가, 홍명희洪命熹(1888~1968)와 이광수李光洙(1892~1950) 또한 그러한 역사의 흐름 속에 살다간 인물들이었다.

한일합방에 비통해하다

홍명희와 이광수가 처음 만난 것은 일본 동경에서였다. 비슷한 시기에 일본에서 유학한 이들은 거기서 호암 문일평, 육당 최남선 등과 함께 문학을 공부하였다. 문학 서적을 탐독하면서 때때로 토론을 벌이기도 하였다. 이광수는 특히 톨스토이의 작품에 빠져들었다. 그리고 도산 안창호의 연설에 큰 감명을 받는데, 안창호는 후일 이광수의 독립운동에 많은 영향을 끼쳤다.

그러다가 이광수는 1908년에 고국으로 돌아와 명치학원을 졸업하고 이승훈이 설립한 오산학교에서 교원생활을 하다 한일합방을 맞았다. 홍명희는 이때 동경상업학교에서 수학했는데 졸업을 앞두고 학업을 포기한 채 고국으로 돌아올 수밖에 없었다. 열강의 쟁탈전 속에

놓여 있던 조선이 청일전쟁과 러일전쟁에서 승리한 일본의 손에 넘어간 사실에 울분이 터졌기 때문이었다.

한일합방은 특히 홍명희에게 민족적 비애인 동시에 개인적인 슬픔을 가져다준 사건이었다. 한일합방이 발표되자 당시 금산군수로 있던 아버지가 비분강개하여 자살을 한 것이었다. 그의 나이 25세에 일어난 일이다. 그는 인생에 대해 회의를 느껴 3년상을 마친 후 중국으로 떠나버렸다. 거기서 그는 오스카 와일드의 《도리언 그레이》를 탐독하면서 관조의 생활을 하였다.

한일합방의 슬픔은 청년 지식인 이광수에게도 충격이었다. 민족과 국가를 잃어버린 마당에 편안한 생활에 머무를 수 없었다. 그는 1911년 가을, 세계의 정세와 동향을 살피기 위해 여행을 결심하였다. 제일 먼저 간 곳이 압록강 너머 중국이었다. 그러나 여관에서 우연히 위당 정인보를 만난 그는 세계여행을 포기하고 상해로 떠났다. 정인보가 세계여행보다는 상해로 가 문인들과 교류하는 편이 낫다며 20

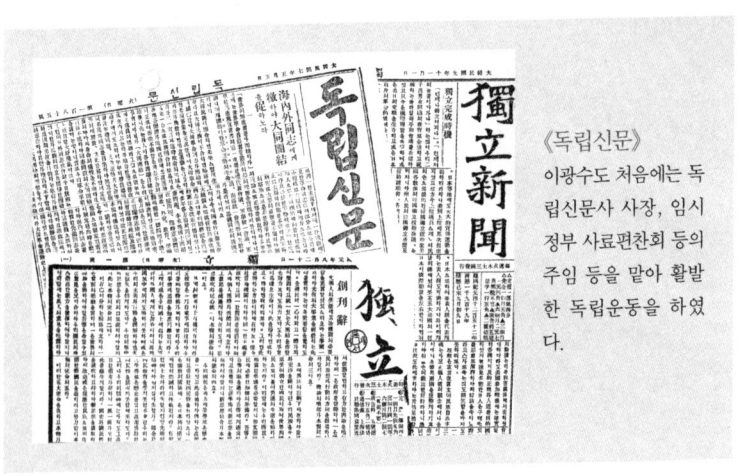

《독립신문》
이광수도 처음에는 독립신문사 사장, 임시정부 사료편찬회 등의 주임 등을 맡아 활발한 독립운동을 하였다.

원을 건네주었기 때문이다. 이광수는 그곳에서 친우였던 홍명희·문일평·조소앙 등을 만났다. 그들은 방 하나를 빌려 독서를 하며 문학과 시국을 논하였다. 그 중에서도 홍명희와는 같은 침대, 같은 이불 속에서 지냈다고 하니 둘이 얼마나 가깝게 지냈는지 알 수 있다.

그들이 독립운동에 두각을 나타낸 것은 1919년 3·1만세운동을 전후한 시기였다. 중국생활 중에 이광수는 신규식의 초청을 받고 미국에 건너가려 하였으나 뜻대로 되지 않았다. 1914년 제1차 세계 대전이 일어나자 귀국할 수밖에 없었고 이듬해 인촌 김성수의 도움으로 다시 일본 유학길에 올랐다. 이 무렵에 그는 《매일신보》에 〈무정〉이란 소설을 연재하기도 했다.

그러나 제1차 세계 대전이 끝나고 미국의 윌슨Wilson Thomas Woodrow 대통령이 민족자결주의를 제창하자 이광수는 민족의 독립 투쟁에 뛰어들었다. 그는 1919년 2월 8일 동경에서 일어난 '2·8독립 선언'에 중추적인 역할을 하였는데 이 사건은 본국의 3·1독립 선언의 발단이 되었다. 이어 상해로 건너간 그는 소장파의 중심이 되어 임정 수립에도 관여하였다. 여기서 그는 임정 외무위원을 비롯하여 독립신문사 사장, 임정 사료편찬회의 주임 등을 맡았고 안창호가 이끄는 흥사단에 가입하여 활동하기도 하였다.

'가야마 미쓰로 香山光郎' 이광수

그러나 누구보다 독립을 위해 앞장서던 이광수가 뒤에 친일파가 되어 일제의 앞잡이 역할을 하였다는 것은 아이러니가 아닐 수 없다. 1921년에 귀국한 그는 일제의 문화정치에 동조하여 민족성개량운동과 같은 소극적 타협주의로 빠졌다. 《동아일보》에 〈민족개조론〉이란 글을 썼는데 거기에서 그는 현대의 조선인이 허위에 차 있고 나태할 뿐 아니라 신의와 충성이 없고 일할 때는 용기가 없다고 비판하였다. 따라서 조선 민족의 이러한 성격을 반대 방향으로 개조해야 한다고 주장하였다. 이는 한편으로는 일리있는 지적이기도 했으나 개선이라는 긍정적인 효과보다는 우리 민족의 부정적인 면을 부각시켜 패배주의에 젖게 하려는 일본의 식민정책과 노선을 같이 하는 것이었다.

1924년에는 다시 《동아일보》 사설에 〈민족적 경륜〉이란 글을 발표하였다. 식민 정국 아래에서 조선인이 정치적 생활을 영위하지 못한 것은 일본이 그것을 허가하지 않은 데에도 원인이 있지만 일본의 통치권을 인정하는 선에서 스스로 정치활동을 하지 않으려 한 데에도 원인이 있다고 보았다. 이는 바꾸어 말하면 일본의 식민 통치를 인정하고 그 안에서 자치를 요구해야 한다는 '자치론'이었다.

1930년대 후반 중일전쟁이 일어난 후에 이광수는 노골적인 친일 행각을 서슴지 않았다. 그는 친일 단체인 조선문인협회의 회장이 됐고 이름도 '가야마 미쓰로香山光郞'로 개명하였다. 제2차 세계 대전이 일어나자 조선의 학생들에게 학병學兵으로 지원하라는 연설을 하고 다니기까지 했다. 실로 무섭고 가증스런 변신이었다.

독립운동에 투신하다

그러나 홍명희는 처음부터 끝까지 독립운동의 노선에서 이탈하지 않았다. 중국에서 귀국한 홍명희는 스스로 조선의 독립정신을 고취하는 선언서를 작성하여 1919년 3월 19일 고향인 충북 괴산에서 일어난 만세시위운동을 이끌었다. 그의 숙부인 홍용식·홍태식, 그리고 아우 홍성희와 함께였다. 비록 중앙의 민족 대표 33인과 사전 연락이 있었던 것은 아니었지만 이 대가로 그는 1년 6개월 동안 옥고를 치러야 했다.

감옥에서 나온 그는 자신의 인생 행로를 바꾸어 독립운동에 투신하기로 결심하고 사회주의 노선에 가담하였다. 1917년 러시아에서 볼셰비키 혁명이 성공하면서 파급되기 시작한 공산주의 내지 사회주의 노선은 중국을 거쳐 조선에도 파급되었다. 민족의 위기의식을 강하게 느낀 홍명희가 민족과 평등을 강조하는 사회주의 노선에 가담한 것은 어쩌면 당연한 일이었는지 모른다.

식솔들을 이끌고 서울로 올라온 그는 교단에 서기도 하고 언론계에서 글을 쓰기도 하다 1924년, 《동아일보》의 주필 겸 편집국장이 되

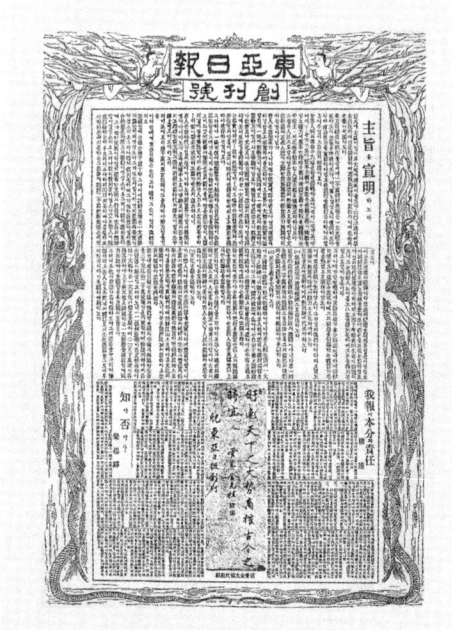

《동아일보》
문화정치에 순응하는 방향으로 나가던 《동아일보》에 홍명희가 주필 겸 편집장으로 영입되면서 《동아일보》는 비타협주의 노선을 걷게 되었다.

었다. 《조선일보》에 비해 항일의식을 많이 고취시켰던 《동아일보》는 김성수 등에 의해 '문화정치'에 순응하는 쪽으로 선회하였는데, 민중들이 동아일보 불매운동을 벌이고 이에 항의하자 사장 송진우가 물러나고 이승훈이 사장으로 취임하면서 홍명희를 영입한 것이다. 그러자 동아일보의 성격이 바뀌어 논설이 강해지고 비타협주의 노선을 지향하게 되었다.

그러나 5개월 만에 이승훈이 사장에서 쫓겨나고 사주社主였던 김성수가 직접 사장직에 취임하면서 홍명희의 입지도 줄어들었다. 그리하여 시대일보 편집국장 겸 부사장 자리로 밀려나나 경영난으로 시대일보가 폐간되자 오산학교 교장에 취임한다.

당시 독립운동 노선에서도 좌우익의 사상적 대립이 심하였다. 그러나 이렇게 분열된 힘으로는 일제의 강압을 헤쳐나갈 수 없었다. 이를 직시한 뜻있는 지식인들이 모여 신간회를 결성하였는데 홍명희도 함께 참여하였다. 민족주의 진영에서는 언론계 대표 신석우·안재홍, 기독교 대표 이승훈, 천도교 대표 권동진, 불교계 대표 한용운 등이 참가하였고 사회주의 세력으로는 공산당 대표 한위건 등이 대표적인 세력이었다. 이들은 기회주의를 일체 부인한다는 강령을 내걸고 회장에 민족주의 세력인 이상재, 부회장에는 사회주의 세력인 홍명희를 선출하였다. 홍명희는 특히 전국적인 지회 조직의 설립에 큰 역할을 하였다.

신간회는 광주학생운동에 관여하여 이를 전국적인 반일운동으로 확산시키려 하였다. 그러나 이것이 일본 경찰에게 발각되어 허헌과 홍명희 등 간부 40여 명을 비롯, 총 90여 명이 체포, 투옥되었다. 2년이 넘는 옥고를 치르는 동안에 신간회는 뿔뿔이 흩어져 민족통일전선운동은 실패로 돌아가고 말았다. 이후 일제의 강력한 탄압으로 그의 독립운동은 잠시 침잠하였다. 대신 그는 중단했던 연재소설 《임꺽정》을 통해 계급적 민족의식을 일깨웠다.

변절자와 독립운동가로 남은 이름

이광수는 변절한 데 반해 홍명희는 끝까지 지조를 지킬 수 있었던 요인이 무엇일까. 그것은 그들의 개인적 생활환경과 경험이 달랐기 때문이었다. 홍명희는 명망 있는 풍산 홍씨 가문에서 태어났다. 증조부 홍우길은 대사헌(종2품)과 이조판서吏曹判書(정2품) 등의 요직을 지냈으며 조부인 홍승목도 중추원 참의參議(정2품)를 지냈다. 부친 홍범식도 금산군수를 하다가 한일합방을 맞았다. 이렇듯 권세가이면 권력을 악용해 부정을 일삼을법하나, 권력에 아부하지 않고 의롭게 살아왔다. 특히 그의 아버지는 한일합방이 되자 제일 먼저 자결할 정도로 지조 있는 인물이었다. 그는 나라를 되찾고 친일하지 말 것을 유서로 남겼다. 홍명희 역시 심지가 굳은 인물이었기에 아버지의 유훈을 받들어 독립 투쟁에 몸을 바쳤다.

그가 사회주의에 빠지게 된 것도 그의 생활과 관련이 있다고 보아야 할 것이다. 그는 당시 풍습에 따라 일찍 혼인을 하였다. 13세에 자신보다 3살 위인 여흥 민씨 처자와 결혼하여 16세에 장남 기문을 보았다. 그러나 그의 부친이 일찍 죽고 자신도 투옥당하면서 가세가 급격히 기울었다. 생계가 힘들었던 그가 계급 문제에 관심을 가지게 된 것은 당연했고 투옥은 민족 문제에 눈을 뜬 계기가 되었다.

반면 이광수는 힘든 어린 시절을 보냈다. 본래는 어렵지 않은 집안이었으나 조부의 방탕과 부친의 무능으로 몰락해가고 있었다. 그러

임시 정부 요원
앞줄 가운데 안창호. 이광수는 안창호를 만나면서 독립운동에 투신하였으나 안창호의 죽음과 더불어 허영숙이라는 여인과의 만남은 독립이라는 가시밭길 대신 친일이라는 안일한 길을 선택하게 하였다.

다가 11세 때 부모를 잃고 졸지에 고아가 되고 말았다. 여동생은 조부가 맡아 길렀으나 이광수는 여기저기 친척집을 전전해야 했다. 이런 불우했던 어린 시절은 당장의 생계 문제에 관심을 가지게끔 했다. 그런 그가 민족문제에 접하게 된 것은 동학의 대접주였던 서병달에게 의탁하면서부터였다. 그는 천도교에서 주선한 일본유학생에 선발되어 안창호를 만나면서 독립운동에 투신한 것이다.

그런 그가 어째서 갑자기 변절한 것일까. 그 한 원인은 여자 문제에 있었다. 1908년 일본에서 잠시 귀국한 그는 조부의 간청을 못 이겨 백혜순이라는 여자와 혼인하게 되었다. 그러나 사랑 없는 결혼생활이 제대로 이루어질 리 없었다.

그러던 중 1917년, 무리해서 원고를 쓰다가 병이 나 입원한 일본의 한 병원에서 허영숙이란 여자를 만났는데 그녀의 극진한 간호를 받고 병이 나았다. 그렇게 시작된 둘의 사랑은 북경으로 사랑의 도피행을 떠나는 지경에까지 이르렀다. 이광수가 해외에서 독립운동에 헌신하고 있을 때 그 생활에 종지부를 찍게 한 것도 허영숙이었다. 그녀가 상해까지 찾아와 귀국을 종용했던 것이다. 그녀의 견해에 따라 귀국한 그는 백혜숙과 합의 이혼하고 허영숙과 단란한 가정을 꾸렸다. 이런 상황에서 그가 다시 독립투사로 나가는 일은 쉽지 않았으리라. 1920년대 후반으로 들어오면서 건강이 심각하게 악화되자 인생에 대한 회의와 더불어 일신상의 안일을 추구하게 되었다. 또 1938년 수양동우회 사건의 여파로 안창호가 죽은 것도 그를 친일로 몰아갔다. 정신적 지주였던 안창호의 죽음은 조선의 앞날이 절망뿐이라는 생각을 갖기에 충분했다. 그런 요인들로 그는 친일로 돌아섰던 것이다.

그들의 이러한 생각의 차이는 문학 작품 속에도 그대로 투영되었다. 홍명희의 대표작인 《임꺽정》은 반봉건적인 천민 계층을 내세워 귀족 계급을 타도하는 모습을 보여준다. 그러나 이광수의 작품은 유교의 형식적이고 위선적인 성격을 비판하면서 남녀의 자유로운 사랑을 그리고 있다. 그의 의식이 민족이나 계급과 같은 문제에 있지 않고 남녀의 사랑과 같은 낭만에 초점을 맞춘 것이다. 그러나 이러한 상황들은 그들의 가치관에서 비롯되었을 뿐 누구의 작품이 더 뛰어나다 그렇지 못하다라고 평가할 수는 없다.

해방 이후 이광수는 '반민족행위자특별조사위원회' 에 친일파로 낙인찍혀 검거되었다. 거기서 그는 끝까지 자신의 친일은 민족을 위한 것이었다고 항변하였다. 그러다가 6·25전쟁이 일어나면서 인민군에 잡혀가 행방불명 되었다. 그러나 사회주의자였던 홍명희는 끝까지 남북통일을 외치고 1947년 김구와 같이 평양의 남북연석회의에도 참가하였다. 회의가 끝난 후 평양에 남은 그는 북한에서 조국평화통일위원회 위원장, 최고인민회의 대의원 등을 지내다 1968년 81세를 일기로 세상을 떠났다.

독립을 향한 열정의 삶

김구와 이승만

1945년 8월 15일 한국 민족은 피나는 항쟁과 연합국의 승리로 일제로부터 해방하였다. 그러나 국내 정치 지도자들의 정치적 야심과 사상적 대립으로 같은 언어, 같은 생활습관을 가진 민족임에도 불구하고 남과 북에서 각각 국가를 수립하게 되었다. 이 과정에서 분단정부의 수립을 끝까지 반대하다 죽음을 맞이한 인물이 있었으니 바로 김구金九(1876~1949)요, 분단을 획책하여 영화를 누리고 간 인물도 있었으니 그가 바로 이승만李承晩(1875~1965)이다.

무식하고 미천한 사람들도 한마음으로 독립운동을 해야 한다

김구는 고종 13년(1876) 8월 황해도 해주군 기동에서 안동 김씨 김순영과 곽낙원 사이에서 반역자의 후손이라는 오명을 쓰고 태어났다. 그것은 그의 선조 중에 조선이 명의 연호를 쓰고 있다고 청나라에 밀고한 혐의로 처형당한 김자점이라는 인물이 있었기 때문이다. 이 사건으로 그의 집안은 멸문의 화를 당하고 그 일부가 해주로 내려와 은거하며 향호鄕豪들의 압박과 수모를 받았다. 이 같은 상황이 조선의 개혁을 부르짖은 동학에 입교한 계기가 되었다고 할 수 있다.

김구는 18세에 동학당에 가담하여 유생을 지도하였다. 그는 탐관오리를 숙청하기 위해 해주성을 공격하였으나 실패하고 구월산으로 피신하였다. 바로 이때 안태훈을 만나게 되는데, 안태훈은 안중근의 부친으로 당시는 관군을 도와 동학군을 토벌하고 있었다. 그러나 김구의 이름을 듣고 그를 다치게 하지는 않았다. 그 후 김구는 정부의 탄압과 동학당의 내분으로 결국 안태훈에게 몸을 의탁한다. 이 같은 인연으로 후일 중국에서 망명하던 시절 김구는 안중근의 동생 정근·공근을 잘 보살펴주었으며 안정근의 딸 안미생을 장남 인과 결혼시키기도 하였다.

안태훈의 집에 기거하던 김구는 당시의 거유 고능선을 만나 학문과 기개를 배웠다. 이때 청일전쟁에서 패배한 청나라와 손을 잡고 일본을 쳐부수어야 한다는 고능선의 주장에 감동한 김구는 남만주로 가 김이언의 의병 부대에 참가하여 활약하였다. 1896년에는 삼남 지방에서 의병이 맹렬히 일어나고 있다는 소식을 듣고 황해도 안악으로 내려오는 도중 변장을 한 일본군 밀정과 맞닥뜨려 그를 살해하였다. 그는 바로 명성황후 민비를 살해한 츠치다土田 대위였다. 김구는 자신이 그를 죽였다는 내용을 벽에 붙이고 성명과 주소까지 기입하였다. 그로부터 석 달 뒤에 그는 일본 경찰에게 체포되어 해주 감옥

김구
김구는 미천하고 무식한 사람들도 한마음으로 독립을 위해 싸워야 한다는 뜻에서 백정의 '백' 자와 범부의 '범' 자를 따 호를 백범白凡이라 하였다.

에서 갖은 고문을 당하고 사형을 선고받으나 형 집행을 3년 동안 연기하라는 고종의 특명이 내려와 구사일생으로 목숨을 건졌다. 그는 제물포에서 복역하다가 감옥 바닥의 돌을 들쳐내고 땅을 파서 탈옥하였다.

그 후 전국을 전전하며 피신생활을 하다가 그 해 가을 공주 계룡산을 거쳐 마곡사로 들어가 법명을 원종圓宗이라 하였다. 1년 후 다시 속세로 나온 그는 여기저기로 애국지사를 찾아다니다가 고향으로 돌아가 이름을 구龜라 고쳤다. 이듬해에는 부친상을 당하고 약혼자 유여옥이 죽자 기독교에 입교한 후 봉양학교라는 신식 학교를 설립하여 교육을 통한 구국운동을 전개하였다.

김구는 일생을 독립운동에 바친 만큼 투옥을 반복했는데, 1909년에는 안중근의 이토 히로부미 살해 사건에 연루되어 체포되었다가 불기소처분으로 풀려났다. 합방이 된 이듬해 김구가 안악군 양산중학교 교장으로 있을 때 안악 토호들을 협박하여 독립운동자금을 빼앗아 서간도에 무관 학교를 세우려 하였다는 이른바 안명근 사건에 연루되어 17년 형을 선고받고 서대문 감옥에 들어갔다. 여기서 그는 이름을 구九로 하고 호를 백범白凡이라 하였다. 미천하고 무식한 사람들도 한마음으로 독립을 위해 싸워야 한다는 뜻에서 백정白丁의 백 자와 범부凡夫의 범 자를 딴 것이다. 그는 1914년 7월, 감형과 가출옥으로 석방되어 이번에는 농촌 계몽에 앞장섰다. 그는 앞서 언급했듯 기독교에 입문하기도 했으나 동학이나 유학, 불교 같은 다양한 사상을 섭렵하였다. 그것은 어쩌면 구국救國의 한 방편이었는지도 모른다.

미국의 민주주의에 고취되다

이승만은 양녕대군의 16대손으로서 조선의 왕손이었다. 고종 12년 (1875) 3월 황해도 평산군 능내동에서 전주 이씨 이경선과 김해 김씨 사이에서 5대 독자로 태어났다. 그는 어려서부터 한문 선생을 모셔 다가 친구들과 같이 천자문을 배웠다. 그때 같이 배웠던 사람 가운데 는 후일 이승만과 같이 대통령에 입후보했던 신흥우도 있었다. 그러 나 이승만의 아버지는 벼슬도 얻지 못하고 어머니가 삯바느질로 연 명하다시피 하였다. 그의 어린 시절은 결코 유복하지 못했으나 왕손 이라는 자부심과 우월감은 늘 지니고 있었다. 그가 항상 남들보다 위 에 있고 싶어했고 독선적인 행동으로 불화를 빚었던 것도 이러한 배 경과 결코 무관하지 않다.

이승만도 수 차례 과거에 응시했으나 번번이 낙방을 하였다. 그러 다가 20세가 되던 1894년 신흥우의 형 신긍우의 권유에 따라 배재학 당에 입학하였는데, 이때부터 그는 인생의 새로운 전기를 맞아 한말 개화운동의 선구자 역할을 하게 되었다. 그의 일생을 3기로 나눈다 면 이 시기가 그 1기에 해당된다.

배재학당에 입학한 후 그는 신학문을 접하면서 개화사상에 눈을 뜨기 시작했고 미국인에게 한국어를 가르치는 대가로 얼마의 보수를 받기도 하였다. 이것이 이승만과 미국이 관련을 맺은 계기였다. 또 1896년에는 미국에서 서재필이 서양사 선생으로 부임했고 그가 조 직한 협성회에 가담하여 미국 민주주의의 이념과 사상을 배웠다. 그 리고 여기서 발간했던 주간 신문 《협성회보》의 주필로 활약하기도 했다.

그리고 독립 협회에도 간여하였다. 독립 협회는 왕권에 대치되는

이승만
이승만은 일찍이 개화사상에 눈을 뜨고 미국의 민주주의에 고취되었다. 그는 하와이를 중심으로 독립운동을 전개하였으며 1919년 임시 정부의 초대 대통령을 역임하였다.

민권운동을 전개하였기 때문에 정부의 미움을 사 서재필은 미국으로 추방되고 그 간부들에 대한 체포령이 내려졌다. 이 무렵 이승만은 고종황제가 황태자에게 자리를 내주어야 한다는 선전물을 살포한 혐의로 광무 2년(1897) 체포되어 종신형을 선고받았다. 물론 복역 중 한때 탈옥을 감행하나 실패하고 특사로 7년 만에 풀려났다. 그러나 그의 감옥생활은 또다른 사상적 계기를 가져다주었다. 감옥에서 그는 책을 많이 읽고 영어 공부도 부지런히 하였다. 그리고 여기서 그의 사상을 편 《독립정신》이라는 책을 저술하기도 하였다. 같이 옥중생활을 한 사람 가운데는 신흥우도 있었고 후일 하와이에서 정적이 된 박용만도 있었다.

그는 《독립정신》에서 한국이 힘을 얻기 위해서는 다음 여섯 가지 강령을 지켜야 한다고 밝혔다. 첫째는 "세계와 마땅히 통해야 할 줄로 안다" 하여 국제외교, 외국과의 친선과 통상 등을 강조하였다. 둘째는 "새 법으로써 각각 몸과 집안과 나라를 보전하는 근본을 삼을 것"이라 해놓고 새 질서 추구, 생활 개선, 낡은 사고방식의 탈피 등을 그 실천 항목으로 들었다. 셋째는 "외교를 잘 할 줄 알아야 된다"는 것이고 넷째는 "국권을 중히 여겨야 한다"고 하여 치외 법권을 물리칠 것, 외국에 입적하지 말 것, 국기를 소중히 여길 것 등을 역설하였다. 다섯째는 "의리를 존중하라" 하여 정의와 대의를 위해 죽을 줄도 알아야 한다 하였고 여섯째는 "자유권을 중히 여길지라" 하여 민주주의의 기본인 자유·평등을 존중하여야 하며 이를 확보하기 위해 권리와 의무에 충실할 것을 강조하였다. 이미 이때부터 그는 외교에 상당한 관심을 기울였음을 알 수 있지만 후일 그의 행적과 관련해 볼 때는 격세지감을 느끼게 하는 내용도 있다.

죽음을 무릅쓴 독립운동

백범 김구의 일생은 일제에 대한 독립 투쟁과 통일 정부 수립에 온몸을 바쳤다. 그의 이와 같은 정신과 의지는 다음의 《백범일지白凡逸志》나 《백범어록白凡語錄》의 내용을 통해 알 수 있다.

네 소원이 무엇이냐 하고 하나님이 내게 물으시면 나는 서슴지 않고 "내 소원은 대한독립이오"라고 대답할 것이다. 그 다음 소원이 무엇이냐 하면 나는 또 "우리나라의 독립이오" 할 것이요 또 그 다음 소원이 무엇이냐 하는 세 번째 물음에도 나는 더욱 소리를 높여서 "나의 소원은 우리나라 대한의 완전한 자주독립이오"라고 대답할 것이다. 동포 여러분, 나 김구의 소원은 이것 하나밖에는 없다.

| 《백범일지》

인형(김두봉)이여, 지금 이곳에는 38선 이남과 이북을 별개의 나라로 생각하는 사람이 많습니다. 남이 일시적으로 분할해놓은 조국을 우리가 우리의 관념이나

두 지도자의 악수
이들의 독립운동 노선은 비록 달랐으나 민족의 독립을 염원한 열정의 삶을 살았다는 점은 같다.

행동으로 영원히 분할해놓을 필요야 있겠습니까. 인형이여, 우리가 우리의 몸을 반쪽에 넘길지언정 허리가 끊어진 조국이야 어찌 차마 더 보겠나이까.

| 《백범어록》

 반면 이승만의 성격과 생활은 목적을 위해서는 수단과 방법을 가리지 않는 태도였다. 미국에 있을 때 그의 생활에 대해 리차드 알렌은 다음과 같이 기술하였다.

 그의 수학과 여행은 미국과 유럽의 정치사상을 섭취하는 기회가 되었다. 하와이에 있는 망명결사 내부의 혹심한 파쟁을 통해서 그는 음모와 암살을 무기로 하는 정치집단 사이에서의 생존수단을 체득했다. 그러나 내부적인 정쟁만 배웠지 문명적인 정치경륜을 배우지 못했다는 것은 그의 불행이었다.

 김구와 이승만은 일제의 암울한 시기에 태어나 대한의 독립을 위해 역할을 다한 인물이었다. 그러나 그 성격이나 정치적 신념에 상당한 차이가 있었다. 김구는 자신이 신학문을 많이 공부하지 못했으며

대한민국 초대 대통령 취임식
이승만은 결국 통일된 정부가 아닌 남한 단독 정부의 초대 대통령으로 취임하였다.

천한 상놈의 집안에서 태어났다고 겸손해하였다. 그것은 임정에서 경무국장 발령이 났을 때 이를 한사코 거절하면서 문지기를 자원한 예에서도 알 수 있다. 그리고 이승만을 만날 때는 한 살 차이였으나 항상 '형님'이라 우대하였다. 반면 이승만은 자신이 왕족의 혈통을 이어받았으며 박사라는 사실에 우월감을 가졌다. 그리하여 자신의 위에 누가 있는 것을 싫어하였고 동지들과 협조체제를 이루기보다 분열과 독립을 거듭한 것도 그 때문이었다.

그들의 독립운동 노선도 달랐다. 김구는 자주독립론자이며 때로 무장 투쟁도 불사하였다. 그러나 이승만은 외세의존자였으며 외교제일주의자였다. 그리고 해방 이후의 정국에서도 김구는 이념과 사상을 초월하여 통일 정부 수립에 온 힘을 기울였으나 이승만은 반공을 내세워 단독 정부를 수립하고 권력을 쟁취하였다. 그리하여 그는 《독립정신》에서 스스로 주장한 정신을 '초지일관初志一貫'하지 못하였다. 그러나 이것을 간과해서는 안 된다. 김구도, 이승만도 독립을 향한 뜨거운 열망을 가지고 열정적인 삶을 살았다는 사실을.

| 참고문헌 |

1장 고대 속으로
#공통

《삼국사기》

《삼국유사》

《한국의 인간상1~6》, 신구문화사, 1965

이기백·이기동, 《한국사강좌-고대 편》, 일조각, 1982

한국역사연구회 고대사분과, 《문답으로 엮은 한국고대사 산책》, 역사비평사, 1994

❏ 약소국의 승리가 말해주는 것

    이도학, 《백제고대국가연구》, 일지사, 1995

    유원재, 《중국정사백제전연구》, 학연문화사, 1993

    박경철, 〈고구려의 국가형성과정 연구〉, 고려대학교박사학위논문, 1996

    방선주, 〈백제군의 화북진출과 그 배경〉, 《백산학보》11, 1971

❏ 공존에 이르는 길은 없는가

    공석구, 《고구려 영역확장사 연구》, 서경문화사, 1998

    정운룡, 〈5세기 고구려의 세력권 남한〉, 《사총》35, 1989

    노중국, 〈백제왕실의 남천과 지배세력의 변천〉, 《한국사론》4, 1978

    서영수, 〈광개토왕릉비문의 정복기사 재검토〉, 《역사학보》96, 1982

❏ 경상도와 전라도는 언제부터 앙숙이었을까
    노중국, 《백제 정치사 연구》, 일조각, 1988
    신형식, 《백제사》, 이화여대출판부, 1992
    노태돈, 〈고구려의 한강유역 상실의 원인에 대하여〉, 《한국사연구》13, 1976
    김주성, 〈성왕의 한강 유역 점령과 상실〉, 《백제사상의 전쟁》, 충남대 백제문화연구소, 1998
    김갑동, 〈신라와 백제의 관산성 전투〉, 《백산학보》52, 1999

❏ 명백히 불가능한 상황에서 어떻게 해야 할까
    이호영, 〈신라의 삼국통합과정연구〉, 경희대 박사학위논문, 1985
    강종원, 〈백제 계백의 신분과 정치적 성격〉, 《호서사학》28, 2000
    주보돈, 〈비담의 난과 선덕왕대 정치운영〉, 《이기백선생고희기념한국사학론총》(상권), 일조각, 1994
    신형식, 〈김유신가문의 성립과 활동〉, 《이기백선생고희기념한국사학론총》(상권), 일조각, 1994
    정용숙, 〈신라 선덕왕대의 정국동향과 비담의 난〉, 《이기백선생고희기념한국사학론총》(상권), 일조각, 1994

❏ 외교는 또 하나의 국력이다
    신형식, 〈삼국통일의 역사적 성격〉, 《한국사연구》61·62합집, 1988
    김영하, 〈신라의 삼국통일을 보는 시각〉, 《한국고대사론》, 한길사, 1988
    변태섭, 〈삼국의 정립과 신라통일의 민족사적 의미〉, 《한국사 시민강좌》5, 일조각, 1989
    노태돈, 〈연개소문과 김춘추〉, 《한국사 시민강좌》5, 일조각, 1989
    신형식, 〈무열왕계의 성립과 활동〉, 《한국고대사의 신연구》, 일조각, 1984
    이내옥, 〈연개소문의 집권과 도교〉, 《력사학보》99·100합집, 1983
    전미희, 〈연개소문의 집권과 그 정치적 성격〉, 《이기백선생고희기념한국사

학론총》(상권), 일조각, 1994

- 나와 다름을 받아들이기

    김상현, 《역사로 읽는 원효》, 고려원, 1994

    전해주, 《의상화엄사상사연구》, 민족사, 1993

    김두진, 《의상-그의 생애와 화엄사상》, 민음사, 1995

    김복순, 《신라화엄종연구》, 민족사, 1990

    김상현, 《신라화엄사상사연구》, 민족사, 1991

    김영미, 《신라불교사상사연구》, 민족사, 1994

- 혼란은 쿠데타를 부른다

    이기백, 《신라정치사회사연구》, 일조각, 1974

    이기동, 〈신라하대의 왕위계승과 정치과정〉, 《역사학보》85, 1980

- 인생은 마음먹기에 달렸다

    김수태, 〈신라 선덕왕·원성왕의 왕위계승〉, 《동아연구》6, 1985

    오성, 〈신라 원성왕계의 왕위교체〉, 《전해종화갑기념사학론총》, 일조각, 1979

    김정숙, 〈김주원 세계의 성립과 그 변천〉, 《백산학보》28, 1984

- 권력의 맛은 너무도 달콤하다

    김주식·정진술, 《장보고시대》, 신서원, 2001

    윤병희, 〈신라하대 균정계의 왕위계승과 김양〉, 《역사학보》96, 1982

- 어떤 인연을 맺을 것인가

    원인 지음, 신복룡 번역, 《입당구법순례행기》, 정신세계사, 1991

    김문경, 《장보고연구》, 연경문화사, 1997

손보기 · 김문경 · 김성훈 엮음, 《장보고와 21세기》, 혜안, 1999

완도문화원 편, 〈장보고의 신연구〉, 완도문화원, 1985

2장 고려 속으로

공통

《고려사》

《고려사절요》

박용운, 《고려시대사》, 일지사, 1988

한국역사연구회, 《고려시대 사람들은 어떻게 살았을까》1 · 2, 청년사, 1997

박용운 외, 《고려시대사람들 이야기》1 · 2, 신서원, 2001 · 2002

❏ 지도자가 갖춰야 할 자질과 덕목은 무엇인가

    김갑동, 《나말려초의 호족과 사회변동연구》, 고려대민족문화연구소, 1990

    홍승기, 《고려정치사연구》, 일조각, 2001

    김갑동, 《태조 왕건》, 일빛, 2000

    신호철, 《후백제견훤정권연구》, 일조각, 1993

    백제연구소 편, 《후백제와 견훤》, 서경문화사, 2000

    전북전통문화연구소, 《후백제견훤정권과 전주》, 주류성, 2001

    김갑동, 〈후백제 견훤의 전략과 영역의 변천〉, 《군사》41, 2000

❏ 지식인의 역할은 무엇인가

    이기동, 《신라골품사회와 화랑도》, 일조각, 1984

    전기웅, 《나말려초의 정치사회와 문인지식층》, 혜안, 1996

    김갑동, 《태조 왕건》, 일빛, 2000

    신형식, 〈숙위학생고〉, 《한국고대사의 신연구》, 일조각, 1984

❏ 의를 따르는 길, 이익을 따르는 길

하현강, 《한국중세사연구》, 일조각, 1988

이종욱, 〈고려초 940년대의 왕위계승전과 그 정치적 성격〉, 《고려광종연구》, 일조각, 1981

김갑동, 〈왕권의 확립과정과 호족〉, 《한국사》12, 국사편찬위원회, 1993

❏ 펜은 칼보다 강하다

이용범, 〈고려와 거란과의 관계〉, 《동양학》7, 1977

김재만, 〈거란 성종의 고려침략과 동북아세아 국제정세의 변추〉, 《대동문화연구》27, 1992

❏ 인륜과 권력의 속성은 무엇인가

정용숙, 《고려시대의 후비》, 민음사, 1992

이태진, 〈김치양난의 성격〉, 《한국사연구》17, 1977

박성봉, 〈시련의 극복과 체제의 정비〉, 《한국사》12, 국사편찬위원회, 1993

❏ 역사의 영원한 화두, 왕위계승

남인국, 《고려중기 정치세력연구》, 신서원, 1999

남인국, 〈고려 숙종의 즉위과정과 왕권강화〉, 《역사교육론집》5, 1983

김광식, 〈고려 숙종대의 왕권과 사원세력〉, 《백산학보》36, 1989

❏ 친인척의 권력 개입은 어떠한 결과를 가져오는가

김윤곤, 〈이자겸의 세력기반에 대하여〉, 《대구사학》10, 1976

노명호, 〈한안인일파와 이자겸일파의 족당세력〉, 《한국사론》17, 서울대국사학과, 1987

E.J.Schultz, 〈한안인파의 등장과 그 역할〉, 《역사학보》99・100합집, 1983

❏ 개혁과 보수의 갈림길에서

김갑동, 〈고려전기 정치체제의 성립과 구조〉, 《한국사》5, 한길사, 1994

김윤곤, 〈고려귀족사회의 제모순〉, 《한국사》7, 국사편찬위원회, 1973

김남규, 〈고려 인종대의 서경천도 운동과 서경반란에 대한 일고찰〉, 《경대사론》창간호, 1985

강성원, 〈묘청의 재검토〉, 《국사관론총》13, 1990

❏ 힘의 논리가 지배하는 정치의 위험성

김당택, 《고려무인정권연구》, 새문사, 1987

이정신, 《고려 무신정권기 농민·천민항쟁 연구》, 고려대학교 민족문화연구소, 1991

홍승기 편, 《고려무인정권연구》, 서강대학교출판부, 1995

❏ 개혁과 반역은 무엇이 다른가

민현구, 〈신돈의 집권과 그 정치적 성격〉, 《역사학보》38·40, 1968

주석환, 〈신돈의 집권과 실각〉, 《사총》30, 1986

민현구, 〈고려 공민왕의 반원적 개혁정치에 대한 일고찰〉, 《진단학보》68, 1989

이익주, 〈공민왕대 개혁의 추이와 신흥유신의 성장〉, 《역사와 현실》15, 1995

❏ 반란이냐 혁명이냐

허흥식, 〈고려말 이성계의 세력기반〉, 《역사와 인간의 대응》, 한울, 1984

류창규, 〈이성계의 군사적 기반〉, 《진단학보》58, 1984

조계찬, 〈조선건국과 윤이·이초 사건〉, 《이병도구순기념한국사학론총》, 지식산업사, 1987

유창규, 〈고려말 최영 세력의 형성과 요동공략〉, 《역사학보》143, 1994

이형우, 〈고려 공민왕대의 정치적 추이와 무장세력〉, 《군사》39, 1999

홍영의, 〈최영-구국의 영웅인가 망국의 책임자인가〉, 《역사비평》 48, 1999

3장 조선 속으로
#공통

《조선왕조실록》
《한국의 인간상》 1~6, 신구문화사, 1965
한국역사연구회, 《조선시대사람들은 어떻게 살았을까》, 청년사, 1996

- 지도자를 선택하는 기준을 어디에 두었는가
    정두희, 《조선초기정치지배세력연구》, 일조각, 1983
    박천식, 〈조선건국의 정치세력연구〉, 《전북사학》8, 1984
    최승희, 〈조선태조의 왕권과 정치운영〉, 《진단학보》64, 1987
    유창규, 〈고려말 조준과 정도전의 개혁방안〉, 《국사관론총》46, 1993

- 누가 반역자이고 누가 충신인가
    최승희, 《조선초기 언론·언관 연구》, 서울대출판부, 1976
    정두희, 《조선초기정치지배세력연구》, 일조각, 1983
    박덕규, 《신숙주 평전-사람의 길, 큰 사람의 길》, 둥지, 1995
    최승희, 〈집현전연구〉, 《역사학보》32·33, 1966~1967
    정두희, 〈조선 세조-성종조의 공신연구〉《진단학보》51, 1981

- 섣부른 개혁은 화를 부른다
    역사학자 18인, 《역사의 길목에 선 31인의 선택》, 푸른역사, 1999
    정두희, 《조선시대 인물의 재발견》, 일조각, 1997

- 시에 인생을 담다
    조동일, 《한국문학통사2》, 지식산업사, 1989

이이화, 《이야기 인물한국사》, 한길사, 1993

❏ 학자로서의 참된 자세는 무엇인가
류정동, 《퇴계의 생애와 사상》, 박영사, 1974
윤사순, 《퇴계철학의 연구》, 고려대출판부, 1980
정순목, 《퇴계평전》, 지식산업사, 1991
이병도, 《율곡의 생애와 사상》, 서문당, 1973
이종호, 《율곡-인간과 사상》, 지식산업사, 1994

❏ 역사가 가진 양면성이라는 함정
남천우, 《이순신》, 역사비평사, 1994
허선도, 〈임진왜란과 이충무공의 승첩〉 《군사》2, 1981
이정일, 〈원균론〉, 《역사학보》89, 1981
강영철, 〈임진왜란과 원균〉, 《사학연구》35, 1982
이태진, 〈임진왜란에 대한 새로운 인식〉, 《한국문화》5, 1983
허선도, 〈임진왜란론〉, 《천관우선생환력기념한국사학론총》, 1985
정두희, 〈이순신연구〉, 《이기백선생고희기념한국사학론총》(하권), 일조각, 1994

❏ 독단적인 학문 추구의 종착지는 어디인가
강주진, 《이조당쟁사연구》, 서울대출판부, 1971
이태진, 《조선시대 정치사의 재조명》, 범조사, 1985
이은순, 《조선후기 당쟁사연구》, 일조각, 1988
이희환, 〈노소론의 대립과 숙종〉, 《송준호교수정년기념론총》, 1987
홍순민, 〈숙종초기의 정치구조와 환국〉, 《한국사론》15, 서울대, 1986
이영춘, 〈우암 송시열의 존주사상〉, 《청계사학》2, 1985
지두환, 〈조선 후기 예송연구〉, 《부대사학》11, 1987

❏ 전문가의 고집과 열정의 길
　　유홍준, 《화인열전》, 역사비평사, 2001
　　국사편찬위원회, 《한국사 35-조선후기의 문화》, 탐구당문화사, 1998
　　홍선표, 〈조선후기 성풍속도의 사회성과 예술성〉, 《월간미술》, 1994
　　강명관, 《조선 사람들, 혜원의 그림 밖으로 걸어나오다》, 푸른역사, 2001

4장 근·현대 속으로
#공통
강만길, 《한국근대사》, 창작과 비평사, 1984
강만길, 《고쳐쓴 한국현대사》, 창작과 비평사, 1994
한국역사연구회, 《한국현대사》, 풀빛, 1991

❏ 쇄국과 개방의 줄다리기
　　김흥수, 〈세도정치연구〉, 《변태섭박사화갑기념사학론총》, 삼영사, 1985
　　이선근, 〈대원군의 정치〉, 《한국사》16, 국사편찬위원회, 1981
　　성대경, 〈대원군정권의 정책〉, 《대동문화연구》18, 1984
　　김정기, 〈대원군 납치와 반청의식의 형성(1882~1894)〉, 《한국사론》19, 서울
　　　　대, 1988
　　정창렬, 〈고부민란의 연구〉상·하, 《한국사연구》48·49, 1985

❏ 죽어서 어떤 이름을 남길 것인가
　　역사문제연구소, 《인물로 보는 친일과 역사》, 역사비평사, 1993
　　강만길, 《한국현대사》, 창작과비평사, 1984
　　박경식, 《일본제국주의의 조선지배》, 청아출판사, 1986
　　강동진, 《한국근대민족운동사연구》 돌베개, 1980

❑ 민족정신을 살리는 것이 나라를 살리는 길이다

　　이우성 · 강만길 편, 《한국의 역사인식》, 창작과 비평사, 1976

　　신일철, 《신채호의 역사사상연구》, 고려대학교 출판부, 1981

　　이만열, 《단재 신채호의 역사학연구》, 문학과 지성사, 1990

　　방기중, 《한국근현대사상사연구 – 1930 · 40년대 백남운의 학문과 정치경제 사상》, 역사비평사, 1992

　　심지연, 〈백남운의 역사의식과 정치노선 분석〉, 《한국과 국제정치》10, 1989

　　임영태, 〈북으로 간 맑스주의 역사학자와 사회경제사학자들〉, 《역사비평》 1989년 가을호

❑ 이데올로기의 대립이 초래한 비극

　　송건호, 《한국현대인물사론》, 한길사, 1984

　　역사문제연구소, 《한국현대사의 라이벌》, 역사비평사, 1991

　　김남식, 〈박헌영과 8월테제〉, 《해방전후사의 인식2》, 한길사, 1985

❑ 문학은 삶의 투영체이다

　　송건호 외, 《해방전후사의 인식》, 한길사, 1979

　　역사문제연구소, 《인물로 보는 친일파 역사》, 역사비평사, 1993

　　김윤식, 《한국근대소설사연구》, 을유문화사, 1986

❑ 독립을 향한 열정의 삶

　　손충무, 《상해임시정부와 백범 김구》, 범우사, 1976

　　송건호 외, 《해방전후사의 인식》, 한길사, 1979

　　서정주, 《우남 이승만전》, 화산문화기획, 1995

　　서중석, 〈이승만 대통령과 한국 민족주의〉, 《한국민족주의론》2, 1983

　　강정구, 〈이승만에 대한 민족사적 평가〉, 《한국사연구》88, 1995

| 찾아보기 |

ㄱ

가례원류 283
가례집람 283
가림성 34
가별초 198
가야사 298
갑곶 125
갑신정변 308
갑자사화 259
강동6주 134
강조 141
개국 36
개로왕 25, 27, 28
개조파 332
개태사 110
개화사상 312
거란 128, 134
거칠부 36
건국동맹 332, 333
건국준비위원회 334

건원 36
격몽요결 249
견훤 105, 107, 110, 111
결두전 300
경대승 169
경복궁 재건사업 300
경빈 박씨 228
경성콤그룹 333
경애왕 108
경연 227
경제문감 208
경제사 253
경제육전 207
계루부 16, 17
계림공 희 144, 147
계백 43
계유정난 218, 220
고구려 15, 17, 23, 31
고국양왕 24
고국원왕 19
고국천왕 17

고능선 350
고려공산청년회 333
고령 신씨 287
고수겸 228
고의화 146
고이 만년 30
고이왕 18
고종 299, 307
고주몽 15, 16
고창군전투 109
공민왕 177, 178, 189
공산전투 108
공산주의 329, 330
공양왕 197
과거 226
과거삼층법 181
곽충보 197
관노부 17
관산성전투 31, 37, 38, 52
관창 48, 49
광개토대왕 26
광주원군 123, 124
광평성 123
광한전백옥루상량문 236
교기 40
교정도감 176
구당신라소 96
구도장원공 253
9주5소경 69
구천 44
구형왕 45
국조보감 220
국학 69
군선도 289

궁예 106
궁인 이씨 303
권람 220
권문세족 183
권율 265
권자신 216
귀룡동 137
근구수왕 19, 20
근초고왕 19
금강 109
금강산 248
금강삼매경론 63
금국정벌론 165
금산사 109
금성군 107
금와왕 15
기 248
기대승 242
기묘사화 259
기벌포 43, 49
기유의서 282
기자동래설 320
기철 178
김경신 77, 80, 81, 83
김굉필 223
김구 349, 357
김균정 89
김득배 188, 194
김득신 285
김무력 37, 45
김무정 333
김민주 92
김법민 49
김보당의 난 168

김부식 150, 159, 162, 163
김사미 171
김서현 45
김성립 236
김성수 344
김속명 184
김순식 123
김안 161
김안로 245
김양 88, 89, 91
김양상 77
김옥균 308
김용(의 난) 189
김용춘 53
김우징 88, 91
김원명 179
김원봉 336
김위영 163
김유신 39, 44, 45, 46
김융 75
김은거 74
김은부 143
김응환 285
김자양 167
김자점 349
김장생 277
김저 (사건) 197, 204
김전 229
김정분 152
김제웅 89
김종서 213, 214
김주원 76, 80, 81, 85
김지정 77
김질 216

김집 277
김찬 151
김춘영 308
김춘추 46, 52, 53, 56, 59
김치양 139
김택영 231
김해 김씨 285
김향 155
김헌창 86
김홍도 285, 287, 288, 290
김홍집 305, 314
김흔 89

ㄴ

나주 112
나주 오씨 121
나하추 190, 194
낙랑군 18
낙산사 64
난설헌집 240
난승 45
난중일기 268, 274
남곤 226, 227, 228, 229
남부여 34
남선경영설 321
남연군 298
남연군 묘 도굴 사건 301
남은 209
남조선노동당 337
낭가사상 325
낭성 36
내물왕 77
내외금강도 287

내의령 127
내재추제 180
내좌평 40
넬슨 267
노국공주 177, 179
노량해전 266
노론 283
노소 분당 279, 283
녹읍 69
농민동맹 333
논붕당론 253
농숙 293
누르하치 258
니탕개 258

ㄷ

다나카 다카요시 334
단기고사 324
단오풍정 292
단종 213
담로 33
담로제 19
당 태종 58
당백전 300
당파성 322
당항성 40
당항포해전 263
대간 214
대공 72, 73
대구폭동 사건 337
대량원군 137, 138, 139, 141
대막리지 55
대방군 18, 19

대사간 225
대사헌 225, 227
대승기신론소 63
대야성 39, 46, 52
대원군 299, 302
대위 162
대전회통 299
대정 168
대한국민대표민주의원 335
대한제국 309
대화궁 159, 162
덕진포전투 107
덕흥군 178, 194
데라우치 통감 318
도림 27
도방 175
도산서당 246
도살성 34
도수령 259
도요토미 히데요시 259
도쿠가와 이에야스 259
도평의사사 180
독립 협회 352
독립동맹 333
독립정신 353
독립촉성중앙협의회 335
독사신론 324
독서삼품과 84
동륜 53
동부여 25
동성왕 33
동아일보 343, 344
동천왕 18
동호문답 253

두경승 170, 175
두향 254

ㄹ

로즈 300
리차드 알렌 356

ㅁ

마곡사 351
마립간 36
마한 19
막리지 54
만선사관 321
만언봉사 253
만월부인 70, 73
매화음 290
면천 121
명기열전 254
명성황후 302
명종 175
몽룡실 247
묘청(의 난) 157, 161, 165, 325
무 121
무령왕 34
무애가 62
무열왕 58
무오사화 259
무정 341
무정부주의운동 328
무진육조소 247
무진주 106
무학대사 210

문공미 149, 150
문성왕 100
문일평 339, 341
문자명왕 31
문주왕 30, 33
문희 54
미우라 308
미천왕 18
미추홀 16
민겸호 306, 310
민권신장 312
민비 302, 303, 307
민승호 310
민애왕 91
민영환 310, 314, 318
민제 210
민족개조론 341
민족성개량운동 341
민족자결주의 331, 341
민족적 경륜 342
민족주의 사학 323
민주주의민족전선 335

ㅂ

박규수 304
박술희 121, 122
박양유 128
박연폭포 234
박영효 308
박원종 228
박유 123
박의의 반란 194
박정양 313

박제순 314
박팽년 216
박헌영 329, 330, 331, 333
박현주 331
반굴 48
반도적 성격론 320, 322
반민족행위자특별조사위원회 348
반원개혁정치 177
발라드 267
방간 208, 210
방과 208
방번 208, 209
방석 208, 209
방연 208
방우 208
방원 208, 209
방의 208
배사론 281
배일친러정책 312
배훤백 89
백가 33
백남운 323, 326, 336
백련교 188
백범어록 354
백범일지 354
백수한 158, 161
백운동서원 245
백의종군 261, 273
백정 53
백제 17, 18, 23, 31
백혜순 346
범문 87
법화원 97
법흥왕 36

베베르 308, 311, 313
벽계수 234
별기군 306
별운검 216
별장 168
병인사옥 300
병인양요 301
병자수호조약 305
병정 220
보덕 56
보장왕 54, 55
보편성 327
보한재 212
복두 82
복지겸 121
볼세비키 혁명 329, 343
봉림대군 277
봉사10조 174
부견왕 23
부모은중경 288
부석사 64
부여 40
부여족 16
부제학 225
부차 44
북천 84
불사이군 215
불씨잡변 208
붕당 284
비담 57
비려 24
비류 16
비변사 300
비유왕 32

비장 105
비지 33
빈공과 114
빙원규 99

ㅅ

사단 242
사단칠정론 242
사대주의 322
사륜 53
사문난적 278
사숙태후 143
사심관 183, 184
사창 300
사헌부 222
사회경제사학 323
사회발전단계설 327
사회주의 343
산관 182
삼군도총제부 198
삼군부 300
삼근왕 33
삼년산군 37
삼도수군통제사 264, 271
삼사 222
삼세여래후불탱화 288, 291
삼전도 283
상대등 74, 89
상영 42
상장군 169, 172
상좌평 25
서경 158, 161, 182
서경덕 232, 234, 242

서경천도운동 165
서라벌 34
서병달 346
서서원 116
서원 299
서재필 352
서필 127
서희 127, 132
석린 173
석품 53
선덕왕 77, 78
선도해 56
선동취적 289
선묘 64
선무 일등 공신 268
선조수정실록 270, 272, 273
선조실록 267, 273, 274
선종 144
선화봉사고려도경 163
설총 62
성균관 181
성덕대왕신종 75
성문세 300
성삼문 212, 213, 215, 216
성승 216
성왕 34, 36
성종 129, 131
성주사낭혜화상비 117
성충 42
성학십도 247
성학집요 249
성희안 228
세척동서소 253
소 124

소격서 225
소노부 17
소론 283
소세양 232
소손녕 128, 130, 131, 132
소수림왕 23
소수서원 245
소정방 49
소태보 146
소호당집 231
송고승전 63
송도3절 234
송시열 276, 280, 282, 283
송준길 276, 277
쇄국정책 301
수달 106
수박 168
수신사 305
수양대군 214, 218
수양동우회 사건 347
숙신 24
숙의 윤씨 225
숙정대 75
숙종 148
순노부 17
순수이원론 242
순자격제 182
시무육조 253
시중 74, 89
식민사학 320
신간회 344
신검 109
신돈 179
신라 31, 34

신라방 96
신립 260
신명순성태후 유씨 124
신무왕 93
신문왕 69
신미양요 301
신사유람단 305
신사임당 247
신선도대병 289
신숙주 212, 213, 216, 218
신숭겸 109
신유 74
신유의서 282
신윤복 285, 287, 291, 293
신종 175
신주 36
신채호 166, 323, 326
신탁 통치 335
신한청년단 331
신혈사 139
실력양성론 324
심성론 242
심순경 228
심정 227, 228
십만양병설 253
십문화쟁론 63
쌍성총관부 178, 193

ㅇ

아관파천 309, 313
아기발도 195
아나바 321
아미타경의기 68

아시아적 봉건제 사회 327
아신왕 25
아자개 105
아차성 30
안덕린 192
안동 김씨 297
안명근 사건 351
안보린 151
안우 188, 194
안재홍 334
안종 137
안종욱 137
안창호 346, 347
안태훈 349
안평대군 218
알성시 224
알천 58
야삼경 292
양검 109
양계초 324
양만춘 55
양온령 172
양원왕 32
양천 허씨 236
어룡성 78
언더우드 336
엔닌 97, 98
여삼 83
여운형 329, 330, 331, 334, 338
여인도 292
여진 225
여진족 258
여창 37
역성혁명 204

연개소문 54, 55, 56, 59
연수사 167
염장 100
염종 57
영남학파 242
영동대장군 34
영류왕 54
영선사 305
영웅사관 324
예송논쟁 280
5군영제도 306
오경석 305
오다 노부나가 258
오불가소 306
오산학교 339
오오카와 슈메이 334
오월국, 118
오탁 151
오행진출기도 207
옥천사 179
옥포대첩 263
온조 16
옵페르트 301
완산주 106
완화궁 303
왕건 107, 112, 113
왕국모 146
왕규 123, 124
왕망 17
왕순식 86
외교주의 324
요 124, 125
요동 정벌 205
요시라 265

용검 109
용주사 288
우달치 187, 198
우산성 34
우왕 196, 204
운염기법 290
운요호 304
원균 263, 265, 268, 270, 271, 274
원극유 268
원납전 300
원봉성 117
원성왕 84
원신궁주 147
원종 351
원주 원씨 268
원효 60, 61, 63, 66
위례성 17
위화도 191
위훈삭제 사건 227
윌슨 대통령 331, 341
유계 277
유계종 228
유금필 113
유길준 314
유담년 225
유복통 188
유성룡 264
유성원 216
유응부 216
유지 256
유화부인 15
6두품 114
6좌평 18
6·25전쟁 338

육전조례 299
육조방략여서어사익 256
윤선거 277, 278, 280
윤영손 216
윤증 279, 280, 283
윤휴 277
율령 24
웅 40
은고 41
을미사변 308
을사사화 259
을사오적 316
을지문덕 325
음서 135
의상 63, 64, 65, 67
의열단 324
의자왕 39, 40, 41, 52
의장 150, 152
의정부 300
의종 168
의직 42
의천 148
이개 216
이계남 228
이광수 339, 345
이기이원론 241
이기일원적 이원론 243
이달 236
이두란 195
이몽전 129
이방실 194
이방원 209
이범진 313
이사부 36

이성계 193, 194, 195, 196, 205, 206, 208, 211
이수 152, 153
이숙번 209
이순신 260, 262, 267, 270, 274, 325
이승만 329, 357
이승훈 344
이식 273
이식자본주의시대 327
이억기 263, 270
이완용 312, 313, 314, 316, 318
이유청 229
이유태 277
이윤용 314
이의민 167, 170, 171
이이 242, 247, 250, 257
이인임 198
이자겸 149, 150, 151, 153, 164
이자의 144
이자춘 193
이작 146
이재명 318
이지광 172
이지미 152
이지보 155
이지언 153
이지영 172
이지용 314
이최응 304, 306
이태리 건국 3걸전 324
이토 히로부미 316
2·8독립 선언 341
이하응 297
이허겸 143

이호준 312
이홍 89
이홍장 307
이황 241, 242, 244, 247, 250, 251, 257
인민공화국 334
인아거청 311
인조반정 276
인종 154
인주 이씨 143, 149
일관 70
일리천 109
일본서기 57
임꺽정 345, 347
임나일본부설 321
임오군란 306, 310
임원애 164
임유 175
임자 46
임정 341, 357
임진전란사 270
입당구법순례행기 97

ㅈ

자강사상 324
자제위 184
자치론 342
장경왕후 225
장박 314
장보고 91, 95, 98
장수왕 25, 26, 28
장영 131
재증 걸루 30
적산법화원 97

전민변정 사업 180
전민변정도감 177, 180
전지왕 25
전진 23
절노부 17
정광필 229
정국공신 227
정난공신 214
정년 95, 100
정도전 203, 204, 205, 206, 209
정몽주 198, 209
정방 177
정방우 173
정병하 314
정세운 194
정유재란 265
정인보 340
정조 214
정조실록 287
정지상 158, 160, 161
정창손 216
정체성론 320, 322
정탁 265
정토신앙 63
제너럴 셔먼호 301
조광 162
조광윤 127
조광조 222, 223, 225, 227, 229
조물군전투 108
조미곤 46
조민수 190, 196, 197
조선 역사상 1천 년 이래 제일대사건 326
조선경국전 207

조선공산당 333, 335
조선문인협회 342
조선봉건사회경제사 328
조선사회경제사 328
조선인민당 335
조선정판사 위조지폐 사건 336
조선책략 306
조선학술원 327
조선혁명선언 324
조소앙 341
조영하 304
조원정 173
조위총의 난 168, 172
조의제문 259
조희연 314
족하 117
존명벌청 282
좌우합작7원칙 336
좌익공신 214, 215
주리설 241
주막 292
주몽 16
주자 241
주중희녀 292
주초위왕 228
죽령 56
중서령 147
중용 278
중종 222, 225
중종반정 224
지엄 64
지족선사 233
지증왕 34
진경산수 290

진린 267
진사시 224
진성대군 224
진평왕 53
진포 194
진흥왕 36
진흥왕순수비 38
집안현 26
집현전 213
집현전 학사 214, 215
징비록 264, 267, 274

ㅊ

창왕 204
창조파 332
척불론 208
척준경 152, 153, 154
척화비 301
천개 162
천거제 226
천견충의군 162
천도책 253
천일책 317
천주교 300
천추태후 138, 141
천태종 148
철령위 190
철원 최씨 198
철종 299
첨설직 182
청일전쟁 308
청해진 96
초계 변씨 260

최남선 339
최당 175
최만생 185
최사전 154
최선 175
최승우 114, 117
최언위 114, 116, 119
최영 186, 188, 189, 190, 191, 192, 196, 325
최유 194
최유청 186
최익현 302, 304, 306
최인연 116
최충수 173, 174, 175
최충헌 172, 173, 174
최치원 114
최탁 151
추모왕 26
춘생문 사건 313
충남5현 279
충용위 182
충주 182
츠치다 350
친러정책 314
친러파 313, 314
친미파 312
친일파 314
칠숙 53
칠정 242
칠천량해전 273

ㅋ

콤뮤니티 333

ㅌ

타율성론 320, 321
타협적 문화운동 324
탄금대전투 260
탄금도 292
탄현 41, 43, 48
태조왕 17
태평광기 236
태평송 58
태학 24
토지 개혁 336
통감 317
통리기무아문 306
퇴계 245
특수사정론 326

ㅍ

8도도통사 190
패강진 78
편조 179
평양 113, 133, 183
평양성 27
폐가입진 197, 203
폐비 신씨 224
폐비사사 사건 259
폭력혁명론 324
표전문 문제 205
표훈(대사) 73, 74
품석 39, 46, 52
품일 48
풍산 홍씨 345
풍속화 290, 291

ㅎ

하남 17
하륜 203, 204, 205, 206, 209
하위지 216
하지 337
한규설 316
한림원 163
한명회 216, 220
한산동 188
한산해전 263, 270
한산후 윤 144, 146
한안인 149, 150
한양 조씨 222
한일합방 340
할지론 130
함규 123
함흥 210
함흥차사 210
해구 33
해동제국기 220
해모수 15
허균 236, 238
허난설헌 236, 239
허봉 238
허씨5문장 236
허영숙 347
허헌 335
헌애왕후 황보씨 136, 138
헌정왕후 황보씨 136
헌종 143, 147
헤이그밀사 사건 317
현량과 226, 227
현종 142

협성회보 352
혜공왕 70, 72, 74
혜종 124, 125
호본집 115
호산외사 289
호족 111
호포제 299
홀본 15
홍건적 178, 188
홍경주 227, 228
홍륜 185
홍명희 339, 340, 341, 342, 344, 345
홍문관 225
홍산전투 190
홍영식 308
화백회의 74
화석정 247
화엄일승법계도 64
화엄종 64
화쟁국사 63, 66
황보인 213, 214

황산군 110
황산대첩 194
황산벌 43, 48
황산서원 278
황성신문 324
황준헌 306
황진이 231
황찬 213
회니시비 279
효심의 난 171
효종 277
후광주원부인 왕씨 123
훈민정음 213
훈요10조 122
흠춘 48
흥덕왕 88, 96
흥사단 341
흥수 43
흥왕사 178, 189
흥화랑군 125
희강왕 89, 90

옛사람 72인에게 지혜를 구하다

- 2003년 9월 5일 초판 1쇄 발행
- 2010년 8월 31일 초판 11쇄 발행
- 글쓴이   김갑동
- 펴낸이   박혜숙
- 편집인   백승종
- 영업 및 제작   변재원
- 인쇄   백왕인쇄
- 제본   정민제본
- 종이   화인페이퍼
- 펴낸곳   도서출판 푸른역사
            우 110-040 서울시 종로구 통의동 82
            전화: 02)720·8921(편집부) 02)720·8920(영업부)
            팩스: 02)720·9887
            E-Mail: bhistory@hanmail.net
            등록: 1997년 2월 14일 제13-483호

ⓒ 김갑동, 2010
ISBN   978-89-87787-76-1   03900

· 잘못 만들어진 책은 교환해드립니다.